自贸区研究系列

中国自由贸易试验区协同创新中心

2018上海城市经济与管理发展报告（特辑）

长三角区域经济一体化
与上海核心城市战略优势培育

上海财经大学上海发展研究院　上海财经大学城市与区域科学学院
上海市政府决策咨询研究基地"赵晓雷工作室"
上海市教育系统"赵晓雷城市经济与管理工作室"　编

主编　赵晓雷

编委（按姓氏笔划）

邓涛涛　刘江华　孙聪　杨嬛　殷华　张祥建

格致出版社　上海人民出版社

本研究成果是国家社科基金重大项目"中国（上海）自由贸易试验区建设的实践探索与经验研究"（批准号：14ZDA079）、研究阐释党的十九大精神国家社科基金专项"建设中国自由贸易港研究"（批准号：18VSJ077）的系列成果。

前　言

作为中国城市最密集、经济最发达的区域,长三角城市群是中国未来最有可能发展成世界级城市群的区域。在区域一体化发展中,区域协调是关键核心,区域合作是重要内容。习近平总书记一直高度重视和关心支持长三角地区的合作与发展。中共中央政治局委员、上海市市委书记李强率上海市党政代表团在安徽、江苏、浙江学习考察期间,多次强调共同谋划做好长三角一体化发展这篇大文章。随着长三角三省一市主要领导座谈会的顺利召开,长三角一体化发展已经进入了快车道,长三角城市群各城市间的互动和多层次的合作也日渐增强。

长三角区域经济一体化亟需培育上海核心城市的战略优势,发挥上海核心城市的带动效应及统筹优势。在多领域全面发展的基础上,抓住阻碍长三角区域一体化的主要环节,同时开展资源整合及管理协同,多管齐下,以点概面,加速实现长三角区域经济全面一体化进程。这些年,长三角三省一市以及各城市层面建立的合作机制和平台并不少,但实际效果参差不齐。为此,本书从长三角"行政区经济"向"区域经济"转型出发,基于供应链整合的长三角实体经济一体化产业生态图谱规划,长三角物流基础设施网络一体化及物流业标准化、集体化规划,长三角大气、水源、农业面源污染防治联动机制设计,上海自由贸易港建设与长三角城市群港口资源整合规划,长三角城市群一体化行政治理模式研究这五个方面展开研究,给出长三角区域经济一体化与上海核心城市战略优势培育的路径和机制。

第 1 章指出城市群是推动区域经济一体化的主要发展模式,随着市场体制的完善和供求两侧的转型,以行政区划主导的区域合作机制已难以满足城市群协同的真实需要,行政经济与区域经济模式之间的矛盾日益凸显。长三角实现更高质量一体化发展的核心在于推动长三角地区由"行政区经济"向"区域经济"转型。面对新形势下一体化发展中的突出问题,以"共享"的理念推动长三角一体化发展意义重大。

第 2 章指出实体经济一体化是长三角一体化的核心和支柱,缺乏实体经济一体化难以真正实现长三角的融合。在当前大力促进长三角一体化这盘大棋局中,关键在于促进实体经济的一体化。在此基础上,从构建跨区域合作平台、建立跨区域科技创新生态链和打造长三角智能化制造产业联盟三个方面提出了促进长三角实体经济一体化的对策。

第 3 章指出物流基础设施是区域经济发展的物质载体,构建物流网络一体化是实现城市群区域经济一体化的前提。基于长三角物流基础设施现状和产业发展需求,加速构建标准化和集体化的区域物流网络模式是实现区域经济一体化和物流网络一体化的首要任务。

第 4 章指出在以生态文明建设为重要目标的全面深化改革的背景下,长三角区域经济一体化面临着来自区域污染外部性的挑战。相比于产业协同和基础设施互联互通的一体化进程,区域污染共同治理进展缓慢。打破僵化的地方治理模式,设立跨越行政管理界限的联合执法机构,加速构建区域污染联动防治机制,是从生态协同方面推动区域经济一体化的必然途径。

第 5 章认为上海港应该转向提升港口服务品质、构筑物流与供应链服务网络这一更高层次,紧抓航运转型发展的关键时期,趁势做强航运金融保险、经纪、信息咨询等航运服务核心业务。巩固上海港在长三角港口群内及东北亚港口群中的竞争优势,强化其在长三角港口群内的核心地位,提升上海港航运的现代服务能力,并带动长三角港口群转型升级。

第 6 章从概念、相关理论和实践方面梳理了城市群治理的研究现状,介绍了长三角城市群目前行政治理的发展情况,分析并总结了国际上城市群治理的多种模式,最后对长三角城市群的行政治理提出了对策建议。

本书的主题设计、框架确定、研究团队组建、科研工作组织由赵晓雷负责。第 1 章由孙聪撰写,第 2 章由张祥建、李永盛、蔡祥雨撰写,第 3 章由邓涛涛、胡玉坤、王丹丹撰写,第 4 章由刘江华、杨迎春、张诗琪撰写,第 5 章由殷华、周犀行撰写,第 6 章由杨嬡撰写。

赵晓雷

2018 年 7 月于上海财经大学

目　录

第 1 章
长三角"行政区经济"向"区域经济"转型：
理论、路径、机制

长期以来，中国的区域经济一直在按"行政区经济"规律运行，行政边界划分如同一堵"看不见的墙"对区域经济的横向联系产生刚性约束（刘君德，2006）。近年来，国家出台了一系列战略举措促进区域协调发展，希望消除行政区划在区域协调发展中的约束，实现资源在更大空间上的合理分布。长三角地区是我国经济实力最为雄厚、开放程度最高的地区，区域经济一体化进程起步较早，地区间经济联系紧密、人员往来频繁。当前长三角地区正处于推动区域经济一体化向纵深推进的关键时期，深入剖析长三角地区"行政区经济"向"区域经济"转型的理论、路径、机制，有助于推动长三角更高质量的一体化发展。

1.1 "行政区经济"的基本概念、内涵和基本特征

本节首先从学理层面介绍"行政区经济"的基本概念、内涵和基本特征，了解"行政区经济"在中国的起源和演变过程。然后从中国区域经济发展的新趋势上对"行政区经济"和"区域经济"进行理论分析和比较，从学理层面上指出由"行政区经济"向"区域经济"转型是实现区域协调发展的重要途径。

1.1.1 行政区经济的基本概念

行政区经济是我国改革开放进程中，随着计划经济体制向市场经济体制转轨，由于行政区划限制而形成的一种特殊的区域经济现象。这种经济现象以行政区域

为区域经济的基本组织单元,在地方政府干预下,自身行政区域范围内形成功能相对完备、自成体系的产业体系,同级行政区域之间存在区域经济分割现象。

我国行政区域划分基本可以分为省(自治区、直辖市等)、市(自治州等)、县(自治县等)、乡镇等。按照行政权力的覆盖面来划分,行政区经济包括省区市层级的经济区、地市层级的经济区以及县市层级的经济区。省域经济在中国享有省级管理权限,在地方行政建制和区划中属于最高层级的行政区经济,是具有强大经济增长力且独立运行的行政区经济板块。实际上,我国省级行政区域基本上是一级完整的经济区,各省都有较大的经济中心,构成一个自成体系的经济网络。市域经济是省域经济中的副省级、地级、县级市行政区域经济,本质是城市经济,是城市行政区域内各种经济活动交织而成的经济有机体,市域经济中,城市经济和农村经济相互影响和制约,彼此交织又独立运行。县域经济一般是以农业经济为基础,以由经济、地理特点均定的工业部门经济为支柱,兼有非农业部门经济以及教科文卫等实体。

行政区之间的经济分割使得生产要素和产品不能自由流动,地区间横向经济联系受阻,从而无法形成统一的要素市场和产品市场,对资源在空间上的合理配置产生较大影响,也使得区域间产业分工与经济联系无法形成(刘君德,2006;张磊,2004)。行政区经济在我国主要表现在以下几点:

1. 地方产业体系的"大而全""小而全"现象

从全国层面来看,由于我国国土面积巨大、各地发展阶段不同,因此大国特征明显。各地也应当发展能够体现本地禀赋优势的产业,从而一方面在地区间形成相互需求,对区域间经济联系产生促进作用;另一方面从全国来看能够推动产业结构的合理化和产业体系的完整性,促进资源要素的合理分配。然而,由于以往计划经济体制的限制,中国地方政府在资源配置中的作用十分巨大,在激励机制的影响下,追求本地利益最大化,只对本辖区经济利益负责,在违背整体利益最大化的情况下进行低水平的重复建设(刘君德,2006),使得中国各省份之间产业大多自成体系,追求产业结构的"大而全""小而全",出现较多的资源浪费现象。

2. 地区之间的市场分割现象

行政区的束缚使得要素和产品在跨区域流动方面存在较大障碍,因而使得地区间出现产品市场分割和要素市场分割。由财政分区引发的地方保护主义对市场进行了较多干预,从而给市场的整合带来了不利影响(白重恩等,2004)。同时各地为了自身物质利益驱动(平新乔,2004),纷纷实施赶超战略(林毅夫、刘培林,2004),保护本地企业不受其他地区竞争的影响。而尽管统一市场有利于经济的整体发展的规模效应，然而对于地方政府而言，采取分割市场的政策可能是一个占优策略（陆铭、陈钊，2009），因此行政区之间要素和产品的流动受到了极大影响。

3. 地方政府对经济发展的强烈干预现象

在计划经济向市场经济转型的过程中，地方政府的角色和作用也在不断发生变化。在计划经济时期，中央政府通过下放一部分的计划权、财政权和税收权，地方政府在自身发展中获得了较大激励，然而也造成了地方政府为发展本地经济，人为地进行地方保护主义，保护本地企业，从制度层面形成地区分割现象（吴敬琏，2003）。在双轨制以及市场经济运行期间，由于存在市场失灵现象，因此市场并不能完全解决经济运行中的公平、效率以及稳定等问题。1994 年分税制改革之后，地方政府面临事权与财权的不统一问题，使得地方政府进一步加大对本辖区内经济的干预力度，由此引发了地方政府竞争行为（付文林，2005）。

1.1.2　行政区经济的内涵和基本特征

行政区经济的典型表现是区域经济一体化与行政区划的冲突，地方政府为本地经济利益而采取一系列措施来干预经济行为，造成资源要素和产品不能在横向的区域间自由流动，出现地方保护主义（刘君德，2006；刘小康，2010）。因此行政区经济的内涵是地方政府为辖区内经济利益，采用政府干预行为，造成的区域经济分割现象。行政区经济与区域经济一体化相对应，理论上而言，在不存在行政区分割，经济要素能够按照经济规律自由分布的情况下，经济要素按照自身利益最大化原则进行区位选择，因此一般不会出现地区分割现象，反而由于经济要素之间的关联，使得地区间形成紧密的经济联系和产业分工体系，实现联动和一体化发展。具有以下三个基本特征：

1. 封闭性

行政区经济与区域经济一体化最大的区别在于经济运行受行政边界影响大，使得本地经济有着较大的封闭性。封闭性主要体现在三个方面，第一是经济活动的封闭性，经济活动在行政范围内进行配置的结果是本地部分生产和消费活动不与外界进行交易，使得经济整体来看缺乏效率，不能有效地配置资源，从而扭曲了部分生产要素的效率；第二是产业体系的封闭性，行政区内部"大而全""小而全"的产业体系，使得本地不需要与外地进行太多的产业上的联系，而更多的进行行政区域内部的空间资源配置，同时由于各行政区之间产业结构的相似性，还使得地方政府间在面对外界生产要素时可能出现较为激烈的竞争(刘君德,2006);第三是发展政策的封闭性,由于地方政府只对本辖区经济发展负责,因此地方政府一般从自身利益出发,推出相应的发展政策,在缺少必要的上级协调机制的情况下,地方政府间的发展政策往往发生冲突或者重复,使得经济主体如企业等在跨行政区域间发生经济联系时会出现不一致的现象。

2. 两面性

关于行政区经济的认识,更多需要关注其负面影响,然而作为中国从计划经济到市场经济转型过程中重要的经济活动空间分布形式,行政区经济也有其合理的一面(刘君德,2006)。事实上,对于行政区经济的认识应当客观、全面,从其出现的历史环境出发,在中国增量改革以及整体推进财税改革进程中,随着上级政府财政权与事权的下放,再加上晋升激励的存在,使得地方政府纷纷把发展经济作为第一要务,积极谋划本地经济发展途径,尽管出现了大量重复建设、产业发展一哄而上等局面,但这对于地区产业尤其是工业体系建设有着较大的促进作用。张五常在其著作《中国的经济制度》一书中论述到"中国国力强盛的惊天秘密是在县之间的竞争",认为县由于掌握了较大的经济权力,因而对经济的增长起到了强力的推动作用(张五常,2009)。因此,总的来看,地方政府间出现竞争对经济增长而言并非坏事,而地方政府在面对竞争时采取地方保护等行为尽管对本地而言可能存在益处,然而却有可能损害经济发展的整体利益,应当辩证地认识地方政府竞争与行政区经济的关系。

3. 复合性

改革开放以来,随着市场化进程的不断推进,政府与市场在资源配置中的作用也在不断发生变化。由于地方政府在经济发展上的自主权不断增加,其对经济的调控作用也不断增强,甚至可能通过市场化手段来干预经济运行,因此,行政区经济是政府行为与市场机制不完善共同的结果。一方面,地方政府作为本地利益的代表,在财政收入最大化的激励下,采取分割的占优策略,来保护本地企业发展和经济增长,同时还通过优惠政策积极吸引外部资源要素流入,因此扰乱了市场秩序和企业自身的生产、技术革新进程;另一方面,地方政府在面对外部性、公共品供给等市场失灵现象时,需要政府采取有效手段,来配置经济发展的公共资源(如基础设施、土地等),因此在一定程度上促进了市场机制的完善。在不同的历史时期,由于政府和市场对要素配置的力量不同,因此行政区经济对经济运行有着不同的影响(朱莺、张良,2005)。

1.1.3 "行政区经济"与"区域经济"的理论联系与区别

行政区经济作为我国经济发展过程中一种重要的经济现象，其存在有一定合理性。然而伴随着新时代区域协调发展战略的实施，实现行政区经济向区域经济一体化转型将成为我国区域协调发展中的重要任务。理清行政区经济与区域经济之间的联系和区别，对于科学、全面认识区域发展规律、推动区域协调发展具有重要意义。

1. 不同阶段下的产物：分权竞争与政府协作

区域的概念来自地理学，一般指政治、经济、社会、自然属性等集成的地理单元。经济学意义上的区域一般指具有特定经济功能，在空间上表现为具有一定同质性的区域。区域的分类有很多种，范围也可大可小，经济学通常意义上的区域指经济区，即由一系列经济联系紧密的地区之间形成的空间整体；而在行政管理层面，受历史、地理等多方面影响，行政区域与经济区域并不总是完全一致。在中国，地方政府只对本辖区经济发展负责，而经济区域由于缺乏约束力，因此行政区域的划分对区域经济有着较大影响。

从现象来看，行政区经济受行政区划影响较大，其背后主要是在分权体制下，地方政府官员面对晋升激励，采取一些手段来干预经济的自然运行，来实现本地经济增长、财政收入增加，达到自身升迁的目的，因此行政区划的范围影响着资源配置的空间范围。而区域经济一体化强调地区之间的协调、分工，由于政府对经济有着较强的调控能力，特别是在市场机制还不完善的时候，政府之间的协作会对地区经济联系产生很大影响。这其中一方面与政府职能的转换有关，另一方面与市场机制的完善有关。计划经济以及市场经济不完善时期，由于政府对经济的强力干预，导致政府在经济活动中既是"裁判员"，又是"运动员"，对市场发挥作用有着较大影响；而随着市场机制的不断完善，政府的经济干预行为逐渐减少，同时开放程度的不断提高也在不断提升本地经济发展，落后地区通过合作能够获得技术、资金以及人才等要素，区域经济一体化发展逐步加快。

从发展阶段来看，从中华人民共和国成立以来，尤其是改革开放以来，在不同的历史阶段里，上级政府和下级政府之间、平级地方政府之间存在着较多竞争和合作的关系。改革开放之前的计划经济时代，政府完全控制着地方经济运行，地方间经济联系主要靠上级政府来进行计划和调配，地方政府之间的经济往来较少，行政区经济表现较为突出。改革开放早期主要以增量改革为主，这一时期地方政府仍然较多地控制着经济运行,各地通过不断开放,追求"大而全""小而全"的产业体系,地方保护主义较多(吴敬琏,2003)。20 世纪 90 年代以来,随着市场经济体制建设的不断推进,生产要素在区域间的流动开始逐渐放开,同时伴随着政府职能的不断转换,政企职责不断明确,政府对经济的干预逐渐减少,企业开始成为经济运行中的主体,企业根据自身利益最大化条件在不同区域进行区位选择,使得区域一体化进程不断加快,地方政府也开始通过发挥比较优势来促进区域合作。

2. 不同层面上的考量:整体利益与局部利益

行政区经济在空间范围以上以行政区划为基础,并且由于行政区划的相对稳定性,行政区经济的空间边界表现出封闭性的特征,与区域经济的开放性、边界的模糊性形成鲜明对比。此外,行政区经济以地方政府为主导,具有浓厚的地方保护和市场分割的特点,使得要素在地区间的自由流动受阻,地方政府间产生恶性竞争,同时还有由于部分事权的不明晰导致地方发展负外部性的出现。因此行政区经济更多地考虑行政区范围内局部利益,而对于行政区以外的经济活动而言,由于缺少管辖权,使得行政区划内外经济活动分布并不完全协调,因此对经济活动的整体利益产生影响。

而区域经济一体化以市场为主导,要求建立统一、开放、竞争、有序的大市场,实现资源的合理流动与有效配置。一方面区域经济一体化将会促进地区间分工体系的建立,在市场规模不断扩大的同时,劳动分工不断细化,将会降低经济活动的成本,进一步提升产出效率、增加收益。另一方面,地区间市场分割的打破,有助于提高地区开放程度,降低贸易成本、促进本地贸易水平的提高,而随着本地市场规模的扩大、分工的细化以及贸易水平的不断提高,将进一步造成生产要素的集聚,从而提升地区整体利益。

在行政区经济向区域经济转型的过程中,一方面地方政府在对自身行政区域范围的经济活动进行调控的同时,也尽可能考虑其行为对周边地区的影响,避免地区间出现不协调现象,如河流上下游地区在面临环境综合保护、地区主导产业选择等方面。另一方面本地根据其他地区的经济发展状况,来调整自身未来发展定位、人才需求结构以及资金技术来源等,从而实现资源在经济区范围内的合理配置,消除由于行政区划限制导致的资源误配置现象,提高利用效率,例如在不少大城市周围,聚集着较多服务大城市主导产业发展的配套产业,既能为大城市发展提供帮助,又能利用大城市发展带动本地经济发展,实现产业链条上的分工与协作。而在发展当中,地区之间常会遇到利益摩擦,地区间矛盾时常发生,例如河流综合管理、危险品运输以及地方竞争等情况,一方如采取对本地区有利的举措,则常常会损坏整体利益,在行政区划不容易发生变化的情况下,更多地需要通过上级机构的协调、地方政府间的沟通和交流、市场化行为以及出台相关合作机制来进行协调,消除地方保护行为,促进整体利益的最大化。

3. 不同机制间的作用:纵向联系和横向分割

我国行政区划一般为"省—市—县—乡、镇"四级制。在四级制行政区划体系中,省辖市,市辖县,县(县级市)辖乡、镇,各级行政区划之间具有纵向垂直领导属性,各级行政区域都有确定的行政区域边界,同一级行政区域板块之间不重叠。本地政府除对行政区域范围内的经济负责之外,还对上级政府负责,同时上级政府一般决定着下级政府官员的升迁,因此行政区划的这种设置决定了不同层级的行政区域之间具有纵向包容关系,高一级行政区经济对低一级行政区经济有着直接影响,低一级行政区经济是高一级行政区经济的基本组成部分;而在行政区经济中,由于竞争关系的存在,尽管在上级政府的协调下可能存在部分经济合作关系,然而总的来看同一级行政区域之间更多地存在横向分割现象。

一般来说,行政体制的隶属关系决定着不同行政区域经济种类的纵向包容关系,下级政府在上级政府的统一安排和布置下,根据上级政府给出的发展定位和发展模式,来进行适当的调整和壮大。同时下级政府还可以根据自身发展需要来向上级政府提出请求,并就地区间经济横向的矛盾进行反映,以便于推动行政区划的限制。依靠这种自上而下的行政管理体制,能够保证经济活动在一定空间范围内正常运行,使得行政区内部经济、社会、文化等诸多功能得到体现,并且在激励机制存在的情况下保证了地方经济发展的效率。然而单纯的经济纵向联系并不能完全解决经济发展中的地区分割现象,相反,上级政府有可能在下级政府间通过设置发展竞赛来提高下级政府间的竞争程度,从而进一步加剧了地方保护、市场分割的程度。

从一般意义上而言,相同层级的行政区经济之间不存在纵向联系,反而有可能由于地方政府竞争而出现横向分割现象。在这种情况下,行政区域对经济活动的区位选择产生影响,企业竞争受到政府的强烈干扰,生产要素跨行政区流动受到很大阻隔,从而不利于区域经济一体化进程。在市场经济并未完全建立的情况下,经济活动在地区纵向联系下,将会使得不同地区形成不同的优势产业和经济发展优势,而在横向分割进程中则不断完善产业体系,因此行政区经济的发展面临一定的不确定性。而当市场机制建立起来,政府职能更加明确,经济活动能够更加依据自身利益最大化进行选择,则地区间的纵向联系和横向分割现象将可能得到突破。

1.2 "行政区经济"向"区域经济"转型的理论分析

本节将主要阐述"行政区经济"向"区域经济"转型的理论背景。首先基于不同的学科背景进行分析,从不同的角度认识"行政区经济"向"区域经济"转型的内在机理;其次是"行政区经济"向"区域经济"转型的路径;最后就转型过程的几个重要因素进行分析。

1.2.1 相关理论概述

早期理论界一般将行政区经济和区域经济作为两个领域分别进行研究(张磊,2004),集中了阐述行政区经济的概念、特征、内涵等(刘君德,2006),以及区域经济一体化的理论内涵,包括区域经济学、经济地理学等不同学科均有论述。随着中国市场化改革进程的不断加快,行政区经济向区域经济转型的发展实践不断出现,催生出由行政区经济向区域经济转型的多种理论解读,内容涉及区域经济学、发展经济学以及新制度经济学等相关内容。本节将主要从区域经济一体化理论、非均衡发展理论以及制度经济学的角度对此进行论述。

1. 基于区域经济一体化理论的分析

朱金海(1995)认为区域经济一体化是指"冲破行政管理体制的界限,以市场为纽带,以企业为主体,并由宏观调控组织引导,建立功能合理分工、资源合理配置、产业相互协调、资金互为融通、技术相互渗透、人才互为流动的现代经济一体化区域"。行政边界是造成区域经济分割现象的重要原因,由于制度上的隔离使得地区间经济关联较少,从而形成行政区经济,因此由行政区经济向区域经济转型的过程主要在于突破制度的限制,从而实现由封闭区域向开放区域的转化。从结果上来看,行政区经济向区域经济转型的结果在于实现市场的一体化,主要包括产品市场和要素市场的一体化。

市场一体化是区域分工、协作的重要结果。在行政边界对经济运行的影响消失的情况下,经济主体如企业等根据自身利润最大化原则,选择最佳区位进行生产;而在宏观层面上,不同区位的地区聚集不同生产类型、生产效率的企业,然后通过地区间分工,一方面促进了区域间贸易的产生,另一方面有效促进资源的合理配置,使得价格在调控资源配置过程中的作用增强,从而有助于提高资源配置效率。因此,从区域经济一体化的理论来看,行政区经济向区域经济转型的过程主要在于消除阻碍地区间经济联系的因素,包括由于行政区不同导致的制度、政策、规则等不同,来实现地区间经济运行机制的衔接和统一;而其结果在于实现市场一体化,包括产品市场的一体化和要素市场的一体化,通过实现劳动、资本等要素的自由流动以及产品在跨区域间的自由流动,实现资源的优化配置。

2. 基于平衡和非均衡发展理论的分析

平衡发展理论和非平衡发展理论是发展经济学中的重要内容。尽管其理论更多侧重在经济发展早期的主导产业选择上,关注地区发展应当选择重点部门抑或是平衡各个部门进行发展(孙久文、叶裕民,2010)。从区域层面来看,中国各地区在改革开放初期,市场机制尚未完全建立,由于行政区经济的存在,各地大多选择平衡发展,追求"大而全""小而全"的产业体系,强调地区内部不同产业之间形成相互需求,因此贸易更多地在本地区内部发生,而本地区产业体系的完整性也使得地区间贸易水平相对较低。

然而一方面由于比较优势的存在,各地区产业发展速度不尽相同,地区内部某一产业发展并不总能满足本地发展需求,使得区域间贸易的发生成为必然,贸易的发生使得本地区优势产业进一步增强。地区间贸易过程的不断深化,使得各地区开始注重本地区比较优势产业的发展,导致资金、劳动等要素向该类行业集中,生产效率、生产规模不断提高,形成产业发展的正反馈。随着市场机制的不断完善,地区比较优势产业逐渐显现,形成非均衡发展模式。另一方面,从区域层面来看,不同地区主导产业的选择,也使得区域分工逐渐形成,在形成相互需求的同时也增强了地区间经济联系。无论是政府投资还是私人投资,在投资方向的选择上往往会根据自身比较优势以及地区分工来进行合理的选择,从而使得经济活动能够实现从行政区到更大空间范围的经济联系与集聚,促进了行政区经济向区域经济的转型。

3. 基于制度经济学的分析

制度经济学关于区域发展的分析主要包括体制、政策、交易成本、产权、外部性等方面。首先,从体制和政策层面来看,行政区经济的一个主要特征是封闭性,这种封闭性往往来自基于行政边界的管理上的封闭,地方政府对本辖区经济活动具有某类约束和指导权力,地方政府往往通过政策的出台来干预经济活动,从而使得经济活动的发展并不完全按照经济规律运行。而随着市场经济体制的不断完善,政府对经济的干预逐渐减少,行政体制对地区间经济联系的约束也不断减少,从而有利于区域经济一体化的发生。

其次,从交易成本来看,行政区经济的封闭性体现在行政制度壁垒的存在,因此导致地区间贸易、管理等交易成本的增加。在计划经济时期,地区之间可能由于过高的交易成本影响了地区间贸易的发生,从而影响了地区福利水平的改善。随着市场机制的完善,一方面行政壁垒逐渐降低、政策衔接等软件基础设施不断完善,另一方面交通基础设施、通信设施等硬件基础设施的也发生了很大变化,这些都促进了地区间交易成本的下降,促使区域间经济联系不断增强。

最后,从外部性理论来看,市场经济条件下本地区经济发展将会对周边地区带来影响。地方政府作为地方公共利益的代表,与其他地区政府之间往往存在利益上的合作和冲突,因此本地区经济政策的出台对周边地区也会产生有利或者不利影响。按照制度经济学理论,外部性的解决一般包括征收"庇古税"以及外部影响内部化等措施,因此消除地方政府发展外部性、实现行政区经济向区域经济转型的一个重要思想在于目标函数实现从城市各自经济产出最大化到区域总量产出最大化,从而实现地区经济发展外部影响的内部化。

1.2.2 "行政区经济"向"区域经济"转型的路径选择

根据上述理论分析,本节将对行政区经济向区域经济转型的路径选择进行概括描述。图 1.1 描述了由行政区经济向区域经济转型过程的目标和障碍,其中主要目标在于实现制度一体化、产业一体化以及市场一体化,而主要障碍包括地方政府间合作障碍、产业与要素流动障碍以及产业分工合作障碍。

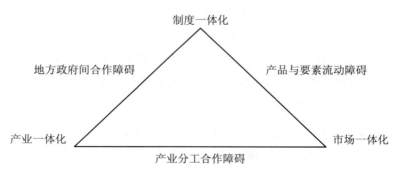

资料来源:保建云:《发达地区间区域一体化发展面临的问题与地方利益协调分析——以长江三角洲和珠江三角洲为例》,《商业经济与管理》2007年第 10 期。

图 1.1　行政区经济向区域经济转型的目标和障碍

1. 组建区域同盟,建立统一市场

不同行政区域的地区之间通过组建区域同盟,能够实现经济区域的概念。以文化为例,通过组建文化地区同盟,能够实现同一文化范围内的区域凝聚力和认同感提升,从而有利于突破行政区划的束缚。在地区发展当中,区域同盟的设立,能够促进外界资本更加合理地进行区位选择,也有利于地区间贸易的发生。地区统一市场的建立也有利于借助市场无形的手来破除行政壁垒的限制,以企业和居民为主体,通过价格来合理引导资源的流动,实现产业的合理布局。

2. 促进政府沟通,降低行政壁垒

区域经济的实现并不排斥行政边界的存在,转型发展过程重点在于降低地方政府之间为了各自利益而制造出行政壁垒。因此,实现行政区经济向区域经济转型的一个主要路径在于通过地方政府之间的沟通,取消人为设置的行政壁垒,强化市场机制对于地区经济联系的作用。在政府沟通过程中,一是要应当加强制度上的工作,如出台长效沟通机制、定期会晤机制等;二是要加强软硬件基础设施建设,包括跨区域道路建设、政策衔接、信息服务建设等;三是要拓宽沟通内容,不仅实现经济联系上的增强,同时在环境保护、文化认同、公共服务等内容上进行相互协调和沟通。

3. 协调发展定位,加强产业分工

通过政府沟通以及市场机制建设,地区间应当实现发展定位的协调,避免出现恶性竞争、严重重复建设问题。其内容包括：一是要通过区域间产业上下游关联,明确各地主导产业选择和发展方向,促进资源的合理布局;二是要通过统一技术标准,排除地区间贸易的技术障碍,实现准入门槛的一致;三是要协调产业发展政策,统一各地区经济运行法规,为企业在跨地区经营中创造出良好的营商环境,实现更大范围内规模经济的实现和技术的溢出。

4. 整合公共服务,消除区域差异

公共服务是影响居民流动的主要因素,而公共服务的提供与行政边界紧密挂钩。实现公共服务的区域协调发展,有助于提高整体社会福利水平和缩小地区间福利差距,引导居民的区位选择。深化公共服务在行政区之间的均等化发展,需要合理引导公共服务资源通过市场化手段在地区间的分布,包括教育、医疗、社会保障、就业等各个方面,完善服务提供主体,并实现不同区域的公共服务主体之间的联动发展。

1.2.3 "行政区经济" 向 "区域经济" 转型的主要影响因素

从上述理论分析得出,行政区经济向区域经济转型主要在于突破行政壁垒的限制,实现经济资源在更大空间范围内的配置。行政区经济的出现是政治、经济、社会、文化等多种因素综合的结果(陶希东,2004),向区域经济转型的过程也将受到一系列因素的影响,本节将对影响行政区经济向区域经济转型的主要因素进行概括和分析。

1. 交通基础设施

交通基础设施是影响行政区经济向区域经济转型、实现区域经济一体化的重要支撑因素。交通基础设施直接影响着地区间运输成本,在计划经济向市场经济转型的过程中,由于行政壁垒的限制逐渐减少,地区间运输成本在交易成本中所占比重越来越大,因此在交通基础设施不完善的情况下,运输成本过高使得信息的传播以及贸易的发生受到了极大影响,从而对区域市场整合尤其是产品市场的一体化有着巨大影响(颜色、徐萌,2015)。

交通基础设施是区域经济一体化的物理保障。交通基础设施的完善能够极大地降低区域间通行成本,从而引导资源、技术、要素以及产品的流动,促使区域间形成紧密的经济联系,更好地发挥各个地区的比较优势,形成优势产业,在地区分工中获得收益。刘生龙和胡鞍钢(2011)的研究发现,交通基础设施的改善对区域贸易有着显著的促进作用,由于交通基础设施的改善能够促进边界效应的降低,因此交通基础设施能够显著促进区域经济一体化。

2. 产业分工

产业分工的合理性是实现转型和区域经济一体化的重要影响因素。行政区经济的一个主要表现在于各地区形成较为类似的产业体系,使得经济资源在地区间形成严重的重复投资,造成了较大的效率损失。地区间产业分工会对行政区经济向区域经济转型进程产生影响,不同的地区产业分工有助于地区间形成相互需求,从而促进要素流动以及产品流动,例如同一产业链条上的不同地区之间,由于产业上下游关联,形成紧密的经济联系(陈建军,2008);而相似的产业分工则可能面临竞争局面,尽管存在产业内贸易的情形,然而由于本地需求较高的地区企业生产成本相对较低,使得竞争力更强,因此反而有可能加剧地区间的分割现象,从而不利于行政区经济向区域经济转型。

区域经济一体化的核心问题在于实现良好的地区分工与合作,从而实现资源的优化配置,因此如何对各地区的产业进行明确的发展定位成为区域经济一体化的重要问题。由于地方政府在本地区经济发展方向、主导产业选择方面具有重要的影响,因此如何实现良好的地区分工是实现行政区经济向区域经济转型的关键。

3. 对外开放程度

对外开放程度直接影响着区域之间的经济合作。地区对外开放程度的提高将会直接提升本地区与其他地区的经贸往来，从而带动资源、要素和产品的流动，促进区域经济一体化的实现。由于行政区经济主要关注行政区域范围内的经济运行，因此一般在某些领域存在一定程度的保护主义，这将直接影响本地区的对外开放程度，从而影响区域经济一体化进程。然而随着市场化程度的不断提高以及贸易开放需求的不断增加，各地对外开放水平也将不断提升，将有利于促进区域间经济合作的产生。

区域间经济合作模式包括贸易、要素流动、产业转移等，其中每一种模式的实现都需要合作双方具有相对较高的对外开放程度。本地对外开放水平的改善包括去除行政壁垒，提高无差异的公共服务，包括无区域歧视的各种政策、准入规则、基本待遇等，创造出适宜企业和劳动力自由流动的外部环境，从而使得企业能够在本地对外开放中起到主导作用，有利于外部资源的流入，也将会促使地区经济分工的形成（陈建军，2008）。

4. 文化融合因素

文化的相近性是区域整体概念的重要组成部分。例如长三角地区，长期以来在语言、生活习惯、民俗风情等方面具有较高的相似性，使得区域整体的概念较为突出，从而便于行政区经济向区域经济转型。地区间文化因素对于区域经济一体化的形成有着重要影响，主要体现在：一是认同感，区域间文化认同感将会提高不同地区企业和居民之间的信任水平，因此能够促进地区的对外开放水平，从而有利于区域经济一体化的实现；二是沟通成本，相似的文化之间价值观念也相对较为接近，能够显著降低地区间的沟通成本，提高区域间的经济往来；三是区域概念的塑造，文化的融合能够使得区域的概念超越行政区划的范畴而存在，尽管缺乏约束力和准确的范围，然而对于具有相同文化的区域而言，便于以区域的特征进行对外交流，因此有助于行政区经济向区域经济转型。

5. 制度因素

制度尤其是行政体制带来的区域壁垒是影响行政区经济转型的最主要因素。地方行政壁垒越高，资源、要素和产品的流动的阻力就越大，越不利于区域经济一体化的实现。在行政力量干预经济较多的时期，地区间合作更多地是依靠政府之间的协调和沟通；而在市场化逐渐完善的过程中，企业、居民等经济主体在区域间的经济合作中开始扮演重要角色，因此将会推动区域经济一体化进程。行政壁垒主要体现在保护主义、政策不协调、存在地域歧视、准入门槛不同等诸多行政管制现象,因此打破行政壁垒将有助于形成统一的发展目标,促进经济主体之间的合作。

1.3 国际区域经济协调发展(大都市圈)的典型案例和做法

尽管当前全球经济中不确定性因素仍然存在,但是区域经济一体化仍然是全球化背景下不可逆转的重要趋势。加强区域经济协调发展,能够促进区域整体发展水平的提高,重建地方政府竞争秩序,增强国际竞争力,从而推动区域产业分工与合作合理化,实现区域经济朝一体化方向发展。本节将对国际上主要地区的跨区域发展经验进行梳理和总结,对国内外区域经济合作,特别是河口、湾区的区域经济协同合作发展的成功案例进行比较分析,总结并借鉴区域合作成熟经验,为长三角地区区域经济合作模式的选择、机制的建立探索有益启示。

1.3.1 美国田纳西河流域合作

田纳西河流域全长1 050千米,流域面积10.5万平方千米,流域大部分位于田纳西州境内,小部分属于密西西比、阿拉巴马、佐治亚、北卡罗来纳、弗吉尼亚及肯塔基6个州,田纳西流域综合开发与管理对落后地区的发展起到了积极的促进作用,对推动长三角地区经济合作具有重要借鉴意义。

田纳西河流域地跨美国多个州,而各个州的地方权力较大,中央政府对于各个州的统一管理权力相对较小(谢世清,2013)。为了保证田纳西流域的开发顺利进行,美国国会于1933年通过《田纳西流域管理局法》,并成立田纳西流域管理局,赋予其独立行使人事权、土地征用权、项目开发权、经济发展及投资开发等多项权利。传统的政治体系使得行政区域之间的权力相互制约,但是增加了相互之间信息交流成本,成立跨区域统一调配管理的田纳西流域管理局使得整个流域内部信息交流成本极大降低,区域发展的效率得到了提高。

田纳西河流域水流丰富,长期以来存在洪水灾害,综合治理及应用充足的水资源成为田纳西河流域发展的一项重要手段。以田纳西河干流为重点,建立了几十座目标水坝,疏通河道,控制洪水灾害的影响,并且围绕流域土地资源因地制宜地开发农、林、牧、渔业。结合造林措施进行森林管理,发展林业,并有效地防止了水土流失，兴建大量水库，为渔业发展奠定了基础。

田纳西河流域地区较为贫穷，经济的发展是这一地区开发的重要目标之一，田纳西流域管理局将水资源的开发利用与流域内的防洪、城市用水、工业布局、航运和娱乐相结合。在建立的水坝工程上考虑发电的要求，配套建立水电站及电力输送系统，并就近建立火电站，形成水火高容量电力系统，促进了沿河铝工业、原子能工业、化学工业等发展。与此同时，结合水库的建设，促进旅游业发展，建立公园、野生动物管理区及风景区等，旅游业收入已经成为田纳西河流域重要的收入来源。

美国通过在田纳西河流域成立"区域性政府"，会同地方政府制定区域规划，提供区域性公共服务，协调区际利益冲突，提高资源的共享性。因地制宜，利用当地较为优势的水资源综合发展农、林、牧、渔业。同时发展工业及服务业，综合开发下，田纳西河流域对落后地区的发展起到了积极地促进作用。

1.3.2 欧洲莱茵河流域合作

莱茵河发源于瑞士，全长 1 320 千米，干流流经瑞士、列支敦士登、奥地利、法国、德国及荷兰 6 国。莱茵河是水量最丰富的河流之一，在欧洲河流中占有重要地位，具有良好的水流条件，是世界上最繁忙的航道之一。流域沿岸平原区的农业较为发达，流域人口较多，目前聚集了将近 1 亿人，至少 2 000 万人将莱茵河作为饮用水的直接来源。

莱茵河流域管理经历了"先污染，后治理""先开发、后保护"的历程。莱茵河国际合作始于 1950 年，污染问题是当时下游国家最为关心的问题，并由此成立保护莱茵河国际委员会，并由其为主体实施生态环境治理计划以及防洪行动计划。莱茵河流域的许多协定属于国际法范围，各国需要共同遵守协定，并在国内通过相关法律程序，此外莱茵河流域各国建立良好的相互信任机制，从流域整体出发进行合作。在法律保障外加良好的信任机制，保护莱茵河国际委员会统一进行莱茵河流域生态的管理。

莱茵河流域的治理开发也十分注重综合性，在治理流域污染的同时，注重航运网络的建设。莱茵河自 19 世纪签署第 1 份航运协定后，一直采用不收费、不收税的自由航运政策，因此成为世界上最为繁忙的航道之一。目前，7 000 吨级的船舶可以通过莱茵河直达德国的科隆港，5 000 吨级的船舶可直达法国的斯特拉斯堡，1 500 吨级的船舶可直达上游瑞士的巴塞尔，"江海直达"的航运网已经形成，将有效地带动临港及相关产业的集聚。

　　莱茵河流域的开发建设离不开城市功能的聚集与带动。以德国鲁尔区为例,莱茵河沿岸聚集了波恩、科隆、杜塞尔多夫、埃森等 20 多个城市,区域人口达到 1 100 万人,是欧洲的第三大经济区,鲁尔区因工矿业发展而形成多中心城市聚集区。莱茵河流域城市圈的发展特点为多中心均衡发展,特大型城市极少,各个中心城市致力于发展具有自身特色的功能,产业间重合度相对较低,比如法兰克福定位于欧洲的金融中心,鹿特丹定位于国际航运及贸易中心,多特蒙德是大学城的代表等,城市之间相互聚集利用周围城市的功能来弥补自身的不足,产业之间的合作多于竞争,经济发展较为均衡。

　　欧洲地区拥有以欧盟为代表的高度一体化组织,不同地区之间拥有完整的组织结构和制衡机制,欧盟的各个机构在其管辖范围内也拥有超越各成员国的权力,在此影响下,莱茵河流域各方能够充分表达自己的利益诉求并进行磋商,并在相关法律及协定保障下,各国进行合作开发及治理,形成区域之间的良性合作,并进一步形成产业体系的均衡发展。

1.3.3　日本东京湾区域合作

　　东京湾北枕日本粮仓关东平原,房总半岛和三浦半岛合抱东西,经浦和海峡南出太平洋,南北长约 50 千米、东西宽约 30 千米,临港产业覆盖区域面积约 1 100 平方千米,海岸线 170 千米,该城市圈为日本最大的重化工业基地和能源基地、国际贸易和物流中心。

　　东京湾区域合作开发与田纳西流域、莱茵河流域的开发具有一定的相同点。东京湾区域经济发展不平衡,各地区之间均需要得到发展,同时日本土地资源稀缺,因此需要中央政府统一规划。1950 年日本政府就制定颁布了《国土综合开发法》,1956 年 4 月制定颁布《首都圈整备法》,并依法制定相应的开发实施计划。1956 年到 1999 年之间,先后 5 次对东京湾的规划和开发方针进行修改(李睿,2015)。东京湾区域合作拥有法律做保障,区域之间利益协调有一定标准。

　　东京湾地区拥有天然的良港,整体区域合作以港口开发促进产业点状集聚,在工业化工程中,实现了人口和工业的第一次集聚,奠定了日本港口建设,发展原料及产品具有大运量特点的产业,例如海运、造船、钢铁、化工及电力等,这些产业布局依托港口,沿海选址,通过规模经济优势降低成本。在产业因地布局的同时,发展港口城市,大企业及相关产业向沿海港口城市集聚,促进公共基础设施大规模建设,航道、铁路、公路网络建设密集,目前东京湾沿线区域的铁路网呈放射状,交通基础设施发展较为充分。

通过基础设施的牵引，东京湾沿岸区域的产业联系更加紧密，人流、信息流汇聚更加畅通，并构成了鲜明的功能分工体系。紧密的经济社会联系带动了产业和人口的进一步聚集，使得日本成为继美国之后的又一个世界工厂，并主要坐落于以东京湾城市圈为重点的环太平洋城市产业带上，以东京为核心的首都城市圈发展，使之成为日本最大的工业城市群和最大的金融中心、国际航运中心、商贸中心及消费中心。

东京湾区域合作发展重视市场机制配置资源的基础作用与政府规划主导和干预相结合，利用环太平洋区位优势进行综合规划整治，利用法定的协调机制以及无直接法律依据的协调机制，共同协调区域间利益关系，并且区域间协调机制的作用领域是多方面的，从单个的协调制度或形式来看，未必每一个都涉及较多的领域，但是总体来看，涉及的领域较为广泛。充分利用天然的良港，进行产业的发展及集聚，在成为世界工厂的基础上，城市之间的分工更加明确，形成以东京为核心的城市圈。

1.3.4　国际区域经济协调发展案例启示

通过对比国外区域协同合作发展案例的比较分析，总结借鉴区域合作的成熟经验，可以为长三角地区经济合作提供有益的启示。总的来看，长三角地区的发展需要建立起统一的协调机构及法律保障，基于此各地区因地制宜，发展不同地产业经济，并在发展过程中，围绕长三角极核城市上海进行产业布局，发挥上海中心城市的辐射及协调作用。

首先，跨越区域的经济合作需要建立统一高效的协调机构并在国家层面给予法律法规方面的支持。综合以上的国际案例，田纳西河流域的发展过程中，美国国会通过《田纳西流域管理局法》，并成立田纳西流域管理局，莱茵河流域的各个国家达成了多种协议，并成立保护莱茵河国际委员会，日本东京湾都市圈制定颁布了《国土综合开发法》及《首都圈整备法》，正是在上述法律及跨区域协调机构的统一管理下，区域经济才得以充分发展。因此长三角地区的发展，必须在国家层面建立一个高规格的综合协调机构，协调国家部委以及地方政府的利益关系，避免多头管理的局面，统一进行长三角地区资源的利用整合以及产业布局的规划。

其次，区域经济一体化需要明确各地区发展定位。在统一的管理机构协调下，各地区仍然要因地制宜，根据当地的资源、区位及产业结构的特点进行经济发展。

田纳西河流域根据当地水土资源综合发展农林牧渔业、高耗能工业及旅游业,莱茵河流域不同的城市致力于发展具有自身特色的功能,并不是一味地求大求全。日本东京湾地区港口城市依托港口优势,发展重工业,均体现了区域性的经济发展充分结合。长三角地区内部经济发展并不平衡,上海为主要的服务业中心,浙江、江苏及安徽均有其比较优势产业,要调整目前普遍存在的"小而全"的产业结构布局,打破城市间雷同的产业体系,进一步加强产业间的合作。

再次,应当注重区域核心城市建设。在各地因地制宜发展经济的同时,需要突出区域极核城市,任何大都市经济圈都拥有较多知名国际都市,但是能级最高的城市只有一个。在长三角地区经济发展过程中,上海毫无疑问应当成为中心城市,其他城市在进行功能定位及产业布局时,要主动与中心城市上海建立密切联系,主动融入长三角都市圈。上海作为长三角地区经济的中心,应当拥有较高的产业高度以及产业转移力度,并通过其核心功能的实现,开拓长三角地区的产业空间,构建上海为核心的区域现代产业体系,发挥上海核心城市的辐射功能。

1.4 长三角区域经济一体化发展的历史沿革和现状

1.4.1 长三角区域经济一体化发展的历史演变

长三角地区是我国经济实力最为雄厚、开放程度最高的地区[①],其中也形成了世界第六大城市群。长期以来,长三角地区地缘相邻、文化相近、人缘相亲,发展中逐渐形成了以上海为中心,以"上海—南京""上海—杭州—宁波"为两翼的"之"字型发展格局,在"行政区经济"向"区域经济"转型中取得了显著成绩并具有示范效应。近年来,随着长三角地区各级政府层面沟通机制的逐步完善、市场机制的全面建立,企业和居民在跨地区之间的交流逐渐增多,长三角地区区域经济一体化进程不断加快,在全国形成了较大的示范效应和影响力。本节将对长三角地区区域经济一体化发展的进行回归,总结其阶段性特征。

从 1949 年中华人民共和国成立到改革开放之前,中国实施高度集中的计划经

---

① 本书长三角地区包括上海、江苏、浙江以及安徽三省一市。其中核心城市为《长江三角洲城市群发展规划 2016》中规划的上海市,江苏省的南京、无锡、常州、苏州、南通、盐城、扬州、镇江、泰州,浙江省的杭州、宁波、嘉兴、湖州、绍兴、金华、舟山、台州,安徽省的合肥、芜湖、马鞍山、铜陵、安庆、滁州、池州、宣城26座城市。

济体制和封闭式经济发展战略，各城市千篇一律，地区发展追求"大而全""小而全"的产业体系，行政区经济色彩较为强烈。同时地区发展受上级政府干预较为严重，以上海为例，由于高度中央集权的传统计划经济体制框架的束缚，上海失去了全国最大的金融和贸易中心的地位，只是被认定为全国最大的工业基地，功能单一，极大地限制了自身经济发展（韩佳，2008）。不仅上海自身发展受到了不利影响，而且对整个长三角地区造成了较大的不利影响，集中化管理使得国有企业缺乏竞争，企业内部由于缺乏激励措施，企业活力得不到体现，从而影响了效益和效率，使得资源不能得到充分的发挥，影响和阻碍了长三角地区的进一步发展。地区之间缺乏相对自主的经济权力，使得地区间经济联系并不强烈，要素和产品的区域配置往往受到行政区划的较大限制，区域经济一体化进程十分缓慢。

改革开放以来，长三角"行政区经济"向"区域经济"转型分为四个阶段（见图1.2）。首先，第一阶段是萌芽阶段（1982—1990年）。这一阶段的主要历史事件是1982年底成立的上海经济区，意在通过加强地区间的横向联系来促进上海、江苏和浙江的发展，然而上海经济区并未得到进一步的推进（陈建军，2008）。1983年，上海经济区规划办公室由国务院批准成立，成为上海经济区的领导机构，在经济区范围扩大后，又建立了经济区省市长会议制度。1986年全国第一次城市体制改革工作会议进一步深入推动长三角地区的经济合作，开始形成以上海为龙头的产业体系和布局结构。然而由于当时计划经济还相当强大，因此上海经济区规划办公室协调作用十分有限，并于1988年撤销，但是这一机构打破了行政区界限，为以后长三角区域合作奠定了基础。

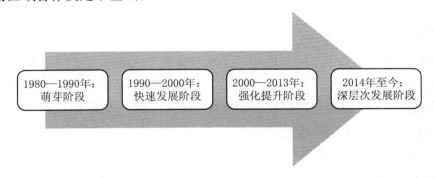

图 1.2 改革开放以来长三角区域经济一体化阶段划分

第二阶段是快速发展阶段（1990—2000年）。这一阶段伴随着浦东开发开放带来制度创新，各城市之间要求加强经济合作的愿望越发强烈。从外部环境来看，随着社会主义市场经济体制确立，市场配置社会资源功能逐渐扩大，政府的行政功能也在不断改善与完善之中。从内部机制建设来看,长江三角洲14个城市协作部门主任联席会议于1992年正式成立,这一组织在早期包括上海、无锡、宁波、舟山、苏州、扬州、杭州、绍兴、南京、南通、常州、湖州、嘉兴、镇江。后随着长三角地区合作的不断深化,地区间政府协作超越了单纯的经贸范畴,因此1997年在长三角城市协作部门主任联席会的基础上成立了长江三角洲城市经济协调会。随着早期两年一届的长江三角洲城市经济协调会的召开,长三角一体化在政府和市场两个方面都得到了有效的响应,长三角行政区经济向区域经济转型进入快速发展阶段。

第三阶段是强化提升阶段(2000—2013年)。这一阶段随着加入WTO,中国对外开放的步伐进一步加快,促进了长三角的区域经济一体化的进程。同时,长江三角洲城市经济协调会不断扩容,2010年扩展到安徽地区,合肥、马鞍山等地也加入长江三角洲城市经济协调会,地区间不同的比较优势促使长三角区域经济发展面临多元化的趋势。

这一阶段不仅仅是长江三角洲城市经济协调会成员的增加,其合作内容、沟通机制、合作基础等也在不断深化和完善。从合作基础上来看,地区间基础设施建设不断完善,高速公路、高速铁路的快速发展对于区域经济一体化有着强大的促进作用;从沟通机制上来看,地区间省级、市级以及部门间协调机制初步实现,实现了多层次的对话和磋商机制;从合作内容来看,面对2008年金融危机、上海世博会以及高速铁路开通等重大历史事件,长三角地区抓住合作机遇、共同面对风险,积极推动各地区在产业分工、发展规划协同以及环境保护方面的合作,促进物流业以及旅游一体化建设,形成独特的"江浙沪"包邮现象。

第四阶段是深层次发展阶段(2014年至今)。随着国家"一带一路"倡议的实施,以及长江经济带发展战略的提出,长三角区域经济一体化进入深层次发展的新时代,解决一体化发展中的机制体制问题成为重点。当前长三角地区建立起了由决策层、协调层和执行层共同组成的区域政府合作机制,其中决策层主要以省市级主要领导座谈会为主体,协调层以长三角城市经济协调会为主体,执行层则主要以各地相关职能部门为主体,通过定期磋商、联合办公等形式进行交流和沟通,强化政府协同机制建设。在市场机制建设方面,推动交通、通信等保障性基础设施建设,为市场一体化建设提供保障;同时推动产品标准、信用体系互认等发展软环境的建设,加强市场的共同监管和企业的技术合作,有力地推动了市场一体化进程。在区域公共治理以及公共服务保障方面,推动环境跨区域联防联控,加强边界地区联合执法;加强公共服务均等化建设,推动医疗资源、教育资源、社会保障等多方面的协调,长三角区域合作迈入了新的阶段。

1.4.2　长三角区域经济一体化发展的现状

长期以来的区域经济一体化发展使得长三角地区行政区经济向区域经济转型取得了巨大成绩，在机制建设、经济联系、基础设施建设、社会民生事业等方面取得了重大突破。在新时代，随着区域协调发展战略的进一步实施，长三角区域一体化发展也有着新的变化，以上海为中心发展都市圈经济成为新的趋势。

1. 协调机制建设基本形成

协调机制建设是长三角行政区经济向区域经济转型的最大特色。如图 1.3 所示，经过长期的发展，长三角地区在政府沟通协作、市场一体化建设取得了重大突破。

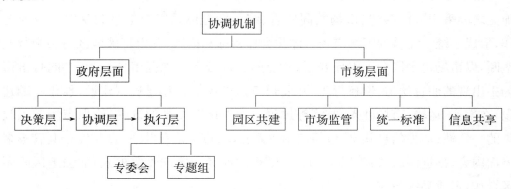

图 1.3　长三角协调机制示意图

首先在政府协调机制建设方面，当前长三角地区在省级统筹下建立起了决策层、协调层、执行层"三级运作"机制，以及交通、产业、科技等 12 个方面的专题组。其中，决策层机制以省市主要领导座谈会制度为主体，主要就长三角区域合作方向、原则、目标与重点等重大问题进行磋商。习近平总书记在浙江省工作时积极推动长三角主要领导定期会晤机制，2005 年首次长三角两省一市（上海市、江苏省、浙江省）主要领导座谈会在杭州召开，2008 年安徽省加入，三省一市合作机制正式形成。

协调层为长三角合作与发展联席会议制度，主要由三省一市常务副省长（副市长）参加，就上一年度长三角主要领导座谈会部署所取得成绩和本年度主要领导座谈会的会议精神进行协调和沟通，就下一年度长三角地区的主要合作专题进行部署。长三角地区另一个层面的协调则以城市经济协调会为主体，主要以市长联席会议的形式进行，自 1992 年长三角成立城市协作部门主任联席会，尤其是 1997 年升级为长三角城市经济协调会以来,经过不断发展和多次扩容,目前已有包括上海、浙江、江苏和安徽三省一市共34个成员城市,成为长三角地区协调机制中的重要一环。自1997年成立以来,长三角城市经济协调会进行了18次市长联席会议,其中长三角城市经济协调会第18次市长联席会于2018年4月12—13日在浙江省衢州市召开,本次会议的主题为"建设大花园,迈入新时代——协同打造绿色美丽长三角",就推动长三角高质量一体化发展进行了交流和沟通。

执行层也包括两个系统,其中一个是以各省市发改委主导的合作专题协调推进制度,包括联席会议办公室、合作专题组、经济合作组等,负责将决策层和协调层安排的工作进行落实;另一个是以各市政府的合作交流办公室主导的城市经济合作(陈建军,2015)。

市场层面的协调机制以"推进长三角区域市场一体化发展合作协议"为要求,地区之间采用园区共建、市场共同监管、统一标准体系以及信息共享等多方面合作,形成了统一完善的区域市场一体化合作目标和内容,着力打破地区封锁和行业垄断,以市场化手段合理引导要素、企业的合理分布。规范市场行为,共同打击市场中出现的假冒伪劣、侵权行为,开展长三角市场信息互通机制建设;强化标准建设,在生产、运输、市场准入、监管等过程中加强标准体系的统一,确保市场准入政策的一致性;加强信息共享,包括信用体系互认、市场信息共享、食品安全共管等多方面内容;推进园区共建,以"飞地经济"模式或者园区托管等模式,加强地区间园区合作,形成品牌效应。

2. 经济联系日益紧密

长三角地区之间地域毗邻,经济互联,文化相融,具有区域联动发展的历史渊源和厚实基础,区内既有上海这样以国际经济、金融、贸易和航运中心为发展目标的城市,又有安徽、江苏和浙江一系列的特色工业基地,相互之间在产业上有很大的互补和合作空间,产业互补或共生的趋势日益明显。

在长三角内部,上海当前处于产业发展的最高层次,已经进入后工业化的成熟发展时期,以金融、信息、科技等新兴产业部门为代表的服务业占绝对优势,发展速度快;安徽、江苏、浙江则处于工业化的中后期,第二产业仍是主要产业部门,服务业有所发展,而在工业部门当中,安徽省的工业制造能级弱于江苏、浙江,因此长三角地区内部经济发展结构不平衡,呈阶梯状态分布。在服务业发展过程中,长三角各城市从竞争中寻求协作,便于形成一种全新的差别化竞争、错位化发展格局。上海的第三产业,尤其是生产性服务业已经成为上海经济增长的主要动力,也是带动周边地区发展的主要支撑力量。

中央对上海发展的定位是国际经济、金融、贸易、航运和科技创新中心。定位的核心是上海服务产业的发展和经济服务与辐射功能的强化，依托一批重大基础性、功能性项目，加大开放力度，争取政策突破，着力提升功能性服务业，大力发展知识型服务业，延伸发展生产性服务业。上海正在努力发展高端服务业，其余三省则以制造业配套的生产性服务为重点，培育服务业发展高地，实际上是聚集营销人才，进行产品研发、运输和储存，以及广告保险、会计和法律服务等市场开发的过程，过程中每一环节都伴生生产性服务的需求。作为上海经济发展的腹地和重要支撑，长三角所具有的经济发展水平、人口发展规模、城市集聚效应，以及生生不息的市场主体，可以对上海现代服务业的发展起到积极的推动作用。

3. 基础设施建设不断取得新进展

近年来，长三角地区跨区域基础设施建设迅速，公路、铁路等交通基础设施初步实现成网建设，通信、物流、电力也已实现全面覆盖，基础设施建设力度、深度和广度都位居全国前列。以交通基础设施为例，从公路通车密度来看，2015 年长三角三省一市均位居全国前列，对地区经济发展起到了强大的支撑作用；从高速公路来看，上海、江苏和浙江省 2015 年高速公路通车密度均位居全国前十，安徽省排名全国中等，但这也反映出在公路结构方面安徽省仍然存在不合理之处；从内河航道密度来看，2015 年长三角地区三省一市均位居全国前十，反映出长三角地处江南地区，水运资源丰富，水运在地区交通运输中占据重要地位。总的来看，长三角综合交通运输体系基本建成，交通基础设施建设位居全国前列。

2010 年沪宁、沪杭以及 2013 年宁杭甬高铁的相继开通，标志着长三角地区高铁时代的到来。伴随着高速铁路的全面建设，高速铁路快捷便利的服务极大地压缩了长三角城市之间的时空距离，对居民出行、人才交流有着极大的促进作用，促进了地区间技术和知识溢出、生产和消费以及地区开放程度；同时快捷的服务也改变着人们对居住和生活空间的选择，对长三角城市群空间结构也有着一定影响。高速铁路显著提高了区域可达性，对要素流动起到了强大的促进作用，对于推动长三角区域经济一体化发展起到了推动作用。

交通基础设施的快速发展带来了长三角物流一体化的快速发展，物流服务能力不断提升，形成了独具特色的"江浙沪"包邮现象。由于公路、铁路、水运发达，因此长三角地区物流联动效应强大，多级分拨中心的成立极大地提高了物流效率，带动了长三角地区电子商务、批发零售等行业的快速发展。

电信基础设施方面，上海周边地区早已打破行政区划限制，为落户企业办理上海区号的固定电话，取消上海移动漫游费，通信一体化建设走在前列。随着国家层面移动漫游费的取消,长三角地区移动手机服务的接轨也在不断加快。当前,根据2018年长三角主要领导座谈会的有关消息,长三角地区将形成跨城市跨部门集约化共享化区域信息资源体系,积极谋划制定5G先试先用行动,在长三角率先布局5G网络建设,开展综合应用示范,以新一代信息基础设施建设引领长三角数字经济发展。

4. 社会民生事业融合发展势头良好

尽管从数量上来看,长三角地区公共服务资源存在不平衡现象,然而近年来,随着一体化步伐的加快,长三角地区社会民生事业融合发展势头良好。其中教育一体化主要集中在师资培养、国际办学资源、高等教育合作办学等方面;医疗一体化主要包括医院托管、科室合作、设立分院、异地医保结算等;人文交流方面则主要有艺术团互访、边界古迹共同保护开发、一系列采风活动等。

具体来看,教育方面,横向来看上海市拥有长三角地区最优秀的教育资源,尽管教育资源的分布与地域规模、人口、经济发展状况等有着直接联系,然而长三角地区通过一系列的举措,包括教师资源交流、培训,将上海优秀的基础教育资源进行输出,促进周边地区教育水平提高;通过设立分校等形式,将上海国际化办学理念进行输出,以此来解决上海周边地区各类人才的高端教育需求,增强地区对高端人才的吸引力;以研究院、科研机构、独立学院等形式进行高等教育资源的跨区域分配,加强教育、科技等资源在不同地区的流动,为当地经济发展提供帮助。

医疗方面,长三角地区运用多种手段实现医疗资源的跨区域共享。包括医院托管和科室合作,通过与上海部分医院之间的合作协议,一方面派遣医生到上海相关医疗单位进行培训、进修,另一方面进行医院整体托管或重点科室合作,以此来提高本地医疗水平,使本地居民能够在家门口享受到上海的医疗服务,同时也减轻了上海面临的看病压力问题。近年来随着一体化程度的深入,部分地区与上海医院合作,采取设立分院的形式吸引上海医疗资源进行溢出。异地医保结算与养老服务方面,早在2004年江苏省就与上海市签订异地居住退休人员养老金资格认证协议,异地退休人员在当地即可领取养老金,而医保结算方面,长三角各地通过与上海医疗卫生单位之间的直接协商,本地居民前往上海异地定点医院就医,实施以联网实时结算或委托代理结算方式进行异地结算工作。

长三角地区人文相亲、地缘相接,近年来在人文交流方面也取得了不少成绩,主要包括艺术团互访、边界古迹共同保护开发、组织采风活动、加强两地人才交流等。例如江苏省海门市吸引上海文化、文艺等各界领域的团体到海门采风,引进上海高层次文化活动,并组织具有海门特色的文化艺术赴上海展览和表演,加强两地的人文交流。同时在长三角不少地区,例如江苏与上海、浙江与上海、浙江与安徽交界处,加强历史文化古迹的保护和综合开发,以文化乡旅带动区域发展。人才交流方面,长三角不少地区与上海之间定期选派优秀干部到上海有关部门挂职锻炼,加强人才交流,学习上海的先进做法和成功经验。

5. 跨区域融合发展方兴未艾

随着都市圈经济的逐渐发展,上海与其周边临沪地区的一体化发展势头迅猛,形成了跨越行政边界的都市圈经济。从国际上来看,大城市与周边中心城市融合发展是国际大都市都市圈经济发展的典型特征,通过交通基础设施的连接,周边地区与大城市之间具有较高的可达性,从而降低城市之间的通勤成本和通勤时间;通过与大城市在发展定位、产业选择等多方面的补充和衔接,中小城市能够满足大城市的发展需要,通过提供不同的服务和资源要素,满足大城市在发展过程中面临的土地、劳动等要素短缺现象。

2017 年 12 月 15 日国务院对《上海市城市总体规划(2017—2035 年)》做出批复,提出上海要"从长江三角洲区域整体协调发展的角度,充分发挥上海中心城市作用,加强与周边城市的分工协作,构建上海大都市圈,打造具有全球影响力的世界级城市群"。《上海市城市总体规划(2017—2035 年)》中也指出要"以都市圈承载国家战略和要求",提出推动近沪地区(90 分钟通勤范围)的协同发展。其合作内容包括都市圈内部功能分工的完善、基础设施建设的全方位统筹、区域生态环境的综合管治等,打造长三角世界级城市群核心城市区域,以此引领长三角一体化发展。

1.4.3　长三角行政区经济向区域经济发展的经验

1. 制度建设

从 1992 年长三角成立经济部门协调会到当前三级协调体系的建成,以及当前长三角区域合作办公室的成立。制度建设是长三角区域经济一体化最主要的保障。通过政府之间不同层次联系渠道的建设,长三角地区之间能够就不同层面上的区域发展问题及时沟通,形成统一发展目标,并在交通规划、环境保护、产业协同发展等方面协调。通过地区之间市场机制的不断完善,长三角地区在消除跨省贸易壁垒、实现市场一体化方面也取得了较大突破,各地在生产标准统一、产业配套、园区共建、科研仪器资源共享等多方面取得良好成绩,有力地充实了长三角一体化发展的内涵。

相比于珠三角地区的一体化建设,长三角一体化建设的主要特色在于跨越省级层面行政区域的一体化发展,其协调过程面临的复杂性较高。以长三角城市经济协调会为例,伴随着协调会成员的不断增加,地区间协调成本也在不断增加,地区之间不同的发展诉求也在影响着协调效率,同时地区之间不具有约束力的制度建设也为一体化建设带来了困难。然而从实际发展来看,尽管面临各种难题,长三角一体化进程十分迅速,由此可见长三角地区合作机制建设发挥了很大作用,长三角城市经济协调会从原来的两年一次变为一年一次,还成立了一些专业委员会,反映出长三角地区一体化发展的诉求、问题以及现实需要在不断增多。通过沟通协调机制建设,各地区在长期合作中形成了较多的发展共识,以地区开放促进区域协调发展,在发展中找准自身定位,突出特色,形成错位发展。

2. 逐步深化

长三角地区由行政区经济向区域经济转型的过程是一个逐步深化的过程。以经贸合作为例,长三角区域经济一体化过程经历了先易后难的发展阶段。从历次长三角城市经济协调会的主题和内容来看,地区间合作由最初的区域合作和旅游商贸专题到利用"世博经济"实现区域联动,再到物流一体化发展、提升区域竞争力,再到共同打造世界级城市群、推动区域一体化发展,实现了从最初的经济要素一体化逐渐向经济、社会等多方面的融合发展,从最初的以本辖区经济发展需求逐渐拓展到区域的视角,谋求在区域一体化的情况下如何把握机遇实现发展目标。

在地区发展的现实举措方面,同样突出逐步深化的思想。首先统一理念,各地共同树立起以新发展理念为指导思想,在涉及区域一体化发展重大问题上保持一致,强化战略协同;其次以一体化发展中最为迫切、百姓呼声强烈、相对易于解决的问题为主要突破口,加强基础性工作建设,为解决更深层次问题打下基础;再次逐步探索和完善一体化发展的保障机制,例如园区共建方面,长三角园区接轨上海自贸试验区建设,积极将上海自贸试验区形成的良好经验进行复制、推广;各地园区与上海张江高科技园区之间以飞地经济、托管经营等方式进行合作,取得了良好成绩。

3. 基础设施保障

基础设施是区域一体化的重要支撑。快捷的交通基础设施是拉近地区间时空距离的最主要因素,通过交通基础设施建设能够显著促进企业在跨地区之间的贸易水平,以及人才在地区间的流动,从而打通产业在地区间转移的通道,形成不同的地区分工体系,加强地区间的经济联系和人文交流。电信基础设施的全面建设也是长三角地区合作的一个重要内容,尤其是在当前建设网络强国、智慧城市方面,以"互联网＋"为主体,推动信息化支撑地区间产业融合发展是区域经济一体化的重要内容。

长三角地区交通基础设施建设起步早、速度快,从 20 世纪 90 年代以开发区"七通一平"以及高速公路建设为主要起点,经历了快速发展过程,杭州湾跨海大桥、苏通大桥、崇启大桥等一系列举世瞩目的建设工程极大地拉近了地区间的时空距离,消除了以往由于天然屏障造成的地区分割问题,对产业的合理布局、地区间人才的流动、居住空间、科技和公共服务溢出都产生了很大影响。同时,基础设施在拉近地区间时空距离的同时,也拉近了地区间公共服务水平,以电信基础设施为例,长三角尤其是上海周边临沪地区,通过提供上海区号、免收上海手机漫游费等一系列举措,以及电信基础设施标准建设,为吸引上海企业入驻提供了极大便利,有力地推动了长三角区域经济一体化发展步伐。

4. 一体化领域不断拓宽

在先易后难的区域经济一体化模式下,长三角地区一体化发展的合作领域也在不断拓宽。从最初的经贸关系为主,到经济、社会、民生等多领域合作,实现了行政区经济向区域经济的全面转型,使得地区间的联系纽带进一步加强,一体化程度进一步得到巩固。

从经济联系到社会民生融合发展,合作领域的不断拓宽能够使得长三角地区更多的主体参与到区域一体化进程中来。从以往的政府沟通和协调,到企业之间的分工和协作,再到园区之间的管理和学习,最后到居民之间的往来和交流,不同的参与主体也在不断促进区域一体化进程,加深地区间合作层次。对比来看,我国其他地区行政区经济向区域经济转型过程中,仍然存在较多的竞争现象,由行政层级不同带来的公共服务地区差异仍然是影响居民流动的重要原因。

1.4.4　从"行政区经济"到"区域经济"转型的重要问题

长期以来,在相对完善的区域合作机制的运行下,长三角"行政区经济"向"区域经济"转型过程中取得了大量成绩,以上海为中心的长三角区域经济体系已经初具雏形。虽然取得了大量成果,但也存在着诸多问题,区域经济发展不协调的现象仍然存在,城市联动发展仍处于起步阶段,地区分割现象对区域经济一体化进程有着重要影响。

首先,交通基础设施建设存在无序现象。长三角地区"断头路"现象较多,严重影响跨地区人流、物流、信息流和资金流等生产要素的流动,对居民外出也有着较大影响;各地在交通线路规划方面存在不协调现象,由于长三角不同地区发展阶段、发展诉求以及实际发展状况均存在差异,在线路规划选址、道路建设等级以及开工时间等各方面均存在差异,使得区域一体化进程受到影响;水运资源方面,当前随着国际贸易的逐渐深化,各省市之间深水港建设的竞争也日益加剧,上海航运中心建设与周边地区利益竞争大于合作,缺乏在长三角整体层面上的统一规划和布局。与珠三角地区相比,由于一省内部交通规划大多由省级机构编制完成,减少了下级政府之间的沟通成本,因此相对而言交通基础设施规划和建设具有更高的适应性;而长三角地区由于缺乏必要的统筹协调,使得地方道路建设往往以自身利益为主。

其次,产业结构存在交叉重叠现象。主要体现在主导产业选择上的趋同,片面追求门类齐全的产业布局,各地之间并未形成良好的功能分工格局。长三角地区外部条件、资源禀赋特征相似,导致各地在主导产业选择上过于集中,尽管从整个长三角区域来看,产业同构现象也可以认为是长三角区域优势的体现,然而对于各地区而言,地区之间面临竞争现象。其原因一方面是由于在产业发展政策的衔接方面存在不足。尽管长三角地区各方面合作逐渐增多,但受限于区域行政壁垒和发展利益,各地产业发展政策仍然具有较强的地方特征,地区间政策衔接不足,使得长三角地区产业分工体系仍有待进一步提升和优化。政策衔接不足使得资源在进行跨地区转移过程中,面临不同的外部发展环境,从而降低了企业的适应性,增加了地区间的协调难度。另一方面长三角资源整体开发和保护尚不统一。近年来长三角在资源的开发和利用上取得了良好成绩,例如建立了大型科学仪器共享平台,在跨区域企业、科研单位间建立起了资源利用机制。然而在其他领域,包括航运中心的整体布局,跨区域环境保护、边界地区的开发等方面仍然存在较多问题。航运资源以各省市为主,并未在长三角区域内形成良好布局;跨区域环境问题仍然突出,环保设施利用受行政区划影响较大,存在边界水域监管不力、信息沟通欠缺、联合执法困难等情况。

再次,信息共享服务存在障碍。其中,公共服务的一体化和便捷化程度仍有待提高,涉及公众生活的用水安全、环境保护、运输安全、垃圾处理等方面,各地区政府在基本公共服务跨区配套和资源共享等方面存在以邻为壑的现象。社会安全与信用信息共享缓慢。主要包括食品安全监管、危险品运输以及信用信息,例如上海食品消费绝大多数来自外省市,其中长三角地区是最重要的产地之一,然而长三角食品安全信息追溯制度、追溯标准、追溯平台等方面并不完善,长三角食品安全信息追溯体系并不健全。由于行政壁垒的存在使得跨地区间信息共享受阻,当前各地危险品运输、信用信息等仍然以本地为主，同时地区间标准体系的不同也对信息共享产生了阻碍作用，增大了地区间协调管理的成本和难度，也容易出现安全遗漏问题。通过打造信息共享平台能够促进包括道路运输安全、企业（个人）信用信息共享互动，从而便于地区联动管理。资源共享平台方面，政府合作机制建设为资源共享平台建设打下了基础，同时市场机制应当在共享发展当中发挥重要作用。当前长三角资源共享平台主要集中于大型科学仪器设施、部分公共服务方面，在包括航运资源整体布局、科技创新与加工生产等领域还存在不足，使得地区间资源开发、科技创新成果转化、公共服务资源溢出等方面存在不足。通过资源共享平台建设，能够利用市场化手段，加快资源的开发利用、创新成果产出以及公共服务的均等化。

最后，市场参与还不够深入。不同于珠三角区域，一体化发展更多的是广东省内部的协调发展，京津冀协同发展则在国家级协调领导机构下进行重点推进，长三角区域一体化更多的是在响应国家战略口号的背景下，通过政府协调，以市场化手段进行运作的发展过程。尽管长三角地区人缘相亲，然而当前的区域经济发展进程主要基于政府层面和企业层面，更广泛的市场参与仍存在一定体制障碍，商务环境整体上没有达到区域经济一体化的发展要求，行政壁垒也阻碍了长三角公共服务均等化，市场化手段更多地体现在企业转移方面，还未深入到居民生活服务、政府合作等层面。例如当前长三角地区，主要是上海与其他三省之间在医疗合作、异地医保结算等方面取得了大量成绩，然而整体来看医疗资源的区域化共享难度较大，尽管上海高水平的医生利用业余时间在长三角不同地区医疗机构的坐诊、会诊、手术等已经成为常态，但从制度上说，这种合作在三省一市仍有"一堵难以逾越的无形之墙"；基础教育方面，学制不同、教材不同，甚至包括教师资格认定方面的不同标准，造成基础教育公共服务存在"壁垒"，教育分块现象明显，各地教育资源并未形成良好的衔接，对三省一市人才的流动造成影响，市场化手段在区域经济一体化中的作用仍未得到最大限度的开发和使用。

1.5　推动新时代长三角区域经济协调发展的关键机制和举措

习近平总书记对推动长三角更高质量一体化发展做出重要指示。6月1日，2018年度长三角地区主要领导座谈会在上海召开，对以上海为龙头的长三角域更高质量一体化发展进行再谋划、再深化。在新时代,面对国家战略指引、各地经济发展需要,长三角"行政区经济"向"区域经济"转型应当以《长三角地区一体化发展三年行动计划(2018—2020 年)》《长江三角洲城市群发展规划》实施为重点,坚持互利共赢、优势互补、政府引导、市场主导、多方参与的原则,明确区域经济可持续发展的重要任务和路径,进行各项机制建设与创新。

1.5.1 机制建设

1. 完善区域协调机制

以企业为主体强化区域合作,企业跨地区发展将产生经济一体化发展的内生动力,而政府应更多关注于推进区域一体化发展提供外部环境。通过投资、控股、联营、承包等多种联合协作形式加强经济合作,形成创新生态系统和产业集群效应,发挥各地区的相对优势。鼓励各地区进行规划对接和战略协同,避免重复建设,特别是促进产业在长三角区域经济中形成更为广泛、统一的市场。以园区为平台支撑区域合作,产业合作从简单梯度转移向产业集群转移过渡,在产业转移中突出企业间产业关联的重要性。共同完善园区管理政策,在投资、金融、土地、财政、税收和科技等方面制定相关的园区管理政策。

2. 健全政府合作机制

一方面成立各地区政府间不同级别的协调小组,推动政府间的务实合作,增强区域合作机制战略决策功能和协调解决问题的能力;另一方面在各地之间出台利益分享机制,根据利益共享、责任共担和适当补偿的原则,积极探索建立地区财政转移支付制度,为区域合作提供更加有效的财力支撑。其中,上海应当积极探索发挥核心城市作用新举措,进一步强化责任担当,落实区域协调发展战略。

3. 强化市场参与机制

强化民间组织在长三角区域经济发展中的作用,优化营商环境,为人才集聚与跨区流动提供支持和必要激励,提高区域经济发展的质量。积极利用高校科研机构、行业协会等社会组织在经济一体化中的作用,加快形成技术与创新要素集聚的区域。拓宽市场参与区域一体化进程的渠道,以交通、能源为重点统筹推进跨区域基础设施建设,构建布局合理、功能完善、安全高效的现代基础设施网络,从而吸纳社会各界参与长三角区域经济建设。

4. 协调系列保障机制

法律保障方面,从统一市场角度清理不利于长三角区域发展的政策法规障碍,建立推进长三角地区法制协调的长效机制,从立法角度推进国家对区域经济合作的法律规范以及地方性法规,加强规划和法律的执行力度,建立统一协调的遵规依法的工作平台。金融保障方面,建立各类发展基金和专项建设基金,解决一体化进程中的资金问题,如成立相关基金等。公共服务方面,加强优质教育、医疗等设施区域协同布局,并在制度上促进公共资源的均衡配置。

5. 对接其他战略机制

长三角一体化发展应放眼更大空间范围,与"一带一路"建设和长江经济带发展等其他国家战略实现有效的机制对接。既能扩大区域的市场规模和增强市场潜力,又能够系统地促进长三角区域经济的正向溢出效应,从而将该区域打造为亚太地区乃至全球资源配置的重要经济门户,形成有核心竞争力和全球影响力的世界级城市群。

1.5.2 具体举措

1. 从基础设施互联互通入手推动共享发展

基础设施互联互通是区域一体化发展的重要支撑,包括交通基础设施、电信基础设施以及其他生活性基础设施等。其中交通基础设施方面首先以打通省际"断头路"为主要突破口,加快地区间交通便利性。其次,以快速轨交为主要方向,加快大城市与周边地区融合发展。再次,形成良好的跨区域交通建设协调机制,避免出现新的交通建设对接问题。电信基础设施以及其他生活性基础设施方面,一方面推进技术标准的统一和建设进度的同步,另一方面加强边界地区的覆盖,消除行政边界的限制。

2. 以企业为核心推动经济资源合理布局

当前长三角地区政府间形成了决策层、协调层和执行层的运作机制以及专题合作组,同时市场机制应当在区域一体化发展中发挥重要作用。企业作为市场经济中的重要主体,以企业为核心推动资源的合理布局,有利于要素在更大范围实现优化配置。因此应当加强地区间政策衔接,创造良好的营商环境,推动企业在不同地区形成良好的分工体系;对于同行业内企业,如重要航运企业,为避免恶性竞争,可通过相互持股等手段来加强企业间合作。完善科技资源共享服务。一方面继续鼓励有条件的企业和科研单位提供科技服务,探索多渠道的科学仪器共建共享建设,以科学仪器共享平台为基础解决仪器闲置问题;另一方面对共享服务提供者或机构进行直接激励,以补贴为手段,鼓励企业和科研机构使用现有大型科学仪器,让更多的共享意愿转化成现实的共享行动,避免大型科学仪器的重复购置。

3. 以上海城市功能疏解为抓手推进长三角一体化建设

上海作为长三角地区核心城市,对长三角地区的带动作用十分明显。当前上海正处于建设具有全球影响力的科技创新中心,以及国际经济、金融、贸易、航运中心和社会主义现代化国际大都市的关键阶段,上海面临着严峻的城市常住人口规模、规划建设用地总量、生态环境和城市安全四条底线。在未来的发展当前,上海需要进行城市功能疏解,聚焦城市主要功能和关键功能。在疏解过程中,上海要依托"主城区—郊区—毗邻地区—城市群"四级空间体系疏解城市功能,加强与上海周边地区的经济关联,在都市圈与城市群等更大范围内进行产业和功能的重新布局和区域分工,以此来推动长三角一体化发展。

4. 推动长三角信息共享平台建设

建立长三角公共数据平台,涵盖长三角政务信息跨地区交换,食品安全、危险品运输和信用信息共享以及数据资源的评估、定价和交易等。统一各类数据资源,建立良好的长三角发展动态监测体系,运用大数据手段对长三角地区产业布局、人才流动、教育卫生、环境治理、企业服务等多方面内容进行全覆盖和动态监测,为长三角一体化提供决策参考。

第2章
基于供应链整合的长三角实体经济一体化
产业生态图谱规划

在经济全球化的大背景下,区域参与国际分工,不再是单个城市或区域的行为,越来越多地表现为以若干大的城市群地区通过资源整合、产业协作,发挥整体竞争优势。长三角地区是中国经济最具活力、开放程度最高、创新能力最强的区域之一,是"一带一路"和长江经济带的重要交汇点。沪苏浙皖三省一市的地域面积35.9万平方千米、常住人口2.2亿,分别占全国的1/26和1/6,经济总量19.5万亿元,占全国的近1/4。长三角地区在世界经济版图中也占据一席之地,长三角城市群已跻身国际公认的六大世界级城市群。与世界五大城市群主导高端制造业、服务业相比,长三角地区主导产业集中在中低端制造业。推动长三角更高质量一体化发展是我国经济走向高质量发展新阶段的必然要求,也是江浙沪皖四省市在新时代为之共同奋斗的发展目标。

长三角地区地域相邻、文化相融、经济相连,是国内产业发展高地,产业门类齐全,集群优势明显,生产力强,处在工业化后期阶段,城市群区域综合实力全国领先、工业化水平高、经济发展速度快、人均效益突出,城乡居民生活水平富裕,并不断吸引外来人口流入,这些有利条件奠定了长三角地区一体化发展的基础,也使长三角两省一市产业结构趋同。长三角地区业已形成了重工业、高新技术产业、传统日用消费品制造业、新兴生产服务业等门类齐全的现代产业体系。以上海为龙头的重工业、以浙江民营企业为主体的日用消费品加工制造业、江苏的高新技术产业、安徽的汽车及工程机械产业区域发展优势突出,为我国竞争优势最强的地区之一。随着自由贸易试验区制度红利的逐步释放、《长江三角洲城市群发展规划》要求打造成具有全球影响力的世界级城市群,以及新一轮的长三角一体化发展政策推进,长三角地区实体经济产业一体化发展的互动融合与共生演进态势日益明显。

　　长三角三省一市优势短板各不相同。上海综合性较强,鲜明优势是创新能力、服务业的发展水平、科技人才的汇聚;江苏是制造业最密集的地区,特别是比较先进的制造业;浙江民营经济发达,每镇一个产品,规模非常大;安徽有比较充足的劳动力资源,产业这两年发展非常迅猛,由此形成差异性,差异性才是合作的基础。长三角地区怎样在开放发展中做足文章,既要鼓励企业积极稳妥地走出去,对接国际上处在价值链中高端的技术、管理、供应链、营销渠道、品牌、人才等优质要素,又能全面提升企业和产业的国际竞争力,形成更具广度和深度的开放型经济体系。

　　长三角实体经济一体化发展,既是大势所趋,也是内在要求。长三角是中国民族产业发展最重要的承载区之一,随着中国经济进入高质量发展阶段,长三角在产业发展方向理应继续发挥引领作用,特别是当前中国急需突破的高端制造业领域。根据《依托黄金水道推动长江经济带发展的指导意见》《加强长江经济带工业绿色发展的指导意见》等指导性文件,我国将继续优化长三角地区的产业分布。加强长三角区域产业协同,引导龙头企业加强长三角产业链一体化布局,探索共建长三角产业链协同创新示范基地。要以建设世界级产业集群为目标,优化重点产业布局,推动产业链深度融合。加强产业园区协同布局,完善园区共建、园区托管、异地孵化、飞地经济等合作模式,促进产业资源在长三角地区的优化配置。通过不断的努力,使长三角成为优势产业集群承载地、新兴产业发展策源地和区域产业合作示范地,共同打造世界级产业集群。

　　在新时代背景下,推动长三角更高质量一体化发展过程中,长三角实体经济一体化发展仍然面临诸多瓶颈制约和短板问题。基于供应链整合的视角,梳理长三角实体经济发展和产业一体化的现状,分析制约长三角实体经济一体化发展的主要因素,并对重点产业(汽车、电子信息产业)一体化发展的基础条件和制约因素进行剖析,分析产业链、价值链和供应链的现状及其内在联动的机制机理。深入研究整个产业链的供应链整合机制以及产业一体化内部和外部驱动力,分析产业一体化的实施路径,探讨基于供应链整合的长三角重点产业一体化空间布局和优化组合。在此基础上,对长三角实体经济一体化产业生态体系发展提出发展思路和应对策略,以从供应链整合的视角进一步优化和整合长三角实体经济。

2.1　长三角实体经济发展的现状分析

2.1.1　长三角产业结构分析

长三角三省一市的生产总值(GDP)由 2010 年 98 673 亿元增长到 2017 年的 195 321 亿元,总量稳步提升,占全国 GDP 的比重由 23.65 提升到 24.8%;增速则逐渐放缓,从 12.4% 下降到 7.6%,进入中高速增长阶段(见图 2.1)。其中,2017 年上海市 GDP 为 30 133.86 亿元,增速 6.9%;江苏省为 85 900.9 亿元,增速 7.2%;浙江省为 51 768 亿元,增速 7.8%;安徽省为 27 518.7 亿元,增长 8.5%。按常住人口计算,上海市人均 GDP 为 124 600 元(18 454 美元),江苏省为 107 189 元(15 875 美元),浙江省为 92 057 元(13 634 美元),安徽省为 44 206 元(6 547 美元)。按世界银行 2017 年的收入组别划分标准,江浙沪均处于高收入水平(12 235 美元以上),安徽省则处于中高收入水平(3 956 美元以上 12 235 美元以下)。

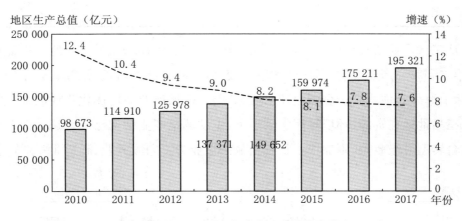

图 2.1　2010—2017 年长三角生产总值及增速

近年来,随着经济发展环境、发展阶段和发展条件的转变,长三角地区加快调整产业结构,加大对现代服务业发展的支持推动力度,产业结构稳步升级。2010 年"十一五"末时,长三角三次产业结构为 5.8∶50.3∶43.9,2015 年长三角核心区产业结构在转型升级中取得积极进展,三次产业结构调整为 2.8∶43.4∶53.8,第三产业占比首次超过 50%,高于全国平均 2.3 个百分点,产业结构稳定在"三、二、一"状态,其中第一产业比重较上年下降了 0.1 个百分点;第二产业比重较上年下降了

1.9 个百分点;第三产业比重较上年提高了 2.0 个百分点。2017 年,长三角地区第三产业比重达到 52.6%,相对于"十一五"期末上升近 9 个百分点,产业结构由"二、三、一"向"三、二、一"型转变。分地区来看,上海市第三产业比重已经达到 69%,服务经济为主的产业结构更为明显(见表 2.1);江苏、浙江两省产业结构相近,均为"三、二、一"型结构,但二三产业比重比较接近;安徽省仍是比较明显的"二、三、一"型产业结构,但相对于"十一五"期末,第二产业比重下降,第三产业比重提升。在资源、环境、劳动力成本等硬约束倒逼下,近年来长三角地区转型升级步伐加快,产业结构调整持续深化,三产服务业将成为今后长三角经济发展新动力。

表 2.1 2017 年长三角地区三次产业结构与 2010 年比较(%)

地 区	2010 年			2017 年		
	第一产业	第二产业	第三产业	第一产业	第二产业	第三产业
上海市	0.7	42	57.3	0.3	30.7	69
江苏省	6.1	52.5	41.4	4.7	45	50.3
浙江省	4.9	51.1	44	3.9	43.4	52.7
安徽省	14	52.1	33.9	9.5	49.0	41.5
长三角地区	5.8	50.3	43.9	4.5	42.9	52.6
中 国	9.6	46.2	44.2	7.9	40.5	51.6

从三次产业增长情况来看,2017 年,第一产业上海市负增长,其他三省低速增长;第二和第三产业安徽、浙江两省增速较高,上海市低速增长,江苏省处于中间水平,除上海外其他均高于全国增速(见图 2.2)。区域产业结构优化步伐的加快折射出长三角地区在资源、环境等因素倒逼下,主动调整产业结构已成共识。而各地纷纷出台转型升级政策,则加快了长三角从制造业为主向服务业、制造业并重转变。

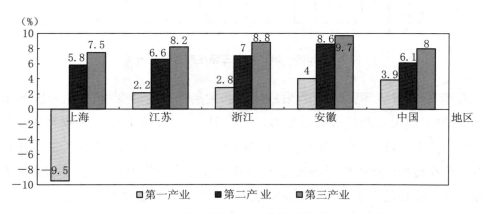

图 2.2 2017 年长三角各省市三次产业增速及全国比较

2.1.2　长三角工业发展现状分析

受需求不振、产能过剩、成本上升及产业结构调整转变等多种因素影响,长三角地区传统产业优势弱化,一些传统支柱行业景气度低迷,2017 年工业产销主要指标低速增长。2017 年,长三角工业增加值为 67 023 亿元,比上年增长 7.7%,其中,上海为 8 304 亿元,江苏为 30 747 亿元,浙江为 14 440 亿元,安徽为 11 515 亿元(见图 2.3)。

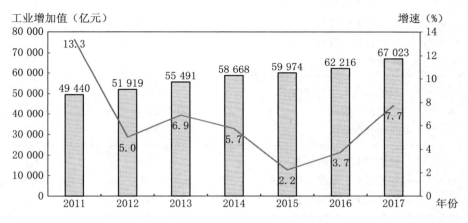

图 2.3　2011—2017 年长三角工业增加值及增速

从工业化阶段来看,上海市已经步入工业化后期向后工业化转型阶段,工业投资低速增长,结构转变和工业转型的特征最明显。2017 年上海市工业增加值增长 6.4%,工业总产值上升 6.5%,规模以上工业总产值增长 6.8%(见表 2.2)。工业六个重点行业工业总产值比上年增长 9.0%,其中电子信息产品、汽车、生物医药增长幅度较大,成套设备,精品钢材,石油化工及精细化工三大制造业低速增长。

江苏省和浙江省主要处于工业化中后期阶段,工业投资保持较快的增长势头,工业经济总体运行情况较好。2017 年,江苏省规模以上工业增加值增长 7.5%,医药制造业增加值比上年增长 12.9%,专用设备制造业增加值增长 15.1%,电气机械及器材制造业增加值增长 11.7%,通用设备制造业增加值增长 11.4%,计算机、通信和其他电子设备制造业增加值增长 11.9%。

浙江省规模以上工业增加值增长 8.3%,规模以上制造业中,高技术、高新技术、装备制造、战略性新兴产业增加值分别比上年增长 16.4%、11.2%、12.8%、12.2%,占规模以上工业的 12.2%、42.3%、39.1%、26.5%。在规模以上工业中,

表 2.2　2017 年长三角各省市工业发展概况

地区	指标	绝对量(亿元)	同比增速(%)
上海	工业增加值	8 303.54	6.4
	工业总产值	36 094.36	6.5
	规模以上工业总产值	33 989.36	6.8
	规模以上工业企业实现利润总额	3 200.1	10.5
	六大重点行业工业总产值	23 405.5	9
	电子信息产品制造业	6 505.04	7.6
	汽车制造业	6 774.33	19.1
	石油化工及精细化工制造业	3 798.68	1.8
	精品钢材制造业	1 281.4	2
	成套设备制造业	3 978.73	4.2
	生物医药制造业	1 067.32	6.9
江苏	规模以上工业增加值		7.5
	主营业务收入	155 000	10.9
	企业利润总额	10 359.7	12.4
浙江	规模以上工业增加值	14 440	8.3
	规模以上工业出口交货值	11 585	9.4
	规模以上工业企业实现利润	4 570	16.6
安徽	规模以上工业增加值	11 514.8	8.9
	规模以上工业企业实现利润	2 285.3	19.7

信息经济核心产业、文化产业、节能环保、健康产品制造、高端装备、时尚制造业增加值分别增长 14.1%、5.7%、11.4%、13.3%、8.1%和 2.4%。

安徽省主要处于工业化初期向中期发展阶段,工业投资快速增长,工业经济增速较高。2017 年安徽省规模以上工业增加值增长 9%,规模以上工业中,40 个工业大类行业有 34 个增加值保持增长,其中计算机、通信和其他电子设备制造业增长 15.1%,黑色金属矿采选业下降 10.1%,有色金属冶炼和压延加工业增长 3%,汽车制造业增长 9.8%,通用设备制造业增长 9.2%,黑色金属冶炼和压延加工业下降 1%,纺织服装、服饰业增长 2.3%,化学原料和化学制品制造业增长 10.4%,非金属矿物制品业增长 6.7%,电气机械和器材制造业增长 13.5%,电力、热力生产和供应业增长 9.2%,农副食品加工业增长 4.8%,煤炭开采和洗选业增长 5%。六大工业主导产业增加值增长 9.5%,装备制造业增长 13.4%,高技术产业增长 16.3%。

2.1.3　长三角新兴产业发展现状

战略性新兴产业代表新一轮技术革命和产业变革的方向,对经济社会发展全局具有重要的带动引领作用。2017 年长三角地区新兴产业总体呈现较快的发展势头,在区域经济中的促进作用提升,但地区和行业之间发展情况差异较大。

上海正结合落实"中国制造 2025"战略,以智能制造为主攻方向,大力发展战略性新兴产业和先进制造业,加快迈向全球产业链、创新链、价值链高端。上海结合落实国家"互联网＋"行动计划、大数据战略等,顺应产业跨界融合趋势,大力度发展"四新"经济,着力培育经济发展新动能。2017 年战略性新兴产业增加值 4 943.51 亿元,比上年增长 8.7％(见表 2.3)。其中,制造业增加值 2 262.64 亿元,增长 8.1％;服务业增加值 2 680.87 亿元,增长 9.2％。战略性新兴产业增加值占上海市生产总值的比重为 16.4％,比上年提高 1.2 个百分点。

表 2.3　2017 年长三角各省市战略性新兴产业发展情况

地　区	产　　　业	增速(％)
上　海	战略性新兴产业增加值	8.7
	制造业	8.1
	服务业	9.2
	战略性新兴产业制造业工业总产值	5.7
江　苏	战略性新兴产业产值增长	13.6
浙　江	战略性新兴产业利润总额增长	25.6
	战略性新兴产业增加值增长	12.2
	新一代信息技术和物联网	21.5
	海洋新兴产业	11.2
	生物产业	12.5
安　徽	战略性新兴产业产值增长	21.4
	24 个战略性新兴产业集聚发展基地工业总产值增长	23.1

江苏省战略性新兴产业规模快速壮大,销售收入年均增长超 20％,代表智能制造、新型材料、新型交通运输设备和高端电子信息产品的新产品产量实现较快增长。2017 年工业机器人产量增长 99.6％,3D 打印设备增长 77.8％,新能源汽车增长 56.6％,服务器增长 54.2％,光纤增长 42.4％,智能手机增长 26.4％,太阳能电池增长 25.9％。新材料、节能环保、新一代信息技术和软件、光伏、海工装备、生物医药等产业规模居全国领先地位。创新能力显著提升,2015 年全社会研发投入 1 800

亿元,发明专利授权量跃居全国首位,区域创新能力连续七年全国第一,战略性新兴产业研发投入超千亿元,战略性新兴产业发明专利占全省比重超过40%,累计建成战略性新兴产业国家和省级以上创新平台超2 300家,未来网络试验设施获批,实现了国家重大科技基础设施在江苏零的突破。企业竞争力不断增强,全省高新技术企业超1万家,战略性新兴产业企业占比超过70%,全省275家沪深上市公司中,战略性新兴产业企业占比超过40%,全省126家超百亿企业中,战略性新兴产业企业比重超过60%。

浙江正加快实现拥抱数字化、智能化的步伐。制定实施《浙江省培育发展战略性新兴产业行动计划(2017—2020年)》,组建之江实验室、成立省级人工智能发展专家委员会,在人工智能、量子通信、数字创意等领域布局了一大批能够引领未来发展的重量级产业,不断加快培育壮大新动能。在战略性新兴产业中,新一代信息技术和物联网、海洋新兴产业、生物产业增加值分别增长21.5%、11.2%和12.5%。规模以上工业新产品产值率为35.4%,比上年提高1.5个百分点,10大传统制造业产业增加值增长4.5%。

安徽省制定实施《安徽省促进战略性新兴产业集聚发展条例》和《安徽省战略性新兴产业"十三五"发展规划》等系列政策规划,极大推进了战略新兴产业的发展。2016年,全省战略性新兴产业继续保持较快发展势头,产值突破1万亿元大关,达到10 161.3亿元,增长16.4%,对全省工业增长的贡献率超过40%。从产业看,七大产业中,产值超1 000亿元的五个,其中新一代信息技术产业和新材料产业产值超2 000亿元,分别为2 613.2亿元和2 340.6亿元;新能源汽车产业受一系列利好政策影响,同比增长超过三成,其他产业增速也都超过10%。从区域看,皖江示范区实现产值7 725亿元,占全部战新产业的76%,其中合肥实现产值3 100亿元,智能语音、新能源汽车、集成电路和新型显示四个产业集聚发展基地的产值增速全部超过两位数。合芜蚌和皖北六市分别实现产值5 673.4亿元和2 075.5亿元,占全部战略性新兴产业的55.8%和20.4%。战略性新兴产业已成为安徽省产业转型升级的主引擎。2017年战略性新兴产业产值增长21.4%,24个战略性新兴产业集聚发展基地工业总产值增长23.1%。

2.1.4 长三角制造业外资现状分析

制造业外资比重较低,总量低速增长。外资在长三角地区工业总产值和利润总额中占据了较大比重,且运行质量和效益不断提高,但长三角外资制造业的总产值和总利润却存在明显的下降趋势。2017 年上海实际利用外资额为 170 亿美元，下降 8.1%（见图 2.4）；江苏实际使用外资 251.4 亿美元，增长 2.4%；浙江省实际利用外资 179.0 亿美元，增长 1.8%；安徽省实际利用外商直接投资 159 亿美元，增长 7.6%。2010 年长三角实际利用外资额为 556 亿美元，2017 年达到 759 亿美元，年均增长 4%。

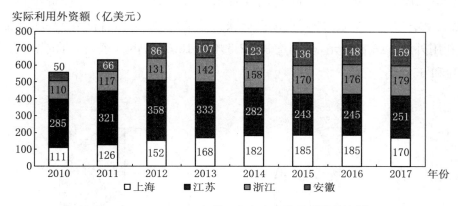

图 2.4　2010—2017 年长三角各省市实际利用外资额

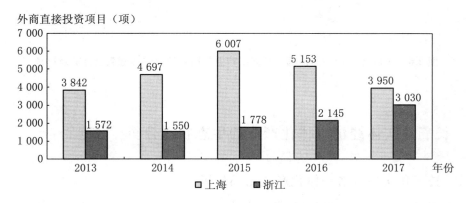

图 2.5　2013—2017 年新设外商直接投资项目

外资合同总体冲高回落，质量有所提升。2017 年，上海新设外商直接投资项目 3 950 项，比上年下降 23.4%（见图 2.5）；合同金额 401.94 亿美元，下降 21.2%；江苏省全年新批外商投资企业 3 254 家，比上年增长 13.9%；新批协议注册外资 554.3 亿美元，增长 28.5%；新批及净增资 9 000 万美元以上的外商投资大项目 347 个，比上年增长 19.7%。全年新批境外投资项目 631 个，中方协议投资额 92.7 亿美元。浙江省新批外商直接投资项目 3 030 个，比上年增加 885 个；合同外资 346.9 亿美元，实际利用外资 179.0 亿美元，分别增长 23.5% 和 1.8%。安徽省全年新备案外商投资项目 338 个,增长 26.6%;合同利用外资 90.6 亿美元,增长 120.1%。

长三角的外商投资主要集中在第三产业服务业领域,制造业比重相对较低。2017 年上海第三产业外商直接投资实际到位金额 161.53 亿美元,下降 1.1%,占全市实际利用外资的比重为 95.0%,而第二产业仅占 5%(见图 2.6);浙江第二和第三产业外商直接投资实际到位金额分别为 62.2 和 116.8 亿美元,各自占比为 35% 和 65%。第二产业中,建筑业实际利用外资增长 3.3 倍。第三产业投资项目 2 438 个,比上年增加 720 个,占外商直接投资项目总数的 80.5%,合同外资 238.8 亿元,实际利用外资 116.8 亿元,分别增长 32.5% 和 13.5%,占外资总额的比重分别为 68.9% 和 65.2%。

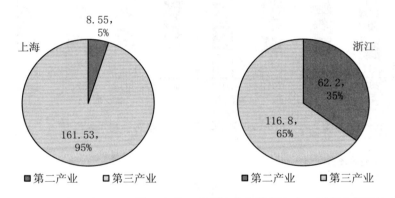

图 2.6 2017 年上海和浙江第二和第三产业外商直接投资实际到位金额及比重

2.2 长三角实体经济一体化产业的生态状况分析

2.2.1 长三角实体经济一体化产业布局分析

长三角地区产业集聚程度高,产业集群发展较为成熟,规模大,领军企业活跃,应瞄准高新技术应用,加强世界级制造业创新中心建设,依据产业链布局创新链,优化创新资源配置。在长三角地区率先布局世界级制造业创新中心,亦是发展世界级产业集群建设的需要。《国务院关于依托黄金水道推动长江经济带发展的指导意见》明确提出:"围绕优势产业集聚,打造一批世界级产业集群,加快重点产业领域规模化、体系化、高端化发展","以沿江国家级、省级开发区为载体,以大型企业为骨干,打造电子信息、高端装备、汽车、家电、纺织服装等世界级制造业集群"。

上海发展国家级制造业创新中心,既为上海科创中心建设提供重要支撑,还将发挥显著的辐射和溢出效应,引领长江经济带制造业创新网络建设。上海科技资源禀赋好,区域创新能力不断提高。而且,上海的政策创新优势突出,近期在先进制造业扩大开放、工业供给侧改革、本土跨国公司发展、具有全球影响力科创中心培育方面出台了一系列政策。然而,制造业科技创新机制尚未理顺、制造业份额下滑威胁创新链构建、科技产业化渠道不畅、科技资源流动性和共享性较弱等问题和短板的存在,极大地制约了上海制造业创新能力的提升和制度红利的兑现。上海工业在整个经济中比重有所下降,但总量规模和技术水平仍处上升趋势。上海重点工业空间布局,以主要产业园区为载体,已形成六大产业基地,分别是张江微电子产业基地、安亭汽车制造基地、金山石油化工产业基地、宝山精品钢材产业基地、临港装备产业基地、长兴船舶产业基地。此外,上海已初步形成重点产业空间布局构架。各类重点行业也在闵行、松江等市级产业园区布局,如漕河泾新兴技术开发区、紫竹科学园区、上海国际医药园区等。随着产业发展,园区类型也在发展,如高新技术园区、出口加工区、物流园区、创意产业园区等。

　　江苏苏州、浙江杭州和安徽合肥三地产业集群经济发达,既有发展世界级制造业创新中心的共性优势,又各具特色。在共性优势方面,除了有望达到千亿元产值的规模优势,三地集群竞争力不断提高,依托国家级园区推动创新效果显著,区域发展的引领示范和辐射带动作用较强,在三地布局制造业创新中心将产生更加巨大的溢出效应,惠及周边地区的产业发展,推进长江经济带协同创新。三地各具特色的创新发展路径使得打造世界级制造业创新中心的侧重点也有所区别。苏州长期坚持创新驱动,在纳米、光伏、云计算、氮化镓、机器人、生物医药、医疗器械等前沿技术领域,发展出一批拥有核心技术和自主知识产权的科技型企业,可在 20 个特色产业基地基础上,打造基于产业创新生态圈的世界级制造业创新中心。杭州的专业镇经济国内知名,在以新模式新业态助推产业集群发展方面积累了大量经验和优势,应进一步发挥阿里巴巴集团的区域溢出和示范效应,积极探索"电子商务+集群升级"新模式,努力打造面向国际消费市场的世界级制造业创新中心。合肥近年来不断强化创新驱动发展战略,培育壮大智能制造、新能源汽车、住宅产业化、电子信息、太阳能光伏、节能环保等新兴产业。至 2015 年,战略性新兴产业实现 54.2% 的工业增长贡献率。聚焦关键核心技术,建设基于国际一流产业集聚区的世界级制造业创新中心,与长江中上游地区形成良好互动,同时将下游地区的创新效应向中上游传递,促进长三角地区的协同创新。

　　长三角地区初步形成了层次相对分明的城市群结构,形成了以上海为中心,南京、杭州、合肥为次中心的城市群体。构建长三角地区协同创新共同体,要进一步明确城市分工,中心城市错位发展,周边城市主动接轨中心城市,融入城市群的经济圈和科技合作圈,城市之间形成既分工又协作的群体。一方面,提高上海、南京、杭州、合肥等中心城市对周围地区的溢出效应,另一方面,提升周边地区对中心城市的支撑与辅助功能。长三角地区要进一步消除市场壁垒和体制机制障碍,创造生产要素流动的政策环境,加强彼此间的交流与合作,围绕区域创新体系建设,整合科技创新资源。首先,要实现三省一市各项规划有效对接,形成分工合理与各具特色的区域空间格局;其次,要加强三省一市的战略协同,形成长三角地区的共同发展战略,尤其是科技创新和产业发展战略的协同;再次,要加强区域的协调机制完善,在已形成决策层、协调层和执行层"三级运作"机制的基础上,完善常态化与长效的协调体制机制。通过这样的区域相互协调机制,形成城市群与区域经济整个创新体系的协同发展,形成良好的区域创新空间格局。

2.2.2 长三角实体经济供应链、全球价值链与产业链一体化分析

1. 长三角实体经济供应链一体化分析

在全球经济一体化发展的今天,生产要素是全球化配置,产业链是全球化分工,资本是全球流动,企业之间的竞争将是供应链之间的竞争。供应链行业频获政策支持,特别在 2017 年 10 月国务院印发的《关于积极推进供应链创新与应用的指导意见》(以下简称《意见》)中表明,"供应链"已正式上升为国家发展战略。在党的十九大报告中,更是明确提出在中高端消费、创新引领、绿色低碳、共享经济、现代供应链、人力资本服务等领域培育新增长点、形成新动能。长三角地区重工业产业链较强,产业链依托地形优势及更广阔的经济腹地,产业链的分布涵盖本地区大中小城市,甚至辐射到周边地区;长三角各市地域相连,经济相融,制造业出口发展迅速,但是在传统以贸易商出口的时期,物流成本高,大部分利润被中间商盘剥,制造业企业只能获得少部分利益,使得企业内部产业结构难以调整,多余产能难以消化,制造业发展处于尴尬地位。通过创新驱动产业链升级,打造全球供应链交易平台,建设大数据智慧决策平台、帮助企业直接进入全球供应链体系,直接参与全球性竞争,提升国际竞争力。由于信息垂直化程度高、国际物流成本降低,因此企业所得利润提高,还能促进企业后续内部产业结构调整。

长三角实体经济一体化离不开供应链协同。在工业 4.0 时代,要将整个价值链融合在产品周期中进行组织和管理,并将商业模式、上下游服务和组织工作重新串联起来。对于企业来说,大宗物品的分散采购缺乏规模效应,且采购流程和机构

设置冗余,造成企业的采购成本和管理成本居高不下。分散采购意味着分散决策、分散供应,使得采购、仓储、配送等各物流职能之间无法达到一体化运作,产业链上各个业务板块之间以及业务板块内部也无法协同,造成资源分散浪费、决策不当、监督不力等问题。企业需要考虑如何从原材料采购,到生产制造,到销售,再到末端的仓储运输,如何有效衔接才能快速满足消费者的诉求。这就需要各个版块之间相互配合,需要企业与消费者、供应商、物流服务商等实时互动,并且在技术水平达到一定程度后才可能实现这一目标。供应链协同对于促进供给侧结构改革具有重要意义,供应链的运作逻辑是基于需求的变动做出快速响应,从供给侧发力,在核心企业的主导下,通过上下游企业的协同,来打通采购供应、加工制造、分销配送等生产中的各个环节,高效、精准地对接需求。供应链协同充分发挥了企业的主体作用,是解决供需错位的一把金钥匙。

长三角产业供应链通过跨境电商融入全球化。通过跨境电商增强外贸活力是未来的趋势,不仅是单个企业,而是整个产业链都应当通过电商融入全球贸易。成熟的供应链交易平台,不仅为客户企业提供产业链的大数据服务,帮助寻求全球高质量买家,还能够为客户提供线下撮合交易服务,促进交易达成。我国跨境电商已进入高速发展时期,2017 年跨境电商整体交易规模达到 7.6 万亿元,同比增长 20.6%,增速远高于传统进出口贸易,渗透率达 27.35%,2020 年我国跨境电商交易额将达到 12 万亿元,三年复合增长率为 16.44%,渗透率达 37.6%,未来跨境电商发展市场空间巨大。

长三角作为传统制造业中心和外贸企业最为集中的区域之一,依靠强大的制造业基础以及上海自贸试验区等政策倾斜,有 5 个跨境电商试点城市:上海、杭州、宁波、苏州、合肥。从跨境电商企业数量看,江苏、上海、浙江分别位列第二、第四、第五位,2017 年出口跨境电商有近 36% 的卖家集中在长三角;从跨境电商交易额看,江苏、浙江、上海位列第二至四位。长三角拥有发达的轻工业基础,产业集群效应在长三角表现突出。浙江家居用品突出,江苏、福建服装鞋帽等产业已经成为特色产业。在数字贸易的助推下,产业带加速由"中国制造"向"中国智造"发展。长三角各地利用各自资源优势,以全球供应链综合贸易服务基地为带动,打造全球供应链服务集群,进一步推动服务业向现代化、高端化、智慧化发展。积极引入全球先进的供应链交易协同平台和模式,打造全球供应链服务集群,带动对外贸易、商贸综合服务等现代服务业的发展,推动了商贸服务业的转型升级。作为经济发展最快最有利的地区,长三角地区还将延续在跨境电商中的先发优势,长三角各省市都在有意布局跨境电商的外贸转型,切入点主要依托产业升级和政策倾斜。

全球供应链小镇位于南京经开区,规划面积约 3.08 平方千米,核心区面积约 1.17 平方千米。小镇规划以发展全球供应链产业链为核心,以"政府引导、企业引领"为推进模式,坚持以"生产、生活、生态"三生融合,"创新、创业、创客"三创融汇为方向,着力建设供应链产业生产要素的集聚载体和供应链人才的创业环境,力争打造成以产业生态小镇为空间形态,以供应链产业资源创新集聚为表现形式,"产业链+供应链+互联网"深度融合的全国具有一定影响力的特色小镇。目前,小镇核心区基础设施正有序建设,并已集聚了 SAP-ZBER 全球供应链交易平台、红太阳大数据中心、南京图牛商城等一批重点企业和项目。

2. 长三角实体经济全球价值链一体化分析

知识、经济全球化使世界各地的联系日益紧密,全球价值链分工将世界各地经济体融入全球生产网络中。产品内分工成为主要的国际分工模式,对核心或关键技术的拥有决定了国家(地区)竞争力的强弱和在全球价值链中的位置。在全球价值链分工下,长三角地区制造业竞争优势、实现产业结构升级,基于不同类型的价值链和产业链的融合延展。产业升级和产业结构的高度化表现为产业链的延伸和整合。以产业资本为原动力的生产者驱动的全球价值链条强调技术的研究与开发、生产工艺的不断改进、产品的不断更新,通过产业垂直一体化来强化规模经济效益,着重于产业链上游的发展,培育集群产业链的核心企业,以有效嵌入全球价值链的核心环节。

全球价值链呈现为一条"微笑曲线",即两头上翘,中间处于低端。上游表现为五个中心,即研发中心、产品设计与创新中心、决策中心、创意中心、专利经营中心。下游也表现为五大中心,即营销网络中心、品牌销售中心、客户关系中心、需求和服务中心以及利润中心。而中端则为加工中心,表现为加工的技术含量低、附加价值低、产品档次低以及运作环节缺乏无形资产和社会知名度。微笑曲线理论认为在附加值观念下企业只有不断往附加价值高的区域与定位移动才能持续发展与永续经营。长三角当前的制造业仍处于附加值低、创新能力弱、结构不合理的产业链中端,产业价值链中扮演加工、组装为主的角色(张艳辉,2010)。

就制造业微笑曲线而言,历史上随着行业的演进已经经历了两个阶段,主要是 20 世纪 60 到 70 年代,全球工业化浪潮的兴起以及 20 世纪 90 年代工业自动化的实现,工业自动化时期的微笑曲线两端更为陡峭,产业附加值向前端和后端聚集,中端的制造环节价值下沉。而伴随着新一次"工业革命"工业 4.0 的到来,制造业微笑曲线的两端将更为陡峭,中端的制造环节价值将进一步被摊薄,特别是当前我国人口红利以及管理效率提升效益都已经达到了临界点,向两端索取增加值已经迫在眉睫。

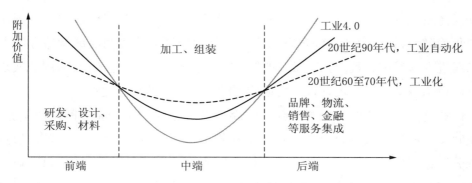

图 2.7　"融合"后的制造业微笑曲线价值链

长三角区域投资活跃、与全球市场互动密切，分工网络呈现开放、动态的特征，但分工网络的结构存在不均衡，关键节点由外资企业占据，本土企业在分工的方式、层次及演进中不具主导地位。由于依赖外资和外部市场，因此区域内分工主体之间的交互性不充分，分工网络的成长性和根植性不够。嵌入性方面，在全球分工网络中地位边缘、具有依附特征。

长三角地区制造业全球价值链驱动力主要来源于生产者型与购买者型价值链。其中，上海和江苏的高新技术产业、重工业发展立足于技术、资本的投入，生产、组装、物流等非核心环节在国际分工过程中逐步被剥离出去，突出研发、设计、品牌建设等核心环节，属于生产者驱动型价值链；浙江和安徽的传统日用品消费品加工制造业通过为跨国公司代工生产低端产品嵌入全球价值链，依赖跨国公司的品牌及销售渠道进入全球资本循环，属于购买者驱动型价值链。

长三角地区制造业企业大部分缺乏自主知识产权和核心技术，企业规模、持续技术创新能力、融资能力无法与跨国公司抗衡，主要依靠公司的生产、营销体系融入全球价值链，通过代工生产为跨国公司提供个性化的产品，凭借跨国公司的营销体系开拓市场，与跨国公司形成了附属的、不平等的领导与被领导的关系，属于领导型价值链。①领导型价值链让长三角地区制造业"低端嵌入"全球价值链，接触到跨国公司实施精益生产、敏捷制造、质量管理和控制、快速订单反应速度等严格的知识、管理制度，客观上有利于当地企业通过技术模仿和知识更新，改善自身在产品质量控制，订单交货反应速度，存货管理等方面的知识、服务水平，实现"干中学"。长三角以制造业为主的外向型经济发展印证了领导型价值链某种程度上会

---

① Humphrey 等（2002）将价值链治理细分为市场型（market）、模块型（modular）、关系型（relational）、领导型（captive）和层级型（hierarchy）五种典型的治理模式，价值链行为主体权力的对等程度以市场型最高，层级型最低。

带动经济后发国家的经济增长(曲泽静、毛子明,2015),但随着国际间价格、成本竞争的日趋激烈,长三角地区许多以高度专业化和价格竞争为利器的制造业产业集群已经进入低谷和调整期,在"微笑曲线"中的利润增长空间越来越小,因此实现制造业产业结构升级成为提升长三角地区国际分工地位的长远之计。

产业链分工从企业的角度来看,分为企业内产业链分工和企业间产业链分工,企业间产业链分工又可分为产业间产业链分工和产业内产业链分工,企业通过产业链分工达到横向一体化或纵向一体化。伴随着长三角的发展,城市间产业分工开始向产业链分工方向发展(朱英明,2010)。我国目前的城市产业价值链仍然处于微笑曲线的中部(组装、制造)的低获利区位,且存在行政区域的空间限制,尚未形成与全球化相匹配的完整的城市价值链(张学良,2013)。各城市按照产业链的不同环节进行专业化分工,形成不同类型和层次的城际产业链,长三角各城市间基于城际产业链尤其是城际战略产业链的分工协作关系加快了长三角产业一体化的进程。大城市需要进一步加快产业升级,主控高端价值环节,成为区域经济增长的引擎。基于城市价值链的产业结构调整是中小城市取得可持续发展的必由之路。次级城市要在中小城市和大城市之间构筑过渡价值通道,取得生产性服务业与制造业的平衡发展。上海、南京、杭州、苏州、合肥等大城市可以通过产业多样化不断增强核心城市的辐射效应,中小城市则可以通过专业化生产来实现空间溢出效应,各城市明确价值链定位和产业选择,顺应价值链规律,以提升整个长三角地区的资源配置效率、产业竞争力和经济可持续增长能力(周韬,2015)。

3. 长三角实体经济产业链一体化分析

长三角产业结构的互补效应使得长三角产业协作具有强大的内生动力。将上海的创新优势与周边的空间纵深对接,是长三角产业协作的主要逻辑。长三角产业协作绝非上海企业"走出去"的单行道。上海在长三角产业协作中一直注意以高质量的服务牵引合作,有效配置创新链、价值链、产业链,进而辐射区域经济发展。借助现代信息技术,打造工业互联网平台,加速产业链创新,这是上海带动长三角制造业融合发展的重要尝试。工业互联网是当今世界产业对接、协同升级的基础,上海一些企业敏锐地捕捉到这一趋势,以上海仪电为例,它打造的电子信息行业工业互联网平台,为长三角相关企业提供虚拟研发设计、网络化协同制造、协同供应链管理等服务;此外,智能云科公司的工业云,也成为长三角汽车零部件、模具加工等领域产业链协作的重要平台。有了这些企业平台作为基础,上海政府部门正在积极筹划,希望与周边省市共建长三角工业互联网的大平台。

"跨(省)界园区""飞地经济""G60科技走廊"为长三角产业协作的新探索。传统上,产业园区势必归属于某个地区,"跨(省)界园区"成为长三角产业协作的一大亮点。但在上海金山区枫泾镇与浙江平湖市新埭镇交界处,国内第一个跨省市、一体化发展的融合新区、规划面积为 87 平方千米的"张江长三角科技城"正在紧锣密鼓地推进。科技城由金山、嘉兴和张江高新区共建,重点是发展智能制造、健康医疗、新一代信息技术、现代服务等。事实上,这座科技城不仅在地理位置上跨界,更要构建跨省市的融合机制,使得科技、人才和产业等资源能有效融合,从而促进传统制造业向知识密集、技术密集产业转型。"飞地模式"产业园区,在江苏大丰的上海农场内,规划面积 33 平方千米的"沪苏大丰产业联动集聚区",由上海临港集团牵头,目标是建成国家级"飞地经济"样板,以及上海先进制造业和新兴产业的域外产能基地。上海西南门户松江与嘉兴、杭州、金华、苏州、湖州、宣城、芜湖、合肥九地宣布共建共享面向长三角的"G60 科创走廊",聚焦规划对接,推动长三角区域产业链、创新链、价值链布局一体化,"G60 科技走廊"是一条沿 G60 高速公路从上海一路延伸到嘉兴、杭州的科创走廊。全世界范围内,以一条高速路作为轴线串起创新产业带的做法,已是多城跨区域合作的重要模式,典型案例就是从美国 101 号公路由加州旧金山延伸至圣何塞的一段。目前,长三角各地已达成共识,要将"G60 科创走廊"打造成"中国版 101 公路"。据统计,仅在 G60 上海段,就分布着科技企业近万家,各类高校、研发机构等 200 多家,众创空间 50 多家;而在嘉兴、杭州区域内,类似创新要素也高度集聚。值得期待的是,这条"走廊"不仅将出现新兴产业融合发展的局面,更有理由成为长三角跨省市产业协作新政策、新机制的"孵化器"。

对于区域一体化而言,培育世界级产业集群无疑是关键之一。根据《长三角一体化发展三年行动计划》开展的一批专项行动、实施方案和重大项目,拟在汽车、集成电路、人工智能、智慧城市等重点领域形成若干专项行动,着力打造一批世界级产业集群和全国首位的新技术应用示范引领区。长三角制造业集群的形成,主要是得益于我国的对外开放和本地区位条件,包括生产要素价格、运输成本以及市场条件等因素,这些诱发因素随着制造业集群的成长而不断变化,具有不确定性和孤立性,相互作用关系不稳定。此后,在市场条件下,许多追求利润最大化的企业被吸引到长三角地区,与专业化相对应的规模经济和与多样化相对应的范围经济共同作用,形成一种复合经济效益,驱动力因素包括交易成本节约、规模报酬递增以及设施服务共享等。在产业集群发展过程中,地区内部和功能环境决定企业必须开展研发活动,企业间的人际接触和信息交换促进了本地区的创新行为,知识外溢、集体学习与内部竞争压力在本地区形成了创新网络,保持着长三角制造业集群的竞争优势,推动产业集群持续发展。

长三角地区生产性服务业与制造业的具有协同集聚效应。长三角生产性服务业层级分工通过专业化分工和空间外溢效应以及比较优势的发挥显著提升制造业生产效率(宣烨、余泳泽,2014)。长三角地区是中国重要的制造业基地和生产性服务业的策源地,已经形成一些现代服务业的集聚区,以先进制造业和现代服务企业为服务对象,能够以最快的速度和最有效的高级要素投入提供复合的产品和相关服务,不仅形成了集群内部企业间差别化的竞争格局,还使集群内服务业与制造业之间形成了协同集聚的嵌入机制(刘志彪,2015)。长三角生产性服务发展与制造业在全球价值链中的升级具有显著的正相关关系,各地区影响程度不同(江静、刘志彪,2009)。其中,上海的服务业不仅仅为本地区服务,其服务范围更多地扩散到周边地区,加速了长三角地区外向型经济中制造业在全球价值链中的升级。

4. 长三角实体经济一体化的产业转型与产业链升级分析

长三角产业升级就是从区域内的"块状经济"向"网状经济"的转型。长三角充分利用工业体系完整、科教综合实力强、产业集聚度高的条件,发挥在装备制造业上形成的竞争优势,加快建设先进制造业和高新技术产业基地,努力向产业链中高端迈进,巩固和发展优势主导产业。集群式产业链升级是指以集群产业链加强开放、集体行动为条件与基础,以强化产品链、知识链与价值链高级化互动机制为核心,通过不断提升集群式产业链势力,来实现集群式产业链由低技术水平、低附加值状态向高技术、高附加值状态转化的整体动态演进过程。集群式产业链的高级化与能力、产业势力转换会引起其在全球价值链中相对位置的变化,并最终调整、重塑当地集群与全球价值链的内在关系,促进集群式产业链治理模式的转变。

上海自贸试验区的建设,使得上海的全球资源配置能力进一步增强,对长江流域的服务功能也进一步提升。上海在产业转移中大多扮演"输出方"的角色。早在2011年,上海就提出"研发和销售两头在沪、中间在外"的产业转移模式。该中心自2008年成立以来,已促成落地项目73个,投资金额724亿元,有效地推动了长江流域的联动发展。内陆的企业也希望借助上海这个国际窗口与海外进行互动对接。上海的张江高新区内就有许多来自四川等中西部省份的企业,它们希望借助上海这个平台进行基础的研发和产业化,同时吸引海外的投资,而生产制造则放在原籍。

上海市的转移趋势产业往往是其他4省的集聚产业,承接关联度从高到低依次是江苏、浙江、江西、安徽。从单一省市角度来看,江苏优势产业相对稳定,集聚产业多为技术密集型产业;浙江省的集聚产业多于转移产业,劳动密集和技术密

集型产业居多；上海集聚产业少于转移产业，技术密集型产业居多；安徽省的集聚趋势优势产业较少，产业发展速度较慢（张落成、赵金丽，2014）。选取长三角制造业部门产值数据，采用区位熵变化的增长率 ΔLQ 来表征区域产业优势部门的变化情况，反映优势产业是集聚还是扩散，是否出现产业转移。当 $\Delta LQ > 5\%$，认为优势产业趋于集聚，产业集中趋势比较明显；当 $\Delta LQ < -5\%$，则认为优势产业优势下降，出现转移趋势；当 $|\Delta LQ| < 5\%$，则认为优势产业变化不明显（见表 2.4）。

表 2.4 长三角地区制造业优势部门变化

地区	集聚趋势产业（增长率 > 5%）	相对稳定产业（|增长率| < 5%）	转移趋势产业（增长率 < -5%）
上海	烟草加工业、电子及通信设备制造、家具制造业、专业设备制造业、化学原料及制造业、普通机械制造业	印刷业记录媒介的复制、交通运输设备制造业	化学纤维制造、木材加工及竹藤棕草、黑色金属冶炼及压延、文教体育用品制造业、服装及纤维制品制造业、金属制品业、仪器仪表及文化办公机械、电气机械及器材制造业
江苏	电子及通信设备制造、仪器仪表及文化办公机械、化学纤维制造、电气机械及器材制造、服装及纤维制品制造	金属制品业、文教体育用品制造业、化学原料及制造业、木材加工及竹藤棕草	塑料制品业、普通机械制造业、纺织业、专用设备制造业
浙江	化学纤维制造、印刷业和记录媒介的复制、家具制造业、文教体育用品制造业、纺织业、仪器仪表及文化办公机械、塑料制品业、橡胶制品业、金属制品业、电气机械及器材制造业	造纸及纸制品业、皮革毛皮羽绒及制品	木材加工及竹藤棕草、医药制品业、服装及纤维制品制造、普通机械制造业
安徽	印刷业和记录媒介的复制、电气机械及器材制造业、交通运输设备制造业、食品加工业	木材加工及竹藤棕草、塑料制品业、非金属矿物制品业	纺织业、饮料制造业、橡胶制品业、专用设备制造业、烟草加工业、黑色金属冶炼及压延、化学原料及制造业、有色金属冶炼及压延

长三角地区产业的率先转型升级，就是要不断地攀升全球价值链和提升自己的国际分工地位。长三角从改革开放特别是 20 世纪 90 年代以来，主要通过垂直分工的方式从附加值较低的产业、产品或工序逐渐融入国际分工体系中，并在纺织、服装等劳动密集型产业和部分资金技术密集型环节上形成了较强的国际竞争力。但是，由于长三角在全球价值链的"微笑曲线"中从事的只是一般零部件加工及整件组装等生产装配环节的任务，所获得的利润非常有限。当前，长三角制造业已经进入了重化工业化阶段，产业结构已经从低加工度产业转向了高加工度产业、

从劳动密集型产业占优势转向了资金技术密集产业占优势,但资金技术密集型产业的经济效益和国际竞争力仍然低于劳动密集型产业,没有发生相应转型。如果说,改革开放之初,长三角通过大量承接发达国家转移过来的加工组装环节嵌入国际分工体系是根据当时的资源禀赋条件做出的最佳选择,那么,随着本区域经济实力、产业配套能力、自主创新能力等专业和高级生产要素的日益充裕,随着国际产业资本转移速度的加快和层次的提高,随着新型工业化道路对制造业发展走新型道路的要求和区域竞争的日益加剧,谋求长三角制造业国际分工地位的提升、经济效益的改善、国际竞争力的增强和产业结构的优化将成为必然选择。长三角制造业国际分工地位提升、经济效益改善和竞争力增强的最直观表现就是从全球价值链的低端向高端移动(周彩红,2009)。

工业产业链升级是大势所趋,以提升消费品质量标准倒逼"中国制造"全产业链升级。"中国制造2025"是国家级的战略发展规划,而"一带一路"倡议、智能制造等产业政策也都在稳步推进和落地。大势所趋之下,工业产业链的各环节,包括品牌商、渠道商、B2B平台、终端工厂以及服务商在内,都在深入探索和发掘工业互联网带来的机遇。渠道方面,工业的传统分销渠道显然正在面临巨大变革,而B2B平台成了渠道变革的主要推动者,大数据、云计算、物联网等技术最终将帮助平台对传统供应链进行赋能,通过重构产业链推进工业新升级。建立健全支撑产业转型升级的内生动力机制和平台支撑,打造特色鲜明的现代产业集群,构建创新能力、可持续发展能力和竞争力强的特色现代产业体系。按照"龙头与配套并重、生产与服务并举、空间与要素集中"的全产业链集群发展思路,以培育壮大新兴产业、改造提升传统产业、加快承接产业转移为路径,加快推进供给侧结构性改革促进产业转型升级。

2.3 长三角实体经济一体化产业发展的短板分析

2.3.1 长三角产业同构程度过高

产业同构是指在经济发展过程表现出的区域间的产业组成类型、数量比例、空间分布、关联方式等方面演进变化趋于一致,结构差异逐步缩小的现象。产业同构抹煞了不同区域之间的比较优势,使得不同区域之间分工与互补的可能性逐步减少,从而使地方政府之间失去了合作的动力基础。根据联合国工业发展组织

(UNIDO)提出的相似系数计算公式得出,上海与江苏产业结构相似系数为 0.82,上海与浙江产业结构相似系数为 0.76,而浙江与江苏产业结构相似系数高达 0.97,江苏与安徽产业结构相似系数高达 8.14%。这既与水平分工、经济发展水平以及行政制度因素有关,也与各城市间资源禀赋相似性、经济联系紧密性以及广域产业集聚有着密切关系(陈建军,2004),还与区域内制造业升级次序差异和产业空间转移有关(金戈,2010)。

长三角地区内部的产业趋同有一定必然性,对经济发展有影响。从积极方面看,一是有利于产业分工精细化。在充分竞争的市场条件下,产业同构,可以形成产业集聚,发挥规模优势,同时使产业内部分工细化,产业链延伸,促进产业跨区域贸易。二是有利于发挥产业集聚效应。近年来,科学技术的发展和跨国市场的建立和完善、区域间贸易壁垒降低,特别是资本和技术要素的流动性增强,使得原先以比较成本和资源禀赋为基础的国际产品间分工和贸易让位于技术、资本要素流动,国际贸易分工从产业间分工为主向要素分工为主转化,各国根据其产业优势,专注于产品价值链的某个环节,实现某种产业的全球化。长三角各城市间的共同产业也可以通过加强产业联系、实施内部纵向专业化分工和产业内贸易,成为具有产业集群一体化大产业,并加强同一产业差异化、专业化分工和紧密联系。

但不可忽视的是,产业同构也存在弊端。产业结构趋同使长三角整体联动效应的发挥受到极大抑制,各地区不能发挥各自的比较优势,从而降低地区的整体经济效益。像浙江与江苏的产业结构高度趋同,源于政策导向及利益驱动,产业过度集中于高增加值、利税丰厚产业,导致重复投资、重复建设,如各地区公路、铁路等基础设施重复建设,导致资源的浪费,降低整体经济效益。明显的情况是,过去 16 个城市中 12 个城市发展电信、11 个城市制造汽车、8 个城市搞石化,现在各个城市都在集中发展高新技术园区、创意产业园、物流园区、中央商务区,在食品饮料、纺织、印刷、塑料、办公机械设备等产业,缺乏产业功能区划和合理科学空间布局,使得长三角在用地、能源、环保约束条件下,资源短缺与浪费、环境污染并存,此外,近年来长三角地区地价、劳动力成本上升,环境污染严重、人口拥挤等,产业协同效应和集聚效益被大大削弱。

由于资源禀赋和技术能力相近,为追求地方利益最大化,因此长三角地区对有发展前景的产业往往一拥而上,导致产业结构趋同现象明显,不可避免地产生低层次的区域竞争,也不利于区域内产业分工合作的开展。其中,经济发展水平比较接近的长三角两省一市产业发展重点领域十分接近,上海提出重点发展新一代信息技术、高端装备制造、生物、新能源、新材料等主导产业,积极培育节能环保、新能源汽车等先导性产业;江苏提出重点发展新能源、新材料、生物技术和新医药、节能环保、软件和服务外包、物联网和新一代信息技术六大新兴产业,大力发展高端装备制造、光电、智能电网等新兴产业;浙江提出大力培育新能源、新材料、生物医药、节能环保、信息网络特别是物联网等九大战略性新兴产业。

长三角三省一市产业结构相似度高居不下,重复建设、产能过剩和过度竞争,往往导致资源配置效率低下,制约了产品和要素的合理流动。譬如,江苏的研发类生产性服务业无法与上海高端制造业对接,难以享受上海跨国公司总部集聚的外溢效应;江苏制造业进出口贸易往往通过上海结算,制约了苏北沿海港口城市的发展。而由于区域信用体系发展缓慢,长三角银行对异地放款的资金流向监管异常困难,同时,地方政府为保护本地企业利益,也存在对银行异地信贷的行政干预,导致长三角资金流动不畅的问题长期得不到解决。此外,仍存在基础设施重复配置导致资源的浪费。

在产业同质化、利益分配等突出问题的背后,是市场化要求的一体化与行政权力分割之间的矛盾。在区域产业统一规划协调后,对每个城市适合发展什么、应该发展什么才能实现区域内最优化发展,涉及各城市的产业调整、主体功能调整,进而影响各城市的税收变化,发展利益的变化。从我国发展的实际情况来看,无论是国有企业、集体企业,还是民营企业,每个地方都有自己长期辛苦养大的"亲儿子",地方保护是阻碍市场相互深度开放形成一体化发展的障碍。

2.3.2 区域产业转移承接配套能力较弱

为承接江浙沪产业转移,长三角地区的新成员安徽省冒进情绪高涨,着力发展江南大营、江北大营,热火朝天地建设100个产业集中区。然而,由于缺乏相关产业配套基础,因此安徽省的产业集中区招商引资并不理想,开发效率低下,最终演变成圈地运动。如,江北和县的承接产业转移集中区面积就达200平方千米,由于招商引资效果不理想,大片工业用地在"晒太阳",建设用地浪费较为严重;芜湖大桥沈巷镇每年5 000亩工业土地指标,配套5亿元拨款,其大力发展的现代产业城,目前仅开工10家企业,财政补贴1亿元,企业负债则高达10亿元。

产业配套能力较弱。要承接产业转移就应为承接地区提供良好承接条件,而地区的配套能力差,导致企业在转移时找不到良好场地,抑或是承接地生产的产品不合转移企业的要求,从而导致企业增加了成本。项目带动性不强,产业层次低,结构不合理,资源类产品比例过高、高科技产业比重偏低,发展方式粗放,工业增长过分依赖煤炭、电石、铁合金等传统产业,产业链不长,产业配套服务能力不高,竞争力不强。特别是产业的上下游服务企业、物流配送、金融服务、中介机构功能配套等严重不足。

对迁出企业来说,成本是关键。一方面,与集群式转移不同,目前迁出企业在转移过程中,仍有相当部分"单打斗独",包括新工厂建设、环保达标等成本过高;另一方面,迁入地产业园处于起步阶段,生活设施不完备,生产、生活、物流等方面的协调配套也不足,招工同样也是问题。

对于承接产业转移的地方园区来说,问题主要是"承接能力不足"。企业迁出要"抱成团",集群式迁出,产业链上下游一起迁出,这样就可以风险共担、降低成本;而对于地方园区,则应完善承接产业转移的"软环境"和"硬环境",加强园区的创新氛围、创业氛围、管理服务打造,细化园区考评机制,加大公共服务投入,清除阻碍经济发展的藩篱,使资金、技术、人才、信息在园区平台内活力涌流。

避免承接的产业过度集中于低端产业和产业链的低附加值环节。这些产业类型多属于传统的加工贸易和一般商品制造,处于产业价值链和商品链中的低端。因而,简单地依靠资源等优势对消耗型产业的过度承接,不但无法缩小与发达地区的经济差距,而且还可能陷入"增长中的贫困"这一低水平的经济循环。

避免对高耗能和高污染产业的错误承接。面对激烈的竞争,一些地方被迫承接了高耗能和高污染产业,虽然带来了地区生产总值数字上一时的增长,但对自身长期可持续发展和整个地区的产业发展环境不可避免地带来危害。如果不能有效阻止高耗能、高污染项目的进入,承接产业转移就可能带来不良后果。

避免"重投资、轻技术"和"重招商、轻嫁接"的承接倾向。不少地区在承接产业转移中往往更关注产业和项目引进的投资金额和产出能力,对其采用的技术设备状况和技术水平考量较少。此外,在承接产业转移中,压低劳动力、资源等生产要素价格,忽视承接产业与已有产业间的嫁接和融合,其结果不仅不能形成对关联产业的技术与价值溢出效应,反而会造成承接产业对产业结构明显的挤出效应。

2.3.3　产业分工协作程度不高

区域市场化的发育程度较低,产业一体化的市场体系尚远未形成。一方面,市场意识、市场法治、市场规则和市场信用等市场化的原有基础都比较薄弱,双轨制的痕迹还依然明显,在跨城市、跨地区的众多产业发展领域还难以发挥市场在合理配置资源过程中的核心地位与作用,完善的市场机制、统一的市场规则和市场化的行为规范都尚未建立;另一方面,长三角各地区尚处于不同的产业发展阶段,地区之间客观存在着的巨大经济落差致使地区之间利益诉求存在差异,企业、城市和区域之间普遍各自为政、自谋发展,使得过于分散的产业经济要素难以在更大的地域空间中流动、集聚和优化组合,既不利于企业扩大经营规模和跨地区分工合作,也不利于区域统一的产业体系建设。

产业协作层次低,往往处于产业链中下游,高科技产业协作实际是高端产业的低端环节,实现高端突破的少;区域间招商引资金竞争激烈,导致产业布局驱动,特色发展不明显,各自为战;集群竞争力培育亟待加强,集群间关联度低,跨区域互动作用不显著;此外,经济发展水平不平衡、制度创新滞后以及地方政府"利己"策略是长三角区域经济一体化提升的主要障碍。

产业园区是集聚产业项目、支撑结构调整和承接外来产业转移的重要平台。由于在规划上未能跳出地方资源、产业以及各类生产要素的窠臼,毗邻地区、园区之间又没有清晰的产业定位和差异化方向,导致一些产业园区建设陷入了粗放式扩张状态。有些已经建成的产业园区,遇到经济环境的变化和招商引资难的压力,建成后空置,偌大的产业园区建成后甚至成为"练车场";另一方面,部分产业园区虽然已经入驻企业,但是主导产业特色不明显,同质化现象明显,很难承担地方政府赋予的产业转型升级的平台作用,而且产业单一,一旦出现相关产业不景气,园区发展就会陷入困境。

产业链是带动区域经济发展的重要纽带。有产业链的地方,区域经济联动就会十分活跃,就能够形成都市圈。一个区域的产业由不同的行业组成,每个企业的产品都有其价值链,这样区域就构成了开放的价值链系统。由于价值链各环节所要求的生产要素差异很大,而各地区所具有的生产要素禀赋并不相同,因此只有将价值链各环节放到具有与其最相匹配的生产要素的地区,这样各地区比较优势才能得到最大限度的发挥。

然而,产业结构的趋同使得区域内企业之间的联系不是靠产业特性相联系,通过上下游之间的关系,形成完整的产业链,而是单打独拼,自我完善,甚至不惜组建新的企业以满足自己的需求。其结果是,区域资源不能有效配置,区域产业链不能有效衔接,区域产业联系不够紧密,难以形成紧密的分工协作关系。

由于产业定位缺乏差异化,区域内产业链残缺,因此市场机制在产业集群的形成和发展过程中发挥的资源引导、资源优化配置以及打造产业链、完善产业配套服务环节等方面发挥的作用明显不足。产业集群发展不充分,区域创新链、产业价值链尚未在区域内实现闭合,导致科技创新优势无法通过构建完善的产业创新链或价值链在区域内的其他城市或产业聚集区转化为产业优势。

2.3.4 产业一体化体制机制不完善

经济利益是地方利益的基础,而产业发展又是经济利益的集中表现。地方政府通过产业规划、财政支持等发展相关产业,这些产业不仅能提供相关工业产品和居民消费品,而且解决了该地区的劳动力就业问题,为地方政府上缴财政税收。因此,地方利益与产业发展息息相关,区域内围绕着产业分工与合作的矛盾冲突也日趋激烈。其原因有三:一是观念问题。就"市"论"市"、肥水不流外人田的观念未得到改变。二是某些地方政府缺乏合作意识。长期的计划经济体制使得一些地方政府形成了接受上级任务和命令的惯性,而缺乏自主决定和发展的主动性;他们只是把与外界的合作看作一种可尽可不尽的义务,看不到合作是一种双赢或者多赢的互动。三是关系尚未理顺。区域经济整体协调发展首先要求区域产业结构的协调发展。但不同产业的投资回报率各不一样,为了追求较高的经济效益,地方政府往往偏好发展高投资回报率的产业;而要调整区域产业结构,哪一个地方政府首先放弃不适合自己发展的产业企业?合理的产业结构所带来的利益究竟能有多大,最大的受益者是否能够对受损者的损失做出令其满意的补偿?这其中有很多问题都是难以度量和不可预期的。面对不可预期、难以度量的收益,地方政府合作的积极性会受到极大的挫伤,区域产业结构调整和产业合作也因此陷入困境。

产业转移面临体制、机制障碍,承接产业转移的积极度、接纳度很高,但是市场机制不健全,开放力度不大,市场独立性、专业性也不强,可自由投资的领域限制也为承接产业转移带来压力。对于如何将承接产业转移的利益最大化研究还不成熟,相关的有利政策也并不系统。一方面,长三角地区的制度一体化滞后于要素一体化进程,一定程度上阻碍了已有合作机制跨区域联动效应的发挥。以长三角地区合作与发展联席会议为中心的区域合作推进机制缺乏管理职能,无法发挥约束能力。另一方面,长三角地区产业协作体制缺位。如在共建产业转移园区层面,我国长期以来的财税体制和以 GDP 增长为核心的政绩考核制度对推进跨区域共建产生了一定的制度障碍,利益分享机制难以明晰,使已有合作多数停留在战略层面。

2.4 长三角实体经济一体化的重点产业分析

2.4.1 长三角汽车产业一体化发展分析

1. 长三角汽车产业一体化发展基础条件分析

(1) 长三角整车生产网络。

上海拥有目前我国最大的轿车生产基地和全国三大汽车集团之一的上汽集团。1985年,中国最早的轿车合资企业上海大众成立,上海汽车工业由此找到了一条捷径,走上了高速发展的道路。之后南京汽车、上海通用、东风悦达起亚、长安福特第二工厂相继在长三角地区落户。而在浙江,随着配套江沪整车企业的零部件企业逐渐涌现,形成完整的配套体系,并由此催生了吉利、吉奥、众泰等中小型民营汽车企业。2012年的汽车整车产量323.8万辆,占全国16.8%,整车制造规模位列全国第一,成为我国最大的汽车生产基地。

2012年长三角地区的汽车整车产能为520万辆,2015年规划产能达620万。受土地、劳动力等成本上升以及节能减排压力等制约,未来长三角地区产能增长幅度大大放缓,位列六大产业集群末位。长三角地区代表企业有上汽集团、上海大众、上海通用、长安马自达、东风悦达起亚、吉利汽车、众泰汽车等。

目前,长三角地区整车生产网络,以省会城市、重要区域性中心城市与节点城市为中心,形成多中心空间联动发展的基本格局,生产网络模式表现为以整车企业、零部件供应、市场与服务三位一体的供需价值关系(见表2.5)。总体上,上海、南京、杭州、宁波、台州和盐城为重要的轿车产业基地,苏州、常州、扬州和金华为重要的客车生产基地。其中,上海市以上海通用、上海大众、上汽车通用五菱、上海汽车依维柯、上海申沃系列为核心,形成了以嘉定、浦东、金山为核心集聚产业区,并已形成嘉定安亭、浦东金桥、临港新城和金山枫泾四大产业基地。江苏省以南京汽车集团和东风悦达起亚为核心,已形成南京、扬州、盐城三大乘用车基地,南京、扬州、徐州、镇江、苏州专用汽车基地。浙江省则呈多点布局模式。杭州、金华以整车与改装车生产为主;台州以经济型轿车为主,皮卡、SUV、载货车、城市越野车为辅的生产格局;温州为汽车摩配件生产为主,现有企业3 000余家,布局在瑞安、鸥海、平阳、乐清等地;宁波以汽车零部件为主,现有相关企业663家,空间布局上呈明显的多中心集群化。

表 2.5　长三角地区整车制造企业

地区	企业(集团)	企业性质	主要产品(或品牌)
上海	上海大众汽车有限公司	合资企业	整车(乘用、商用)、改装车、新能源汽车,已形成荣威、斯科达、桑塔纳、MG、申沃客车、途安、POLO 两厢,POLO 三厢、高尔、英伦等品牌产品;已形成甲醇汽车、电容混合动力轿车、新能源汽车、汽油发动机、汽车模具制造、汽车部件等较完整的产业体系
	上海通用汽车有限公司	合资企业	
	上海汽车集团股份有限公司	合资企业	
	上海华普汽车有限公司	自主品牌	
	上海通用五菱	合资企业	
江苏	南京汽车集团有限公司	自主品牌	整车(乘用、商用)、改装车、发动机、汽车附件,包括菲亚特、新雅途等品牌
	东风悦达起亚汽车有限公司	合资企业	SOUL、FORTE 福瑞迪、赛拉图/赛拉图欧风、RIO 锐欧、狮跑、嘉华、远舰、K5 与 K2 系列
	南京依维柯汽车有限公司	合资企业	依维柯、跃进、超越和专用车
浙江	吉利集团	自主品牌	帝豪、英伦、全球鹰
	青年集团	自主品牌	超低地板双层公交、轿车
	广汽吉奥	合资企业	皮卡、SUV、交叉型乘用车
	众泰集团	合资企业	SUV、新能源纯电动汽车
	杭州爱知工程车辆有限公司	合资企业	高空作业车、应急电源车、工程抢险车、电缆车
安徽	江淮汽车集团股份有限公司	自主品牌	重、中、轻、微型卡车,多功能商用车,MPV,SUV,轿车,客车,专用底盘及变速箱、发动机、车桥等核心零部件
	安凯汽车股份有限公司	自主品牌	"安凯·SETRA"、"安凯"牌系列公路客车、旅游客车、公交客车和系列客车专用底盘
	广通汽车制造股份有限公司	自主品牌	新能源汽车、客车、专用汽车
	华菱星马汽车(集团)股份有限公司	自主品牌	专用汽车(不含小轿车)销售;自产 AH 系列专用改装车出口

（2）长三角汽车零部件生产网络。

汽车零部件作为汽车工业发展的基础,是国家长期重点支持发展的产业。截至 2016 年底,我国汽车零部件制造业规模以上企业营业收入合计 3.72 万亿元,同比增长 15.89%,利润总额为 2 825.26 亿元(见图 2.8)。随着行业整体技术水平与研发能力的不断提升,我国汽车零部件产业不仅与国内整车厂形成了完整的产业链,而且在全球汽车配套市场扮演了越来越重要的角色,成为全球最主要的汽车零部件制造与出口国之一,全球化、国际化的步伐不断加快。我国汽车零部件主要出口至美国、日本、欧盟等汽车工业发达的国家和地区,同时正逐步开拓拉丁美洲等新兴市场。2009—2014 年我国汽车零部件出口快速上升,从 2009 年的 254.74 亿美元增长至 2014 年的 646.15 亿美元,年均复合增长率达 20.49%,2015 年度以来我国汽车零部件出口额略有下滑,但 2016 年度依然达到 602.50 亿美元。

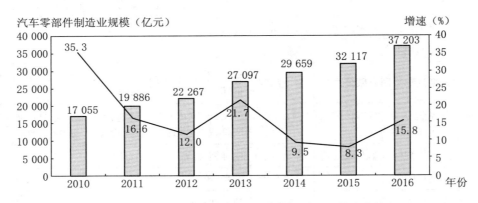

图 2.8　2010—2016 年我国汽车零部件制造业规模变化情况

　　汽车零部件产业是长三角汽车集群发展的重要基础。现已形成沿江、沿海零部件产业带,建立了与区域内部供应商的关系网,企业间通过一定的信息交换与共享、人力资本与技术性相互依存关系。长三角 16 个主要中心城市均有相关产业或产业集群区。以上海、杭州、南京、宁波、苏州、台州、金华、扬州、无锡、温州为重要集群区。根据中国汽车供应商网资料,按 OEM 供应商关系,长三角地区零部件企业产品的约 60% 供应长三角整车企业生产与相关产业发展,部分供国内其他地区主要汽车生产商。出口目的地主要包括北美、欧洲、中东、日本、韩国、印度、澳大利亚、东南亚等主要地区。从国内供应商网络关系看,上汽集团 OEM 供应商 110家、上海通用 OEM 供应商 367 家、上海大众 OEM 供应商 411 家、上海通用五菱264 家、南京依维柯 OEM 供应商 151 家、南京汽车集团 OEM 供应商 165 家、吉利集团 OEM 供应商 248 家,分布于 27 个省(区、市)。其中,来自长三角本地的零部件 OEM 供应商大约占 1/3,内部供应商网络基本形成。

　　在上海聚集的世界一流的汽车零部件合资企业有 50 多家,发展水平在全国处于领先地位。同时也聚集了汽车贸易和营销、汽车物流机构、汽车检测机构等一些企业,形成了具有多种功能的汽车零部件综合产业区。浙江汽车及零部件企业多为民企。出现了万向集团、浙江吉利、华翔集团等一批具有竞争力且实力雄厚的汽车零部件企业,并且在其带动下产生了一批具有国际竞争力的、形成一定出口规模的中小零部件企业。江苏省的零部件企业在整车企业的带动下,积极引进外资,比如长安福特在南京建立了第二工厂,加上原来的南京菲亚特,它们成为江苏省两个核心整车厂,带动了这一地区零部件产业集群的发展。比如苏州汽车零部件产业基地是国内较成熟的零部件产业基地。安徽省的汽车零部件产业发展迅速,形成了一批骨干汽车零部件企业,比如黄山金马、芜湖仪表、蚌埠滤清器、宁国中鼎等。安徽六安市的汽车零部件加工产业集群正在逐步形成,部分主要汽车零部件产品产量居全国前几位,其零部件产业园已经初具规模并逐步壮大。

(3)长三角新能源汽车产业发展。

随着绿色出行理念的深入,新能源汽车正迎来最好的时代。新能源汽车产业2010年被列为国家战略性新兴产业。2015年实施的"中国制造2025"强国战略将节能与新能源汽车作为未来十大重点发展领域。得益于政策持续扶持和覆盖全产业链的财政补贴,我国新能源汽车产业增速迅猛,自2015年产量突破30万辆以来,产销量和保有量连居世界首位。2017年新能源汽车产销量均接近80万辆,增幅五成以上,保有量占全球一半以上。我国已形成北京、上海、四川、湖北、广州等8大新能源汽车产业集群,产业在驱动电机、控制系统集成、电池研发等技术上取得长足进步,新能源汽车市场占有率正不断攀升。

长江三角洲地区是我国新能源汽车产业迅速发展的先导区域,上海、江苏、安徽、浙江三省一市的新能源汽车所占比例已突破全国能源汽车市场的1/3;在充电基础设施建设方面,长江三角洲地区也走在了发展前列,截至2015年底,长江三角洲地区已建成充电桩数量超过3.7万个,占全国比例超过70%。

上海是全国推广新能源汽车的排头兵。来自上海市新能源汽车推进办的最新数据显示,截至目前,上海新能源车示范推广总计达到165 545万辆,上海市新能源车充电桩比提升到1.27∶1,创下两项全国之最。其中,2017年上海共推广新能源汽车61 354辆,同比增长35%以上;实现产值232.38亿元,可比增长42.6%。上海的新能源汽车发展着力于基础设施的稳步推进和车辆推广模式的不断创新上,无论是在优化充电基础设计标准体系上还是在上门安装、分时租赁的服务上,都有政府和企业积极参与,对新能源汽车产业的健康发展都起到了有效的推动作用。

江苏省推广应用的新能源汽车中主要集中在公共服务领域,达到2 800多辆,公共领域的推广数占全国推广数的90%以上。江苏已有新能源车企业数十家,其中省级新能源汽车特色产业基地4家、新能源汽车产业相关省级科技产业园7家、国家火炬计划特色产业基地6家。蔚来新能源汽车是江苏新能源汽车产业链迅速崛起的一个缩影。2017年南京开发区便与FMC、长城华冠等六个新能源汽车项目签约,总投资将达 600 亿元,涵盖了整车制造、电池和充换电系统、运营服务全产业链。

在浙江省的新能源汽车推广上,以公共交通系统为主。杭州公交车和分时租赁车占主要比例,90%以上的公交车都是新能源车,到 G20 之前已经实现公交系统新能源车全覆盖。作为三线城市的金华,则以 BRT 建设为重心,在提升客流量、减少排放量的基础上进行传统公交与互联网相结合,实现微信购票、扫码坐车的"互联网+"新模式。

安徽合肥的新能源汽车发展则是以政策激励与鼓励企业研发的方式进行。合肥市新能源汽车的推广完成率达到 117%,除了加强充电设施的建设、出台相关鼓励政策之外,合肥市还营造新能源汽车推广的环境,以相应的车展、论坛、活动等多种方式,激发企业的积极性,加深群众对新能源汽车的了解。

2. 长三角汽车产业一体化发展制约因素

(1) 产业组织结构不合理。

近年来我国汽车产业发展迅猛,但汽车产业发展战略依旧不清晰,缺乏系统完整的汽车强国战略。汽车产业政策的不持续性,导致国内汽车市场波动大,企业产能要么难以适应,要么出现闲置,加剧了国内市场的低水平竞争,产业大而不强。目前,我国初步建立官产学研相结合的创新体系,但是由于产业组织结构、企业规模及治理模式等多种因素制约,对基础共性技术的研究仍偏弱,另外,目前尚无跨行业、跨领域、跨技术的协调管理机制。

组织结构不合理、产业集中度低一直是我国汽车产业发展最主要的问题。目前,我国有整车生产企业 130 多家,从 2009 年我国汽车生产企业市场份额和生产规模来看,市场集中度仍然不高,小而分散的竞争格局并没有根本改变。资料显示,2009 年我国汽车产业集中度指标 CR3 不足 48%,年产量突破百万辆以上的汽车生产企业只有 5 家,超过 200 万辆的只有上汽一家,年产 1 万辆以下的企业有 78 家。美国和韩国 1997 年的产业集中度指标 CR3 就分别达到了 98.9% 和 97.1%。我国零部件行业的产业集中度则更低,企业主营业务收入超过 100 亿元的仅有 7 家,这与世界跨国零部件企业巨头还存在明显的差距。产业集中度低的最直接后果是规模效应的缺失。产业整体规模经济性偏低,致使我国汽车产业在成本节约、产品技术开发与升级等方面处于劣势,制约了产业竞争力的进一步提高。

(2) 新能源汽车产业化进程缓慢。

从 20 世纪 90 年代开始,国内的汽车生产企业就已经着手研发新能源汽车,到目前为止,新能源车的技术依然不成熟,动力电池的成组匹配技术、整组动力电池的一致性、电池组管理系统技术、电池寿命、安全性和可靠性等达不到产业化的要求,其他包括整车控制技术、电机驱动系统技术、动力耦合技术、发动机及变速器控制技术等在内的核心零部件体系,国内企业仍未取得产业化的实质性突破。电动汽车电机控制系统的关键核心元器件(如 IGBT)、动力电池和电机大批量生产的关键装备等仍然依赖进口,使得新能源汽车产品的研发投入和使用成本仍然高于传统汽车。

此外,我国新能源汽车仍处于市场导入阶段,国家财政补贴政策和措施,以及新能源汽车使用的相关配套设施建设匮乏,也严重影响了新能源汽车在市场上的推广和普及。一是补贴政策退坡影响,企业降成本压力较大,需要调整产品结构;二是 2017 年 1 月起实行新能源汽车新的准入管理,且补贴技术门槛提高,企业需要一定时间优化完善产品,对上半年影响较大,特别是 1 月份;三是非个人用户 3 万千米的补贴要求和清算机制给新能源汽车企业造成了沉重的资金压力,影响企业推广积极性。

多重管理影响产品上市时间。新能源汽车上市需经产品公告,免车购税目录,补贴推荐目录、地方目录四道程序,导致产品上市周期长,算上动力电池检测需要 10 个月的时间,而传统汽车是 2 个月。新能源汽车免车辆购税政策 2017 年 12 月到期,目前尚未明确是否明确;新能源公交运营补贴政策 2019 年到期,政策是否延续对公交公司购置新车积极性影响较大。地方政府以目录的方式对新能源汽车实行准入,且各地要求不一致,企业应对不同地方要求的成本高,周期较长,并对地方企业产品准入实行倾斜政策,制约市场发展,导致不公平竞争;按照中央补贴政策调整要求,很多地方尚未出台新能源汽车补贴调整政策,导致企业和消费者观望。目前新能源乘用车主要集中在几大限购城市,其他城市私人用户购买意愿不高。出租车、分时租赁等业务政策欠缺。

(3)自主研发和创新能力不足。

关键核心技术受制于人,自主创新能力偏弱。目前,我国主要汽车集团在乘用车平台技术、发动机系统、新能源电池等领域仍未完全掌握关键技术,尚未形成完整工业体系及能力。传统汽车产业整体技术水平和研发能力薄弱,供应链体系不完整,制约战略新兴产业的快速发展。由于我国传统汽车及其相关产业的创新能力、研发投入强度相对薄弱,相关产业链尚不完善,部分关键零部件原材料和关键元器件依赖国外,制约节能与新能源汽车的快速发展。

目前,汽车产业主导的商业模式仍未确定,汽车文化环境建设滞后,同时国产汽车技术水平、产品质量、性能等方面仍与国际先进水平存在差距,缺乏核心竞争力。随着我国汽车产业的快速发展,汽车市场已经由产品竞争逐渐转向品牌竞争。长期以来我国汽车产业"以市场换技术"的发展模式,使得大多数国内汽车企业存在着品牌意识淡薄、品牌定位模糊等问题,缺乏自主品牌培育的总体思路,没有将企业竞争力提高与品牌培育有机结合起来,忽视了对品牌的宣传和维护,在与世界知名品牌的抗衡中处于被动应对局面。现有的自主品牌企业产品定位和技术水平基本相同,价格相近,已经出现了无序竞争的势头,并且影响了消费者对自主品牌的忠诚度。

2.4.2 长三角电子信息产业一体化发展分析

1. 长三角电子信息产业一体化发展基础条件分析

"十二五"期间,我国相继出台了一系列有利于电子信息产业发展的重大政策,如集成电路纲要、"中国制造2025""互联网＋"、宽带中国和信息消费等,产业环境也在持续优化,电子信息产业稳步增长。"十三五"时期,新一轮科技革命和产业变革蓄势待发,社会信息化将深入发展,这为我国电子信息产业的大发展提供了广阔发展空间。

我国已形成完备的产业体系和坚实的制造基础,拥有吸收新技术的巨大国内市场,具有抓住这次科技革命和产业变革机遇的产业基础条件和广阔需求空间。电子信息行业应充分利用各种有利条件,加快新旧动能转换,巩固和发展既有优势,加速实现转型升级,产业将有望培育出国际竞争的新优势,加快迈向全球价值链的中高端。

(1) 产业规模持续扩大。

2017年,规模以上电子信息制造业增加值增长13.8%,高于全国工业平均水平7.2个百分点。电子制造业与软件业收入近20万亿元,同比增长高出10%;其中,电子制造业实现收入超过14万亿元;软件业收入超过5.5万亿元。

2017年,规模以上电子信息制造业利润总额超过7 000亿元,同比增长15%以上,行业平均利润率达到5.4%,比上年提高0.2个百分点。软件业利润总额超过6 500亿元,同比增长10%以上,企业平均利润率超过7.0%。电子信息制造业收入与利润占全国工业比重进一步提升,双双超过10%。除自身效益水平提升外,电子信息技术为其他产业"赋能"已成为不争的事实,成为融合发展的"润滑剂""加速器"。据中国半导体行业协会统计,中国半导体产业受国家利好政策影响,2016年中国集成电路产业销售额4 335.5亿元,其中设计业1 644.3亿元,制造业1 126.9

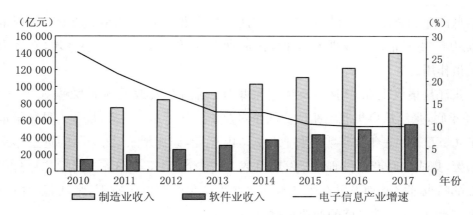

图 2.9 2010—2017 年我国电子信息产业增长情况

亿元,封测业 1 564.3 亿元,可谓是中国集成电路向好发展的良性讯号,并成为全球最大的集成电路市场。预计到 2020 年信息消费规模将达 6 万亿元,拉动相关领域产出达 15 万亿元。

(2)资源整合与协同合作不断深化。

2017 年,电子信息行业完成固定资产投资 1.3 万亿元,同比增长 25.3%,高于全国制造业投资增速 20.5 个百分点,对制造业投资增长的贡献率接近 30%。从重点领域看,集成电路"大基金"累计有效承诺投资额超过千亿元,在制造、设计、封测、装备材料等各环节实现全产业链覆盖,缓解了产业投融资瓶颈,有效推动了上下游企业的战略合作。2017 年,我国高新技术产品进出口总额 12 514 亿美元,同比增长 11%;其中出口 6 674 亿美元,增长 10.6%;进口 5 840 亿美元,增长 11.5%;行业外贸扭转了前两年的下降态势,实现稳步增长。

2017 年,电子信息行业深入贯彻协调、开放、共享的发展理念,在政府部门、行业组织和龙头企业牵头引领下,国家工业信息安全产业发展联盟、国家大数据创新联盟、中国 VR 产业应用创新联盟、中国云服务联盟、中国智慧交通车联网产业创新联盟、中国人工智能产业发展联盟相继成立。

(3)产业发展基础良好。

上海集成电路产业 2016 年销售收入首次突破千亿元大关,增长速度达10.8%,设计业和芯片制造分别实现销售 366 亿元和 262 亿元,同比增长均超过20%。上海自 2012 年来,电子信息制造业连续出现负增长现象,2015 年上海该产业完成的工业总产值有 1.8% 的下降,低于全国电子信息制造业 7.6% 的平均增速。但是,上海电子信息制造业的增加值率连续 5 年增长,从"十一五"期末的 9.8% 升至 2015 年的 13.7%,劳动生产率、人均产出在国内居首,这都证明,上海已经从电子信息产业的放量增长,转变为"收量增质"的阶段。在《中国制造 2025》计划纲要的推动下,电子信息产业进入高速发展时期,上海作为长三角核心区域,必将承担领航员作用。

张江是集成电路产业一块重要聚集地,据浦东发改委统计数据显示,截至 2016 年底,张江从事集成电路产业的企事业单位数量达 295 家,从业人员数量也超过了 4.3 万人。去年全年实现营业收入 549 亿元,同比增长 22.0%,为近三年来最大增幅,集成电路产业科研新开发项目数 1 079 个,增长 18.3%。国际芯片公司的研发部门也都将基地设置在张江地区。在规模化的聚集效应下,张江是国内产业链最完整、配套条件最好的产业集群之一。

20 世纪 90 年代末和 21 世纪初,江苏抓住了世界电子信息产业转移的机遇,以开发区为载体,大力吸引世界信息产业龙头企业、重点产业集群来江苏发展,江苏信息产业发展迅猛。特别是本届政府的 5 年,是江苏电子信息产业总量增长快、质量发展好、贡献不断提高的 5 年,是江苏信息产业发展的一个黄金期。全省电子信息产业销售收入用 15 年实现了由 10 亿元到百亿元、用 10 年实现了由百亿元到千亿元、用 6 年实现了由千亿元到万亿元的三次跨越。2011 年,江苏省电子信息制造业的营业收入是广东的 70%,营业利润却是广东的 1.18 倍;到了 2015 年,营业收入从 70% 下降到 62%,营业利润则由 1.18 倍下降到 0.55 倍,下降比例超过 53%。2015 年,江苏电子信息制造业主营收入为 1.82 万亿元、营业利润为 868 亿元、平均用工人数为 182 万人。与全国电子信息制造业相比,江苏这三项指标均为 20% 左右;与收入排名第一的广东同业相比,江苏这三项指标依次为广东的 62%、55%、57%。2017 年上半年,江苏省电子信息行业紧抓"中国制造 2025""互联网+"和智能制造等政策机遇,行业整体运行呈现平稳态势,在全省工业发展中发挥了积极的支撑作用。上半年可实现主营业务收入 17 452.3 亿元,同比增长 11.4%,增速比上年同期上升 3.8 个百分点。

"十二五"期间,浙江电子信息产业发展突破万亿元门槛,2015 年销售收入达到 14 258 亿元,行业规模位居全国第五。电子信息产业工业增加值达到 2 955 亿元,占全省 GDP 比重为 6.89%,已成为浙江国民经济发展的支柱产业之一。"十二五"末,全省电子信息产业超百亿元企业达 12 家,其中,天猫、海康威视、富通、淘宝 4 家企业超 200 亿元以上,收入超亿元的企业达到 445 家。海康威视、大华股份竞争力位居全球数字安防行业领军地位,阿里巴巴已成为全球电子商务龙头企业。全省已形成通信和计算机网络、软件与信息技术服务、通信电缆及光缆、电子信息机电和电子元器件及材料 5 个千亿级产业集群。我省以杭州"中国电子商务之都"

为引领,积极打造电子商务集聚区,全国约有 85% 的网络零售、70% 的跨境电子商务及 60% 的企业间电商交易都依托浙江的电商平台完成。以高新园区和特色小镇等新型载体带动集成电路、5G 车联网、云计算、大数据等新一代信息技术产业集聚发展,全省已培育 19 个信息经济特色小镇、12 个信息经济示范区。2017 年 1～9 月,浙江省规模以上电子信息制造业增加值 1 329.8 亿元、工业总产值 6 408.1 亿元、销售产值 6 166.7 亿元、工业投资 266.6 亿元,分别增长 14%、15.5%、15.8% 和 15.7%,分别高出全省规上工业 5.7 个、1.6 个、1.6 个和 7.9 个百分点,成为引领浙江工业经济快速增长的新引擎和新动能。

安徽省电子信息产业规模快速攀升。"十二五"期间,电子信息制造业年产值规模连续跨越两个千亿元台阶,规模以上工业总产值由 2010 年的 733 亿元增加到 2015 年的 2 807 亿元,年均增长 30.8%,总量规模跃居全国第 11、中部第 2 位,实现历史最好水平;工业增加值增至 720 亿元,是 2010 年的 3.5 倍,年均增长 28.8%,占全省工业比重由 3.6% 提升至 7.3%,年均增速超全国同行业、全省工业 10 个百分点以上。累计完成固定资产投资 3 464 亿元,是"十一五"时期的 4.9 倍,合肥京东方高世代液晶面板生产线等一批重大项目建设带动新一代信息技术产业比重持续上升。新型显示、智能终端实现爆发式成长,光伏、LED 快速布局并形成竞争优势,集成电路聚焦突破初见成效。新兴产业规模突破 1 500 亿元,对电子信息制造业增长贡献超过 50%,有力促进安徽省战略性新兴产业崛起。2017 年 1～8 月,安徽省电子信息制造业实现规模以上工业增加值 586 亿元,增长 20.4%,增速高于全国同行业、全省工业平均 6.9 个和 11.7 个百分点,占全省工业比重达到 8.1%;完成工业总产值 2 541 亿元,增长 22%。

2. 长三角电子信息业一体化发展制约因素

(1) 电子信息产业生态环境不断恶化。

电子行业作为制造业的基础环节,其产能转移的足迹与其他制造业有相似之处。初期,产业在成本优势显著的沿海城市萌芽,依靠接近市场、信息发达、方便出口等得天独厚的优势迅速成长,一大批企业涌入,获得较高盈利优势。中期,产业逐步显现规模效应与成长地位,并争取到国际市场份额,中大型企业盈利能力稳定,规模较小且无核心竞争力的企业纷纷倒闭,产业格局逐步形成。后期,市场热潮退去,对应市场空间缩小,企业从国际化竞争转向本地化竞争,企业成本增加、毛利润开始下滑,部分大型企业开始产能转移步伐,寻求更低的经营成本。

伴随着我国经济进入新常态,影响或制约电子信息产业发展的不利因素不断增多。改革开放以来,电子信息产业一直都是外资投资的重点领域,在过去的几年里,我国投资效率始终在30%以上,2013年更是达到了投资率的巅峰,占比达到47.8%。但随着外资逐渐撤出以及电子信息产业不断向东南亚地区转移,依靠投资拉动对整个经济尤其是电子信息产业的模式已经难以为继。同时,电子信息产业低成本优势逐渐消失,随着劳动力和原材料成本价格不断上涨,使电子信息产业利润成本不断收窄。电子信息产业同时也是高污染行业,电子信息产业对资源环境的承载已经达到了上限。每年因经济发展对环境污染产生的代价不断升高,污染的损失已经超过了GDP的增长,这对整个行业来说都是不利因素。

(2)产业自主创新相对滞后。

创新能力整体偏弱,以企业为主体的创新体系尚不完善;基础配套能力不足,关键材料、核心零部件等瓶颈突出;产品质量和可靠性亟待提升;品牌建设滞后,缺少一批具有国际影响力的品牌和领军型企业。市场饱和与颠覆性创新缺乏,使通信设备等成熟领域增速持续下降,导致电子信息制造业整体增速明显下滑。特别是在全球市场萎缩的大背景下,虽然国产品牌在家用视听、计算机、通信设备等市场的占比不断提升,但增长压力仍持续加大。

目前,我国有95%以上的高端芯片,75%的操作系统,90%以上的中间件都依赖进口。以智能手机为例,高通垄断着全球高端芯片市场,像苹果、三星、中兴、华为等手机都是高通的用户,手机厂商不用它的专利不行,只要使用高通的芯片手机厂商,高通就要收取5%出厂价的专利费。集成电路领域对国外依赖性也较大,2013年,集成电子首次超过原油进口,成为我国第一大进口产品。缺少关键技术和核心技术,我国电子信息产业沦为"打工仔",不利于我国电子信息产业的快速发展。

(3)产业结构矛盾问题突出。

长期以来,中国信息产业基础领域能力较弱,与产业规模不相适应,整体发展呈现应用强、基础弱的"倒三角"形态。我国在IGBT、电感器、传感器等关键产品上依然落后国际先进水平,在物联网等新兴领域发展亟需的高精度传感器等领域也处于较为落后地位,而集成电路、平板显示关键设备以及自动贴片机、薄膜流延机等核心专用设备则长期依赖进口。在中国构建自主创新的信息产业的过程中,核心基础产业仍然是需要突破的缺口,需要引起持续高度重视。

我国电子信息产业"两头在外,大进大出"现象较为严重,到目前为止仍没有合理的解决方法。电子信息产业仍然处于产业链的中低端,许多产品仍以代工为主,传统领域放缓,新兴领域增长明显不足。如2014年从整个产业发展情况来看,整个经济形势都处于下滑态势,这在计算机、家用电器等领域表现得比较充分。在云计算、大数据、移动互联网等领域虽然有一定的增长，但对整个行业拉动作用十分有限，贡献明显不足。产业结构矛盾问题也衍生出了国际贸易争端，传统经营模式下，电子信息产业对出口市场依赖性较大，但西方发达经济体纷纷提出了新的发展战略，推动电子信息产业与传统制造业、服务业融合发展，全球范围内围绕电子信息技术领域的竞争明显加剧，每个国家都在振兴本国的电子信息产业，抢占产业链的制高点，对于我国来说有着较大的挑战。

2.5　基于供应链整合的长三角实体经济一体化产业生态图谱规划机制

2.5.1　供应链整合的机制和模式

1. 供应链整合的内涵

供应链整合是指制造企业与供应链伙伴进行战略性合作和管理组织内和组织间流程的程度。一条典型的供应链包含供应商、制造商和客户，因此，供应链整合的概念包含三个维度：供应商整合、内部整合和客户整合。内部整合关注制造企业内部的活动，是指企业为了满足客户需求将不同部门的战略、活动、程序和行为组织成合作的、同步化的和可管理的流程的程度。相对内部整合，客户整合和供应商整合属于外部整合，其关注的是组织间的整合，是指企业为了满足客户需求通过与供应链上的关键伙伴（客户与供应商）合作将组织间的战略、活动、程序和行为组织成合作性的、同步化的和可管理的流程的程度。供应链整合的定义涉及组织内与组织间的合作与联盟、信息共享、同步规划以及与客户和供应商联合解决问题等丰富内容，已经被视为提高企业绩效的重要因素。

供应链的整合是为实现供应链的交互式协同运作的根本目标，以供应链动态联盟为组织对象，实施全球网络供应链资源整合的一种组织管理形式。它与纵向一体化不同，纵向一体化是上下游在所有权上的纵向合并，涉及产权关系问题；而供应链的整合集成是通过在各成员企业之间建立长期、战略性的合作伙伴关系，或者达成某种合作意向的契约（激励或约束）关系，通过信息整合、功能重组、组织整合、过程重组、文化整合及战略资源重组等过程，努力实现各节点企业之间的无缝连接，以提升供应链整体竞争力。

供应链整合管理可以为供应链及其运作带来以下好处。（1）缩短交易时间，节约交易成本;(2)降低库存水平,减少库存成本;(3)降低采购成本,促进 VMI/JMI/CPFR 等先进供应链管理方法的实施;(4)减少牛鞭效应(Bullwhip Effect)和市场不确定性影响,提高快速反应能力,促进同步化运作;(5)减少产品循环周期(Cycle Time),缩短交货提前期(Lead Time)。

供应链整合可以降低成本。当制造企业与客户以及供应商的整合比较好时,会减弱"牛鞭效应",制造企业对客户的需求以及供应商对制造企业需求的预测会更加精确,制造企业改变现有产品的数量和组合也会更加容易,为顾客的配送会更加准时,柔性也会进一步增强,质量也会更能满足客户需要。与此同时,供应商、制造企业和客户之间以一种合作的态度进行交易,制造企业更好地理解客户,并能够通过创新来满足客户的需求;同时供应商提供的原材料或零部件的质量会更有可能得到保证,制造企业也更可能提供高质量的产品。

真正整合了的供应链不仅可以降低成本,还可以给公司、其供应链伙伴和股票持有者创造价值。整合的基础是信息共享。整合需要各种合作。然后是实现共担风险,成本,共享利益的组织关系(见表2.6)。

表 2.6　实现供应链整合的三个维度

维　　度	互换的内容	整合的方式
信息整合	信息、知识	信息共享;合作计划、预测与补给
协调与资源共享	决策、工作任务	决策授权;任务重新安排;资源外包
组织互联	责任义务风险、成本、利润	延伸的沟通与绩效测评;获利的调整

2. 供应链整合的机制

协作关系是供应链整合管理的核心问题,无论是建立在具有硬性约束力的契约关系基础之上,还是建立在依靠自觉维护供应链整体利益的合作伙伴关系基础之上,供应链各协作层次长期稳定的协作关系,有赖于以信任机制为基础、以整合重组机制为手段、以信息反馈机制为前提、以委托代理机制为保证的供应链整合管理团体实现机制的建立(见图2.10)。

信任机制。供应链合作关系形成于集成化供应链联盟管理环境下,形成于为了特定的目标和利益的主体之间。但是在机会转瞬即逝的市场环境中,供应链中的合作方谁也不可能完全预见到未来的所有变化,而将其形成明确的合同。所以,在供应链战略联盟的构建中,基于信任的合作是最根本的理念,信任机制是实现供应链整合和协同运作的基础。在博弈论著名的"囚徒困境"中,只有相互信任才能使两个囚徒同时得到合作的奖励。

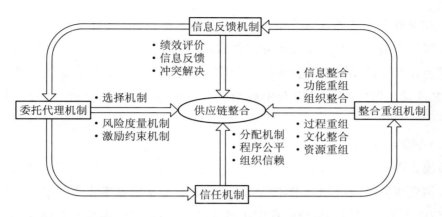

图 2.10 供应链整合管理的团体实现机制框架

整合重组机制。供应链整合重组和供应链联盟构建绝不是各节点企业的简单组合和纯粹的组织集成。应该从两方面来认识和实施：一方面，要认识联盟整合构建的战略阶段性；另一方面，要把握整合重组运作的层次性。可以"四个整合阶段，六个运作层次"进行概括。四个阶段即个别功能性组织架构阶段、组织内部供应链整合阶段、组织之间供应链整合阶段和供应链网络价值体系整合阶段。众多的角度一方面表现为供应链联盟整合运作的基本支撑要素，主要体现在信息整合、组织整合和文化整合三个层次。另一方面表现为由执行层次运作整合向战略层次运作整合逐步过渡的过程，主要体现在功能重组、过程重组和战略资源重组三个层次。

信息反馈机制。供应链整合管理的根本目标在于构建协同运作的供应链实体，而实现的手段在于通过供应链整合重组实现实体物流网络与虚拟信息网络的紧密结合。同时，供应链中各企业的计划能否得到很好的贯彻执行、冲突能否得到妥善解决等，都需要有效的监督控制机制作为保证。要进行有效的监督控制必须建立有效的信息反馈机制。重点解决两方面问题：一方面要限制订货信息在供应链内部反向传播时容易导致的"牛鞭效应"；另一方面要减少信息延迟。

委托代理机制。基于委托代理理论来研究供应链节点企业之间的协作关系，建立完善促使各方信守承诺的激励约束机制也必不可少。通过加强对合作伙伴的选择、合作风险的分担以及更多的价格折扣、增加订单的批量柔性、收益共享、利益补偿等激励措施和基于惩罚的约束方法，来设计供应链契约（Supply Chain Contract）和进行制度安排，能有效地防止代理人（一般是供应商或经销商）隐藏行动或隐藏信息的道德风险，促使代理人在追求自身效用最大化的同时，最大限度地增进委托人（一般是制造商或核心企业）利益，即实现委托人与代理人双方利益的一致性。

3. 供应链整合运作模式

不同供应链所涉及产品或服务的供求双方实力的差异,导致生产供给者和终端需求者在不同的供应链整合中所起的作用也各不相同,由此形成供应链整合运作中的"推动式"、"拉动式"以及由此结合而形成的"推拉混合式"三种主要运作模式。

(1)"推动式"模式。

该模式以生产商为核心,以需求预测为基础并在客户订货前运作,产品出厂后通过分销商逐级推向终端需求客户(见图2.11)。分销商和零售商一般处于被动地位,供应链各节点间的整体协调程度比较低,但产品的生产供给或库存水平一般较高,通常依靠这种较高的生产供给量或库存水平应付市场需求的变动。供应链上的产品供给水平较高,使这种模式对需求变动的响应速度和柔性变得相对较差。"推动式"运作模式的推动力主要来自供应链上游,一般适用于市场需求量较大且需求稳定的通用型或同质性较高的产品,其指导思想是"以生产为中心",且生产中强调以规模经济取得效应并注重计划性。该模式下因可提供同质产品的生产商容易加入竞争,导致其适用的范围越来越窄,但该运作模式在实践中实施起来相对容易。

图 2.11 推动式供应链整合运作模式

(2)"拉动式"模式。

这种模式是以市场终端用户需求为核心牵引力而展开运作的(见图2.12)。运作时强调需求导向、根据顾客实际需求(订单)而不是预测需求实施整合,实际运作时甚至可实施定制化服务。此模式要求供应链中的信息交换速度以及整体协调程度处于较高水平,但产品的生产供给或库存水平一般可较低。虽然此模式一般可获得较高的整合绩效,但供应链终端需求具有不确定性较高和需求稳定的周期较短等特性,使这种模式对供应链各节点成员的技术基础或相应能力有较高要求。"拉动式"模式一般适用于市场需求对个性化要求较强、供给的产品异质性较高且强调需求导向的情况,实际整合运作中重视差异化整合策略的实施。该模式如果运作成功,则会获得相对较高的市场需求响应速度和柔性。

图 2.12 拉动式供应链整合运作模式

（3）"推拉混合式"模式。

实践中可在产品分销计划实施前后分别采取推、拉两种不同的运作模式，并将推动阶段和拉动阶段之间的分界点作为顾客需求切入点：在切入点之前，按推动式的大规模通用化方式和需求预测组织生产以形成规模经济；在切入点之后，首先将产品的后续分级、加工及包装和配送等过程延迟，待切入顾客的需求信息并接到订单后，根据实际订单信息，尽快将产品按客户的个性化或定制要求分级、加工及包装为最终产品，实现对顾客需求的快速有效反应（见图 2.13）。可见，切入点之后实施的是拉动式差异化整合模式。

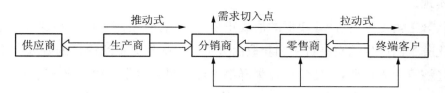

图 2.13　推拉混合式供应链整合运作模式

当切入点向供应链上游方向移动时，顾客的需求信息会较早地被切入生产过程，产品同质化生产阶段会相应缩短，从而扩大按订单执行生产供给活动的范围；若将切入点向供应链下游方向移动，则产品的个性化培育时间则会被推迟，相应延长规模化时段。这种延迟生产或制造的方式就是"推动式"和"拉动式"两种整合运作模式的结合。延迟生产或制造，是由生产制造商事先生产中间产品或可模块化的部件，等终端用户对产品的质量、外观、数量或包装等提出具体要求后，再继续完成后续的特殊化生产或包装等环节。即无差异化产品按长期预测进行常规生产或配送，而产品差异化特性的赋予则根据市场需求做出针对性反应。这种供应链"推拉混合式"整合运作模式是从差异化开始时应用"拉动式"模式。

2.5.2　长三角实体经济产业一体化发展机制和路径

1. 实体经济产业一体化的理论机制

产业一体化是指在市场经济条件下，毗连的城市或地区充分发挥经济发展方向的同一性、产业结构互补性的特点，促进生产要素自由流动，加速产业的整合与重组，实行地区经济分工与协作，从而以整体优势参与对外竞争。产业一体化的核心内容，也即产业一体化最终要达到的目的就是各区域产业之间的分工与协作，既有专业化的分工，又有产业之间的互动与合作，形成既有分工又有合作的良好运作机制,从而提升整个区域的产业竞争力。

区域产业一体化的核心内容是产业的分工与协作,区域分工与协作理论源于国际贸易理论,后经区域经济学家引入区域经济学领域,用于解释一国范围内的区域经济现象。从亚当·斯密倡导的古典贸易理论一直到克鲁格曼为代表的新贸易理论,为区域分工与协作理论提供了不竭的理论源泉与方法论基础。

产业集群是实现产业一体化的重要途径之一,集群是分工的空间组织形态,集群推动分工利益更好地实现。分工与集群之间存在必然的互动。集群是一种社会分工的空间组织形态,没有分工就没有集群,而集群一旦形成,就将有利于分工利益的实现。

从分工角度考察,产业集群的形成正是专业化分工的产物,是人们用来降低由专业化分工而产生的交易费用和获取由分工产生的规模报酬递增的好处而采取的一种经济空间表现形式,任何产业集群都表现出明显的分工和专业化特征。

专业化分工是产业集群形成的重要力量,专业化分工形成的社会化分工网络,把同一产业链条中的人员培训、销售网络、运输成本的降低,及原材料供应等,全部纳入一个区域的专业化分工体系中,这种专业化分工产业的高度发展,容易形成地区性的新产品、新技术孵化器,从而吸引更多的同一个产业中的企业向该地区聚集,集群内企业通过进一步深化专业分工,并在分工的基础上建立密切的合作关系,使所有企业的竞争力都能得到不同程度的提高,进而提升产业集群的竞争力,从而形成企业集群发展壮大的良性循环机制。

2. 产业一体化的驱动因素

通过对影响产业一体化的各种因素分析,可把产业一体化的驱动因素类型分为两大类:外部驱动因素、内部驱动因素(见图2.14)。

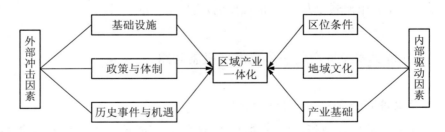

图2.14 产业一体化驱动因素

(1)外部驱动因素。

基础设施。市场建设和要素流动都是通过基础设施作为实施条件的,而产业结构与产业布局的形成也是以基础设施作为依托的。因此,区域内基础设施完善成网的程度，直接影响要素流动的规模与水平，并最终影响产业一体化的发展过程。发达国家的经验也表明，建设发达的综合基础设施网络可以促进区内外经济、市场交流，带动地区分工与合作，引导区域整体协调发展。其中，基础设施网络是指包括交通、环境、区位、通信和配套性基础设施网络体系；完善的区域基础设施可以缩短区域经济圈的时间半径；减少区域内的交易成本；促进生产要素的自由流动；提高营运效率等。这些都是实现产业一体化的基础要素，为产业跨地区的整合提供了可能。

政策与体制。在产业一体化形成中，政策导向因素的推动作用有时起了极大的作用，地区产业政策是产业发展的风向标，对产业布局有着极大的影响，而各地在制定自己的产业发展政策时都是从自身利益出发，很少考虑更大范围内的分工协作。因此，城市群内各城市互相争夺资源、重复建设、恶性竞争的现象不断。而城市群内各城市的经济政策、产业政策协调一致可以有力地推动产业一体化的进程。从长期看，不管经济一体化进程中政策力量在一段时间内多么有力、多么强大，其基础都必须建立在使厂商实现规模经济效益，企业之间实现经济上的互补，市场实现生产要素的顺畅流动等经济变量之上，但政策驱动力的作用仍然不可小视，尤其在我国市场经济不发达的现阶段，政策对产业一体化的推动作用更为明显。

历史事件与机遇。某些偶然因素在收益递增机制的作用下，可能造就区域产业发展的新局面。某个区域一旦由于某种历史机缘而选择了一个特定路径，在不发生巨大反向扰动的情况下，这一路径很可能被锁定。偶然因素的发现是对传统区位理论的一大修正，对相似区位条件的地区之间不同的产业发展结局的现象给出了合理的解释。经济的地理结构或空间格局具有多种均衡的可能。对某些具体区域而言，经济政策的变化也是导致其产业转变或工业集聚的偶然事件。改革开放成就了珠三角，成就了珠三角现在的经济图景。由此可见，历史性的偶然事件和机遇的确可能对区域产业一体化发展产生重大影响。从一些区域产业集聚的发展历程来看，某些"偶然事件"有主观意志性和必然性成分的影响。若能找到区域产业一体化发展的"切入点"，完全可以人为地促成某些具有历史意义的"偶然事件"。

（2）内部驱动因素。

内部驱动因素是产业一体化的核心驱动力，也是源动力，是由企业自身的逐利性质决定的，在市场经济条件下，毗连的城市产业之所以朝着一体化方面发展，是因为存在共同的利益趋向：区域产业效益最大化和成本最低化。各个城市之间在资源、要素方面需要互通有无，以满足各自的发展需要；城市之间通过合作可以共同开发资源、市场，使各自的开发能力组合起来发挥规模效益，增强对外的整体竞争力;可以加快信息、技术的传播,促进本地产业升级。

区位条件。区域范围内的一体化往往有着地理区位的限制条件,产业一体化最容易形成的区域是近年来提及较多的"都市圈"区域概念,虽然理论界对都市圈的定义没有达成统一的意见,但是大多数学者都认为都市圈具有一定的地理范围界定。在区域产业一体化的过程中,邻近地区更加容易发生贸易关系,更加容易承接区域内的产业转移,可以共享基础设施,共享地区人力资源,并且在节约运输成本上有着很大的优势,尤其随着大型企业的诞生,他们把企业的产业链环节根据地方政策、资源获取难易、成本优势等因素部署到邻近的城市地区,以达到跨区域资源整合,致使产业的一体化也需在邻近的地区进行。如果把范围进一步扩大,交通运输、通信等费用超过节约的资源成本,企业不会选择更大范围内的一体化整合,也就无法实现产业一体化。

地域文化。经济行为深嵌于地域社会文化之中。地域文化作为社会资本的载体是促进区域产业一体化发展的一种长效机制,能发挥持续而深远的影响。它对区域产业链的构建与演变起到不可忽视的重要作用,能将各种要素组合起来,向着增值的方向运转,并对区域经济发展道路的选择产生重要影响,因而逐渐成为区域竞争力的一个决定性因素。只有嵌入社会结构和人际关系网络之中的信息、知识、规范和经济关系等,才是经济活动者在现实经济社会中所乐意接受的。源于共同地域文化背景的非正式联系的缔结,将使行为主体之间更容易建立信任感和安全感,使经济活动具有可靠性和可预见性,对减少企业的交易成本、建立稳定的互惠联系、实现知识和技术的扩散与创新等具有重要作用,有利于促进企业在区域的集聚和区域经济一体化的发展。

产业基础。产业一体化发展具有很强的"路径依赖"特征,本地产业基础是区域产业链形成的关键性开端。产业跨地区整合的发展,立足于传统基础的产业往往具有更高的成功几率。浙江温州在历史上就是一个手工业和商业发达的城市,当地居民一向以传统手工业为生存之本,在泥工、鞋业、编织、刺绣、雕刻等行业涌现出一代代的能工巧匠。20世纪80年代以来,温州人正是利用了自己传统手工业发达的优势,发展起众多基于特色小商品产业链的产业集群。区域产业一体化的整合过程,正是依据各地区的传统优势产业进行合理的分工布局,而不是凭空创造跨区域的产业链,因此,良好的产业基础是区域产业一体化的先决条件和要素。

3. 实体经济产业一体化的实施路径

(1)产业竞争。

区域间分工和贸易情况十分复杂,各区域的比较优势很难通过事先计算来确定，一般只有通过市场竞争"事后"发现已经确立的比较优势，因为各区域的比较优势首先表现为产业的市场竞争力。产业分工协作是达到产业一体化的途径之一，但较充分的产业竞争是区域产业分工合理化的根本途径，因而区域内产业的合理、充分的竞争既是产业一体化的实施途径之一，也是达到一体化的前提之一，对区域产业分工的计划调节只能在较充分的产业市场竞争基础上进行。这里所谓较充分的产业竞争既包括区域间的产业竞争，也包括区域内部的产业间竞争，充分的市场竞争和资源流动必然导致区域产业分工按比较优势深化，因为在市场竞争充分的条件下，能够生存和发展的产业必然是合理的，即具有比较优势，由此形成的区域产业分工布局才更加合理，为产业一体化打下坚实的基础。

目前对区域产业一体化的研究大多都试图在遵循某些原则以计划安排来调整区域产业分工协作，强调避免区域产业的恶性竞争，而忽视了利用市场自身的竞争手段来起到调节产业布局、合理化产业分工。这与缺乏产业间竞争机制，企业产权难以转移，要素存量难以重组，区域间行政分割都有着密切的关系。当然，市场有其有效的一面，但并不能说市场调节下的产业分工就是合理的，它也有不充分甚至失效的时候，但并不能就此否定通过竞争来调整产业分工的作用，在进行产业规划时一定要考虑到产业充分竞争的积极作用，不能将其扼杀但又要把这种竞争控制在合理的范围内，才能达到合理进行产业分工布局的目的。

（2）产业转移。

产业区域转移是一种市场经济条件下的企业自发的行为，是由于资源供给或产品需求条件发生变化后，某些产业从某一个国家或地区转移到另一国家或地区的经济行为和过程，这是一个包含国家间与地区间投资与贸易活动的综合性的要素与商品流动过程，是一个具有时间和空间维度的动态过程，是国家间或地区间产业分工形成的重要因素，也是转移国和地区与转移对象国和地区产业结构调整和产业升级的重要途径。其构成要素包括转移国（地区）、承接国（地区）、转移产业、转移企业、转移资本、转移技术等。

一段时间内，不同的国家或地区存在着技术构成相似性的重合产业，他们使用相似的机器设备或生产线，运用相似的技术工艺，需要相似比例的生产资料和劳动力，生产相似的商品。而由于资源禀赋和价值构成的相异性，导致了重合产业绝对成本的高低落差，迫使发达的国家或地区被迫调整产业结构，实施产业区域转移。产业转移表现为生产要素在产业和区域间的流动，常常以相关国家或地区的投资、贸易以及技术转移活动等形式表现出来。我国现阶段出现的产业区域转移在很大程度上是因市场的扩张，产业结构的调整、追求经营资源的边际效益最大化以及企业成长的需要。

在区域产业一体化的进程当中,产业转移扮演着最重要的角色,国内外的经济一体化经验告诉我们,任何产业一体化中的重大突破,都伴随着产业发生大规模的区域转移的历史节点。通过产业的水平转移,发达的地区彻底放弃失去比较竞争优势的产业,从事更加前沿、创新性的产业,而承接被转移出产业的欠发达地区在该产业上正处于蓬勃发展阶段,将大力发展这些发达地区所欠缺的产业。于是,形成了城市群内各地区之间的水平分工态势,各城市从事各自的特色产业并将产品或服务供应给缺少该产业的地区,不仅形成产业之间的互补,同时又实现了市场对接。同时,产业梯度转移促进了城市群内各地区的产品差异化,由于不再具有成本优势,发达地区逐渐把劳动、资本密集型产业转移出去,集中投资在技术密集型产业,或者由普通技术密集型产业转向高技术、知识密集型产业发展,生产产业中的高端产品,虽地区间仍生产相似的产品,但地区之间形成一定的产业层次分工,供应给不同层次的消费群,也避免了城市群内部的恶性竞争,是实现产业一体化的有效途径之一。

(3) 产业分工联动。

产业分工与产业联动是不可分割的,过去的研究一直注重产业分工,强调的是各地区根据自己的优势发展区别于其他地区的优势产业,形成错位发展,避免重复建设、恶性竞争,因此,分工强调是求异,但是在区域产业一体化的过程中,仅仅错位发展并不能实现一体化,更加重要的是在错位的基础上,各地区的产业能够关联起来,相互配合相互支撑共同发展形成合力。而产业联动强调的恰恰是产业之间的互补、合作与相互作用的关系。联动指若干个相关联的事物,一个运动或变化时,其他的也跟着运动或变化,具有"联系"和"互动"之意。产业联动可以定义为:以产业关联为基础,位于产业链同一环节或不同环节的企业之间进行的产业协作活动。产业联动使得处在产业链不同环节的企业,突破企业界限、产业界限、区域界限,能够实现企业关系、产业关系和区域关系的优化,获得"1+1>2"的协同效应。随着产业联动行为的大量出现,产业联动问题的研究也引起了我国学者和政府部门的关注,相关研究文献不断增加。因此,产业一体化的重要事实途径之一就是产业在地区间的分工联动,不仅根据各自的资源优势形成分工态势,更要在更大的范围内统筹考虑,从区域整体的目标出发,形成分工合理、优势互补、合作共赢的产业布局。

实现区域产业一体化的实质就是促使区域内各地区在合理分工的基础上通过构建和延伸产业链,来获取产业联动效应,反过来各地区在产业链上分工联动发展能促进区域产业一体化的实现。按照产业分工联动企业的地理关系,可分为区域内产业分工联动和跨区域产业分工联动,跨区域的产业分工联动可以理解为:位于不同区域的产业基于产业间的相互关联而进行的以推动区域经济的可持续发展为目标,以生产要素的流动与优化重组为主要内容的较长期的区域间产业分工协作活动,其实质为区域产业网络上节点间的互动行为。在我国,还存在一定程度的产业的区域分割,区域内的产业分工联动往往能够得到地方政府的大力支持,而区域间的产业分工联动会受地方保护主义、运输成本增加等因素的影响,其产生更需要产业政策和区域政策的支持。

（4）产业集群。

产业集群较强的持续竞争力在于其所拥有的竞争优势。这种竞争优势主要体现在两个方面:一方面,通过集群内企业间的合作与竞争以及群体协同效应,将可以获得诸多经济方面的竞争优势,如生产成本优势、基于质量基础的产品差别化优势、区域营销优势和市场竞争优势;另一方面,通过中间机构和企业间的相互作用,将形成一个区域创新系统,提升整个集群的创新能力。而不同地区的产业集群也会发生相互作用,通过产业集群之间这种联动效应,形成最后的区域产业一体化。20 世纪 90 年代,在制造业向长三角地区集聚的初期阶段,长三角区域内,产业同构化严重,恶性竞争剧烈,即使政府致力于推进产业联动,产业联动发展的步伐也始终缓慢;20 世纪 90 年代后期以后,随着产业集聚规模的不断增大,产业集聚效应开始显现,区域的产业联动政策和联动发展效应随之逐渐明显。

2.5.3　基于供应链整合的长三角重点产业一体化的产业链布局与优化

1. 长三角汽车产业一体化的产业链布局与优化

长三角汽车产业链空间布局和优化组合思路是:以具备较高研发能力的现有大型汽车企业集团为依托,建立国家级零部件和整车产品开发中心,以国家级汽车产业零部件和整车产品开发中心所在城市作为布局的重点,依据比较优势原则将其他产业链环节布局在其他城市。提高产业链上游产业的专业化水平、配套能力和规模经济性,大力发展各种新兴的汽车服务贸易业务,进一步拓展产业链下游产业链环节。长三角城市群城际汽车产业链为:汽车零部件和整车研发—汽车零部件制造—汽车整车制造—汽车贸易服务业—汽车再造业。

汽车零部件和整车研发:零部件和整车研发环节是长三角城市群城际汽车产业链最薄弱的环节。为此,建议以上海汽车工业（集团）总公司汽车工程研究院和南京汽车集团有限公司汽车工程研究院为核心组建国家级汽车零部件和整车研发中心,以便形成具有自主知识产权的汽车制造技术和品牌,将长三角城际汽车产业链向价值高端延伸。

汽车零部件制造:坚持自主研发与技术引进相结合,依托长三角城市群主要零部件生产重点企业,在上海、南京、杭州、无锡、常州、扬州等城市对汽车零部件制造业进行空间布局。其中,汽车板钢、特殊钢条型材、汽车钢管等汽车用钢布局在上海(宝钢集团),汽车玻璃主要布局在上海(耀华皮尔金顿玻璃股份有限公司)、常州(工业技术玻璃厂)、杭州(安全玻璃有限公司),汽车发动机制造主要布局在上海(上海通用汽车有限公司、上海柴油机股份有限公司、上海大众汽车有限公司)、扬州(扬州柴油机有限责任公司)、南京(跃进汽车集团南京东山发动机厂)、杭州(杭州汽车发动机厂);汽车轮胎主要布局在上海(上海轮胎橡胶(集团)股份有限公司和上海米其林回力轮胎股份有限公司)、杭州(杭州中策橡胶有限公司)、无锡(无锡普利司通轮胎股份有限公司)、南京(南京锦湖轮胎有限公司);汽车电子主要布局在上海(上海延锋伟世通饰件系统有限公司、上海联合汽车电子有限公司、上海德尔福动力推进系统有限公司、上海现代摩比斯汽车零配件有限公司)、苏州(博世汽车部件有限公司)。

汽车整车制造:目前,长三角城市群汽车整车制造企业多达20多家,遵循汽车整车制造企业的规模经济性要求和发展趋势,汽车整车制造将主要布局在上海(上海大众汽车有限公司、上海通用汽车有限公司、上海汽车股份有限公司、上海汇众汽车制造业有限公司、上海通用五菱汽车公司、上海申沃客车有限公司、上海汽车股份有限公司)、南京(南京汽车集团有限公司、南京长安汽车有限公司、南京南亚自动车有限公司、南京春兰汽车制造有限公司)、宁波(浙江吉利控股集团有限公司)、扬州(扬州亚星客车股份有限公司)、杭州(东风杭州汽车有限公司、杭州专用车有限公司、杭州中誉汽车有限公司、杭州飞碟客车制造有限公司)。

汽车服务贸易环节:在长三角城市群城际汽车产业链中,汽车服务贸易环节是比汽车生产环节更加薄弱的环节,汽车服务贸易环节亟待健全和完善。汽车服务贸易不仅包括汽车销售服务的价值实现环节,即售前服务的咨询、导购、展览,售中服务的金融、保险、试车、办证服务,售后服务的保养、维修、美容、车友俱乐部,而且包括为汽车销售服务价值实现提供的配套服务,如停车场、广告、物流、加油站等。除此以外,汽车服务贸易还表现为汽车销售服务带动的消费文化行为的产生和发展,并由此形成的汽车展示、汽车博览、汽车体育等价值环节实现的汽车文化业。汽车服务贸易业在长三角城市群各城市中具有分散布局的特点。

汽车再造环节：汽车再造产业是对废旧汽车进行高新技术产业化修复和改造的产业，汽车再制造业工程被称为"绿色再制造工程"，因而是汽车产业链未来延伸的重要方向。汽车再造环节在长三角城市群的布局可以依托国家级汽车零部件和汽车整车研发中心所在的城市上海、南京。

2. 长三角电子信息产业一体化的产业链布局与优化

长三角电子信息产业链空间布局和优化组合的思路是以上海国家级 IC 设计产业基地和国家级软件园、南京国家级软件园、杭州国家 IC 设计和制造产业基地与国家级软件园、无锡国家级软件园、国家级 IC 设计产业基地和国家集成电路设计产业化基地、苏州国家级软件园、常州国家级高新技术产业开发区（常州高新区）电子园、宁波保税区电子信息产业园、国家（嘉兴）机电元件产业园等国家级电子信息产业基地（产业园）所在的城市作为城际电子信息产业链布局的核心，将城际电子信息产业链的价值高端环节布局在这些城市，将城际电子信息产业链的价值中低端环节布局在其他城市中。在城际电子信息产业链各环节的城市中，以产业规模大、科研开发能力强的骨干电子信息企业为龙头，力争形成以骨干电子信息企业为核心的特色产业链环节。长三角电子信息产业链主要包括集成电路产业链、计算机产业链、信息家电产业链和光电子产业链。

（1）集成电路产业链。

集成电路产业链，EDA 设计—IC 研发设计—晶圆制造—封装测试—消费类电子、计算机和网络通信。其中作为 IC 设计的技术手段，EDA 工具关系到 IC 设计产业的成长，以上海、南京和杭州等国家级软件园为依托，开发具有自主知识产权和品牌的 EDA 软件，促进 EDA 软件产业的发展；IC 研发设计环节是长三角城际集成电路产业链最为薄弱的环节，以上海、杭州、无锡等国家级 IC 设计产业基地为依托，联合进行研发攻关，克服该产业链的发展"瓶颈"；晶圆制造环节主要以上海华虹—NEC、无锡上华华晶、上海贝岭、上海先进、杭州友旺、绍兴华越等国内芯片生产骨干企业为龙头，形成晶圆制造的产业基地；封装测试环节主要依托江阴长电科技、上海阿法泰克、英特尔、松下、无锡华芝、三星、日立、苏州哈里斯、AMD、华晶封装、南通富士通等国内重点封装企业和专业测试公司。消费类电子集成电路主要布局在宁波、苏州和无锡，计算机类集成电路主要布局在无锡、苏州和上海，网络通信类集成电路主要布局在宁波、嘉兴和无锡。

（2）计算机产业链。

计算机产业链包括计算机硬件和软件两条次级产业链。硬件产业链为：计算机芯片设计—计算机芯片及零配件—计算机外设制造—整机生产与组装—计算机服务。软件产业链为:应用软件的设计—编码—测试—维护—应用服务。在计算机硬件产业链中,计算机芯片的设计时间长,属于技术、智力和资金密集型产业,在长三角地区应充分发挥上海市在芯片设计方面的技术、智力和资金优势,建立长三角乃至中国的计算机设计研发中心;芯片制造技术按照摩尔定律在快速更新换代,为了满足长三角工业发展的需要,南京、杭州、苏州等城市需要进一步提升计算机芯片和主要零配件的制造技术;计算机外部设备产品的制造主要布局在已形成较大规模的苏州、无锡、南京、昆山等城市;整机生产和组装主要布局在南京、苏州、昆山等城市。在计算机软件产业链中,产业链上游是支撑应用软件运行的操作系统的设计研发产业,属于资金、技术和管理密集型产业,不宜在长三角城市群中布局,长三角软件产业链应主要集中在下游的技术和劳动密集型的应用软件产业的设计、编码、测试和维护环节,可以依托上海浦东软件园、南京软件园、杭州高新软件园、苏州软件园、无锡软件园、常州软件园等国家级软件园,大力开拓各种类型的应用软件。计算机应用服务环节可以布局在长三角各城市中。

(3)信息家电产业链。

信息家电支撑产业—信息家电研发业—信息家电制造业—信息家电服务业。信息家电支撑产业可以依托上海、南京、杭州等城市的计算机技术和通信技术优势,为信息产业的发展提供强大的技术支撑;信息家电技术研发产业要根据信息家电的智能化、网络化、节能化和易用性的特点,依托上海、无锡、杭州等国家级集成电路产业基地,建立长三角的信息家电技术研发中心;依托南京、宁波等生产基地,生产数字电视机顶盒、多媒体一体机、掌上电脑等信息家电产品;伴随着信息家电技术的不断发展和信息家电产品的日益普及,信息家电服务业将得到更快发展,可以将其布局在长三角城市群各城市中。

(4)光电子产业链。

光电子产业链也是长三角城市群需要重点发展的电子信息产业链。光电子产业链为:光电子技术研发—光电材料与元件制造—光电设备制造—配套服务业。其中,依托上海张江国家半导体照明工程产业化基地和国家上海半导体照明产业的核心基地,加强光电技术研究,形成中国最重要的光电生产、研发、应用基地;光电材料与元件制造主要依托上海、杭州、常州、宁波、扬州等城市现有的生产优势;在光电设备制造环节,南京、苏州、宁波、绍兴等城市集中在光电显示环节,无锡、苏州等城市集中在数码相机、激光打印机、图像扫描仪等光输入输出设备的生产环节,南京、苏州等城市加强光储存设备和光存储介质的生产,常州、镇江等城市则侧重于包括光缆、光纤有源器件和光纤无源器件等光纤通信元器件的生产,南京、苏州等城市则大力发展激光工业应用、激光军事应用、激光科研应用和光传感器等产品的生产；在长三角各城市积极发展包括现代物流、连锁经营、信息服务、科技服务、金融服务、企业孵化和人才培训在内的配套产业，进一步拉长光电子产业链。

2.6　长三角实体经济一体化产业生态图谱规划政策建议

2.6.1　加强区域顶层设计，提升产业规划对接水平

第一，加强对长三角区域联动发展的指导，完善长三角合作常态长效体制机制。加快组建长三角区域合作办公室，由国家制造强国建设领导小组—工业互联网专项工作组与长三角三省一市签署合作协议，成立长江三角洲工业互联网平台建设专项工作组，建立协同工作推进机制，统筹指导长三角区域工业互联网的发展。

长三角区域合作办公室。按照"创新引领率先实现东部地区优化发展"的总要求，建设长三角城市群、深化区域合作机制等。进一步完善区域合作机制，研究搭建新平台新机制，增强区域合作机制战略决策功能和协调解决问题的能力。强化三级运作的区域合作机制，加强长三角地区主要领导座谈会的决策功能和长三角地区合作与发展联席会议的协调作用，进一步发挥长三角基金的作用，探索促进区域协同发展的新方式、新手段。提升重点领域协调层级，研究建立由省市分管领导牵头的工作协调平台，明确跨区域协调重点难点事项和责任分工，提升落实成效。长三角区域合作办公室的主要职责是研究拟订长三角协同发展战略规划，以及体制机制和重大政策建议，协调推进区域合作中的重要事项和重大项目，统筹管理长三角合作与发展共同促进基金、中国长三角网站等。

第二，要注重统筹务实，建立健全更加有效的合作新机制。进一步完善长三角区域合作机制，研究搭建新平台新机制，增强区域合作机制战略决策功能和协调解决问题的能力。强化三级运作的区域合作机制，加强长三角地区主要领导座谈会的决策功能和长三角地区合作与发展联席会议的协调作用，进一步发挥长三角基金的作用，探索促进区域协同发展的新方式新手段。提升重点领域协调层级，研究建立由省市分管领导牵头的工作协调平台，明确跨区域协调重点难点事项和责任分工，提升落实成效。

在长三角区域合作现有框架下，建立长三角产业协作专门的"高层决策、协调、

执行"机制,设立长三角产业协作办公室,帮助解决长三角地区产业协作推进过程中遭遇的问题和瓶颈,同时根据市场需要,完善合作共建园区的利益共享和利益分配机制,加强长三角产业协作动态监测管理,制定切实可行的产业协作优惠政策等等。

第三,强化产业协同发展的利益纽带。将产业集团总部放置在上海等生产者服务业发达的地区,而把其产业制造基地配置在长三角甚至泛长三角地区。前者降低长三角地区商品和服务生产的交易成本,而后者则可以降低长三角地区商品和服务生产的制造成本。从统计、税收、金融等方面着手,建立有利于协同调整的利益调整机制,对在地区利益和地区机会上的损失予以补偿,从而减少城市经济整合和一体化发展可能遇到的阻力。

立足各省市既有工业云资源基础,建设长三角区域工业互联网平台,具有非常重要的意义,"将极大地促进长三角城市群经济一体化发展,推进各省市既有工业云资源及服务的整合和优化,为产业梯度布局、精准发展,企业转型升级、市场对接提供重要支撑"。

第四,实施战略协同,改革先行先试。让重要改革试点、改革举措的成果率先在长三角复制推广,放大改革叠加效应。三省一市都承担着一些重大的国家战略和重要的改革举措,比如自贸试验区建设、行政审批制度改革、科技和产业创新中心建设等。我们将共同推进试点,共享改革成果,放大改革创新示范效应和带动作用。

以新型产业为突破口,率先推进一体化模式。要突出先行先试,推动长三角改革开放取得新突破。坚持全面深化改革,持续推进"放管服"改革,深化推广"不见面审批""最多跑一次"等模式,进一步完善政务服务"一张网"。以完善产权制度和要素市场化配置为重点推进国有资本授权经营体制改革,深化国有企业改革,全面实施市场准入负面清单制度。强化改革试点示范引领,抓紧提炼长三角地区可复制、可推广的先进经验做法,相互借鉴、取长补短、共谋发展。发展更高层次的开放型经济,深化与"一带一路"沿线有关国家和地区的务实合作,优先在长三角地区复制推广自贸试验区改革试点经验,完善法治化、国际化、便利化营商环境。例如,可以从新能源汽车产业开始,将涉及的技术研发、规模化制造、区域化服务、统一充电设施规划等由长三角各地充分协调,一致行动,从而也就实质性地推进一体化。

2.6.2 完善区域基础设施,优化城市和产业空间布局

产业一体化发展,就是在分工和协作的基础上,以各种要素与资源优化配置和

效益最大化为目标,实现联动互利、共同发展,长三角地区一体化发展的关键不是克服产业同构,而是在消除地区分割的基础上加强分工协作,形成集群优势。因此,长三角一体化发展必须在开放经济的前提下,通过坚持价值链分工协作,实现要素的自由流动与优化组合。长三角建设世界级城市群,要努力成为高端人才、全球投资、科技创新、优势产业的集聚地,成为在空间便捷、资源配置、产业分工、人文交流、公共服务等方面具有功能互补和良好协调机制的共同体。

首先,明确长三角发展定位,突破行政体制分割。影响长三角一体化发展的关键因素是地方行政分割,需要一个总体规划,突破各自为政的藩篱,《长江三角洲地区区域规划》对长三角的战略定位是"亚太地区重要的国际门户、全球重要的现代服务业和先进制造业中心、具有较强国际竞争力的世界级城市群"。因此,两省一市应结合这一定位,推进缺乏集群优势的劳动密集型产业、高能耗高污染行业的外迁,加快产业升级,实现产业高端化、要素高级化以及集群高度化,在分工协作基础上,提升长三角的国际地位。

发挥世界级城市群核心城市作用,推动长三角地区一体化发展。区域合作是世界经济发展的大势所趋,城市群正成为推动我国经济转型发展的重要力量,一体化发展理应成为长三角经济社会发展的重要推动力。一体化不是一样化,长三角三省一市的发展各有优势特色,要充分认识上海未来的发展离不开加强区域协同,增强全球要素配置能力离不开区域协同发力,要更加自觉、更加主动地推动长三角一体化发展迈向全面深化的阶段。

其次,明确长三角主要城市功能定位。城市功能定位是破解长三角内部过度竞争的支点,应通过城市本身的差异化定位,带动各地产业的协同发展。上海要强化国际大都市的综合服务功能,充分发挥金融、航运、贸易、物流中心的作用,大力发展现代服务业,并突出发展以创新和研发为主的高端制造业。南京、苏州、无锡、杭州、宁波等区域性中心城市则应提升综合承载能力和服务功能,扩大辐射半径,带动区域整体发展。各城市充分发挥自身优势,功能互补,有效避免城市间的恶性竞争。

要深化实施《长江三角洲城市群发展规划》,促进一体发展。进一步提升上海全球城市功能,提升南京、杭州、合肥副中心城市的国际化水平和城市首位度。促进公共服务深度融合,加快建设区域一体化市场,大力实施长三角地区市场规则体系共建、创新模式共推、市场监管共治、流通设施互联、市场信息互通、信用体系互动的"三共三互"工程,推进长三角地区创建国家社会信用体系建设区域合作示范区步伐。加强生态共保,协同建设绿色美丽长三角,积极谋划区域发展绿色新空间。

再次,加强价值链分工协作,加快一体化进程。长三角一体化一定程度上取决于区域产业链的协同水平,各地区按产业链的不同环节进行专业化分工,形成不同类型和层次的区域产业链,产业定位高、协作能力强的产业链不仅有利于各环节、各地区的发展,而且有助于加快长三角一体化发展步伐。长三角可以重点在自身优势突出、产业前景广阔且带动能力强的电子信息、先进装备制造、石油化工以及新能源等产业领域加强合作,实现产业合理布局,延伸价值链,实现产业升级与一体化发展。

最后,加快优势产业集群的培育。目前长三角已出现产业集群发展的趋势,但集群程度与配套水平不高,应在现有各类工业园区的基础上,逐步形成高端产业集群经济和产业配套体系,提升集群竞争能力。通过技术创新战略和人才战略,培育和聚集一批优势企业和产业,建设若干具备较强国际竞争力的先进制造业基地,引导产业集群进入全球产业链体系和全球营销体系。在这一过程中,应充分发挥各级政府的规则制定、信息服务和完善配套等作用。

要共建基础设施,提升互联互通和能源保障水平。以交通、能源为重点统筹推进跨区域基础设施建设,构建布局合理、功能完善、安全高效的现代基础设施网络。加快构建综合交通网络,进一步推进淮河生态廊道、宁杭生态经济带等方面的交通运输规划和研究,加强跨省(市)城际铁路、城市轨道的规划衔接,解决"断头路"等突出问题,统筹协调内河干线航道等的规划建设,充分发挥综合交通体系网络效益和规模效益。加强长三角机场群和港口群协同发展合作,进一步构建多式联运发展合作机制,积极推进能源基础设施建设。

三大电信运营商及铁塔公司与长三角区域联动建设网络基础设施,与长三角三省一市签署合作协议,共同制定并实施5G在长三角区域三年建设计划,打造区域一体化的感知网络,支撑工业企业依托工业互联网转型升级。

2.6.3　促进创新链与产业链深度融合

打造长三角地区协同创新共同体,依赖于创新链与产业链深度融合、依赖于科技与产业联动发展,因此要促进产学研的合作,提高科技成果的转化率,共同利用创新资源和成果培育发展新兴产业,以促进长三角地区产业转型升级。长三角地区应以高新技术产业为先导,形成以产业分工为基础的创新合作,加强主导产业基础之上的技术创新合作,促进科技与产业的联动发展。为此,应以上海建设具有全球影响力的科技创新中心为引领,加强张江、宁波、温州、苏南、杭州、合芜蚌六个国家自主创新示范区合作互动,通过合作建立科技园区或建立成果转化基地等方式,加强基于创新链的前后向联系,不断推进长三角地区创新链与产业链深度融合,发挥国家自主创新示范区的科技创新带动作用。同时,促进长三角地区的国家级高新技术开发区打破地域界线,充分发挥各自的比较优势与竞争优势,在长三角地区范围内吸收人才、资金、成果等创新资源,促进高新技术产业开发区"二次创业",鼓励它们横向联合,通过并购、参股控股等方式,发挥高新技术开发区的溢出效应,共同推动产业结构优化升级。

第一,顺应全球生产体系调整趋势,促进产业融合发展。新产业革命和德国工业 4.0 成为推动产业体系特征变化的重要力量,制造业与服务业融合已成世界发达国家产业发展的大趋势。因此,必须密切关注全球产业发展动向,制定长三角产业发展战略,促进制造业服务化以及工业化与信息化深度融合,勇于探索新型业态,创新产业发展模式。需重点关注几个领域,包括以新一代信息网络为支撑,不断涌现出新业态的平台经济领域,如云计算、物联网、大数据;以新一代信息技术与医疗服务融合发展为支撑,具有强劲需求前景的健康经济领域;以新一代信息技术与能源体系结合的智能电网为支撑,具有先行先试优势的绿色经济领域;以新一代信息技术为支撑,重点聚焦机器人产业的智能制造领域等。

第二,扎实建设一体化的区域产业创新合作平台。建立长三角地区诚信信息系统,搭建长三角城市集群产权交易平台和金融合作交流平台,推动金融合作一体化;加强科技教育合作和资源共享,建立大型科研设备、图书和信息共享平台,构建长三角产学研和科技开发联合体,共享技术创新优势和技术转让成果;建立长三角地区人才资源库和人才交易市场,搭建统一的人才信息发布和合作交流平台,促进人才资源跨区合理流动和优化配置;构建长三角地区投资信息发布平台,推动建立各种形式的产业联盟、技术创新战略联盟、旅游营销传媒联盟、城市招商联盟和产业园区联盟,为深化产业交流合作提供保障。

在长三角地区率先构建我国区域协同创新共同体,加快长三角区域协同创新网络建设,合力推进建设重大科技基础设施集群,持续推进科技联合攻关和资源开放共享,努力建成具有全球影响力的科技创新高地。复制推广上海自贸试验区等成熟金融改革创新经验,共同推动区域金融创新步伐。

第三,搭建长三角工业互联网平台,助推长三角共建世界级先进制造业集群。中国最大的优势就是大体量的市场应用需求和大流量的工业数据资源,但各省市相对独立的推进模式制约了工业互联网的效益最大化发挥,"尤其对于重点区域而言,应建立城市群间互联互通的工业互联网平台,促进基于数据的跨区域、分布式生产、运营,提升全产业链资源要素配置效率,才能于世界制造业和互联网发展浪潮中赢得有利地位"。

充分发挥市场主体的作用,建议长三角工业互联网平台从工业企业、互联网企业两端分别搭建,形成层次多样的市场化供给机制。比如,各地分别加强与当地工业央企、地方重要国企、制造业龙头企业、互联网企业等分类战略合作。由工业龙头企业同步"一带一路"等全球制造步伐,打造行业型工业互联网的国际化平台,互联网企业打造通用平台服务中小制造企业,实现大企业建平台和中小企业用平台双向迭代,互促共进。

在长三角区域范围内,以市场经济为原则,依托大型企业集团,以推动产业集群发展为突破口,合力推进建设重大科技基础设施集群,选择与长三角地区重大支柱产业发展关联度大的产业技术领域,联合推进影响产业集群发展的基础性科研与关键性技术,加快传统产业改造步伐,形成特色主导产业,构筑区域高新技术产业研发基地和成果转化基地,构建产业发展创新平台,迅速提升产业自主核心技术创新的能力和水平,实现产业跨越式发展,率先打造我国区域协同创新共同体。

2.6.4 提升金融服务区域实体经济产业一体化能力

当前在金融市场规模、结构、模式以及金融信用环境等方面均存在一些影响金融支持实体经济发展的因素。为进一步推动金融服务实体经济步伐,应丰富银行业组织体系、强化金融服务多元对接,改善专业化金融服务、满足差异化金融需求,优化银行业治理结构、激发内源创新活力,有效利用民间资本、引导民间资本规范发展,树立共享发展理念、构造包容性的普惠金融服务模式,革新信贷服务理念、重视小微企业金融支持,创新产品设计和服务方式、强化金融服务实体经济功能,改进利益分配关系、降低实体经济发展成本。包括制造业等在内的实体经济自身也迫切需要强身健体,以创新、转型、升级提高质量与效益。

提升金融服务实体经济的能力,要求金融业向现代金融转型、实现创新发展,发展智能金融是重要途径。互联网、大数据、人工智能是现代金融发展的三大关键技术,当前人工智能在金融领域已得到广泛应用,如运用人工智能进行量化交易,人工智能辅助金融新闻、分析报告、投资意向书的半自动化生产,使用人工智能进行行业、企业的语义搜索等。相比于传统模式,智能金融能够提高金融投资和服务的速度,提高金融投资和服务的精准性,降低人工成本、网点成本等,提高资金的安全性,以个性化、人性化、系统化的金融服务创造更多的市场需求,同时,智能金融的发展有利于普惠金融的发展。

第一,组间区域协同金融服务机构,充分发挥大型企业财团的纽带作用。支持形成一批大型、超一流的企业财团,以充分发挥其在跨区域流动、跨区域联动、国际化发展中的显著作用。鼓励企业在长三角区域中进行跨地区的企业并购活动,各地企业之间的资产并购重组活动,是实现长三角地区经济一体化最有效的微观基础和制度平台。

建立长三角发展银行。通过设立区域性发展银行,向对象区域的一体化发展提供有力的金融支持,是世界上普遍选择采用的方式。长三角发展银行专门为长三角一体化发展项目提供金融支持,同时也可以为长三角地区重大经济社会问题提供研究、咨询和决策建议服务。这一举措既有利于长三角一体化发展项目的实质性推动,也有利于通过长三角发展银行的联合运作,加强长三角各地的协作。资金来源可以是多方面的,包括一市三省的财政资金、国家相关部门的资金、长三角区域内社会资本和发行债券等。到一定发展阶段,可以吸收其他方面的资金包括外资,甚至可以成为公开上市的银行。

设立长三角区域发展基金、长三角农业发展基金、长三角环境保护基金和长三角社会发展基金等类型的发展基金。欧洲在其区域一体化发展进程中,发展基金发挥了非常明显的支持作用,是欧洲推进实施区域一体化政策的重要抓手。在目前长三角各地方政府财政相互独立的情况下,为平衡各方利益、争取协调发展,组建"长三角发展基金"将是非常有效的方式。长三角合作与发展共同促进基金是由三省一市共同发起设立的政策性公益基金,重点支持长三角合作与发展过程中跨区域、有共性的重大课题、重要规划、重点方案的研究。

第二,利用金融科技手段,赋能创新。提高风控水平,提升服务效率,推动互联网金融高效服务实体经济,目前金融科技在金融行业中通过利用大数据、人工智能和云计算,实现对客户进行画像并实施精准营销,提高了普惠金融服务的覆盖面、渗透率和效率,提升了金融服务效率,降低了金融服务成本,也可以让金融风险防控工作变得全天候、无缝隙。

金融科技和科技金融的融合将极大地服务于实体经济的升级换代。随着大数据、人工智能、区块链等技术的发展应用,科技金融的深度融合将是现代金融业发展的大趋势,有助于提升金融支持实体经济的能力。在实施新旧动能转换的背景下,应切实鼓励金融科技的创新和应用,推进金融业态、金融模式和金融监管的转型升级,助推新旧动能转换目标的实现。

金融科技能有效解决信息不对称问题,可帮助中小微企业解决融资饥渴。比如,蚂蚁金服旗下的蚂蚁微贷,能给超过 100 万家小微企业提供小额贷款,就是因为这些接受贷款的企业都是阿里电商生态里的中小卖家、供应商、运营商等,蚂蚁金服能够获得其翔实的企业经营数据。因此,解决信息不对称,是金融科技赋能中小微企业的第一条路径,而每一次金融服务的完成,就是数据和信息变为"信用资产"的过程,也是帮助中小企微企业建立信用体系的开始。

金融科技通过大数据、人工智能等创新技术,降低交易成本,提升融资效率。大数据、人工智能等创新金融科技技术的引入,正在大幅度降低交易成本。人工智能的应用,对人工重复性劳动进行替代,降低了人力成本,给金融产品、服务渠道、服务方式、风险管理、授信融资、投资决策等带来新一轮的变革,如前端的智能投顾,个人定制,中端的金融授信、反欺诈,后端的智能客服等。

金融科技能突破时空限制,拓展服务渠道。金融科技公司通过构建虚拟化的平台中介整合渠道与资源,可以低成本拓宽销售渠道,更是转型发展的新方向。依附实体经济产业链并跟随产业链的蔓延不断向外扩展,并以平台的高度黏性培养客户群体,批量开发平台客户,扩展销售渠道。金融科技企业,则通过线上提供服务,再辅以智能风控系统,能够超越物理时空的限制,为全国性客户提供 24 小时的自助服务。

金融科技极大改善服务体验。技术创新和商业模式只是工具,目的还是为了改善用户的服务体系。传统金融机构凭借品牌效应、牌照垄断等优势,只服务大中型客户就能实现业绩增长,完全忽视了中小微企业的客户体验。而天然具有普惠性质的金融科技创业公司,没有资金和品牌优势,其竞争力就是针对数量庞大、需求旺盛、特点鲜明的中小微用户,以客户为中心,通过先进技术,实现产品服务之间的无缝对接,提供更好的服务,来获取增量市场空间。

最后,以金融产品为支点做好政策金融,以金控平台为支点做大地方金融。对实体经济而言,财政政策往往侧重于普惠性的减税降费,很少直接支持到特定的微观企业,而金融政策因与资金融通紧密相连,能够更多地直接影响微观企业,由此形成了"财政政策有空间无手段、金融政策有手段无空间"的施政悖论。为解决这一问题,合理探索将财政资金嫁接到具体金融产品上,围绕财政金融创新多元化,通过"一加一减",创造性走出了一条财政金融相互借力、合力支持实体经济的发展之路。

地方金融是指在一定行政区域范围内设立,与地方政府事权相适应的金融机构及金融业务。与全国性金融机构在一定行政区域范围内设立的分支机构不同,地方金融主要为地方法人金融和类金融机构。作为地方政府宏观调控的重要手段，地方金融在动员和引导金融和实体经济对接，提供本地化、特色化、多元化的融资服务方面具有先天的比较优势，在防范金融风险、提升实体经济发展稳定性方面发挥着更为重要的作用。因此，做大地方金融规模、健全地方金融服务体系已成为各地政府的普遍诉求。随着金融混业经营的发展，市场对金融服务的需求日趋多样化，拥有多个金融牌照的金融控股平台不断涌现，金控平台成为金融混业经营、产业资本和金融资本结合的核心载体，有利于发挥资本规模、资金协同、资源整合的效应。

第3章
长三角物流基础设施网络一体化及物流业标准化、集约化规划

3.1 推进长三角地区物流一体化网络建设

3.1.1 推进长三角区域物流大通道建设

为贯彻落实《物流业发展中长期规划(2014—2020 年)》《营造良好市场环境推动交通物流融合发展实施方案》，加快形成物畅其流、经济便捷的物流大通道，为国民经济和社会发展提供有力支撑，国家交通运输部、国家发展改革委于 2016 年 12 月发布《推进物流大通道建设行动计划(2016—2020 年)》，这为消费经济和互联网技术革命背景下的区域物流网络一体化建设提供了清晰明确的政策方针和发展方向，标志着在我国以物流大通道为主要载体的一体化区域物流网络已进入实质性建设阶段。

1. 物流大通道的内涵与战略意义

物流大通道是指由多种运输方式构成的跨区域、长距离、高强度货物流动走廊，具有交通资源密集、战略地位突出等特点。推进物流大通道建设，对于加强交通物流融合发展、提高物流业发展水平、促进区域协调发展、优化产业布局等具有重要意义。

2016 年发布的《推进物流大通道建设行动计划(2016—2020 年)》(以下简称《计划》)明确提出我国建设物流大通道的战略意义。第一，推进物流大通道建设是适应经济新常态的客观要求。当前，我国经济发展进入"新常态"，亟待加快供给侧结构性改革、培育经济增长新动能。推进物流大通道建设，提高基础设施建设和物流融合发展水平，有助于进一步提高资源配置水平，促进实体经济"降本增效"。第

二,推进物流大通道建设是支撑国家战略的有力举措。"十三五"及今后一段时期,我国将深入实施"四大板块"区域发展总体战略,重点实施"一带一路"、京津冀协同发展、长江经济带发展三大战略。推进物流大通道建设,强化跨国、跨区域物资交换,有利于促进区域联动、协调发展,进一步提高我国对外开放水平,提高国际竞争力。第三,推进物流大通道建设是提升综合运输整体效能的重要手段。目前,我国物流大通道格局初步形成,但还存在基础设施衔接不畅、运输结构不合理、枢纽辐射带动作用不够、物流服务集约化程度不高以及跨区域、跨行业、跨部门政策协同不足等问题。推进物流大通道建设,有利于推动综合交通运输从设施供给为主向建设与服务并重转变,提升综合运输整体效能和服务水平。

2. 长三角物流大通道的发展规划及功能定位

根据《推进物流大通道建设行动计划(2016—2020 年)》中提出的全国物流大通道总体规划方案,以综合交通运输通道为依托,以物流需求为导向,以货流密度为主要考量依据,在 2020 年前,全国重点推进 11 条国内物流大通道,基本满足主要经济区、城市群、重要国境门户之间的通道空间布局优化和通道集聚、辐射功能强化的需要。并依托丝绸之路经济带六大经济走廊以及"海上丝绸之路"向外延伸,实现与国际物流通道有机衔接。其中,长三角城市群作为南北物流枢纽及东南沿海物流中心,是整个国内物流大通道系统的重要组成部分,是其中三条物流大通道的重要节点:(1)京沪物流大通道,北起北京,南至上海,主要依托北京至上海综合运输通道中的公铁线路、京杭运河等,强化京津冀、山东半岛、长三角等东部发达地区间的货运联系。(2)沿长江物流大通道,东起上海,西至成都,主要依托沿江综合运输通道上海至成都段的长江干流、沿线公铁线路等,强化长江经济带的沿线跨地区货物交流。(3)沪昆物流大通道,东起上海(宁波),西至瑞丽,沟通云南沿边各主要陆路口岸,主要依托上海至瑞丽综合运输通道的公铁线路等,强化东部地区与西南各省间货运联系。同时,长三角城市群中包括多个物流大通道的重要节点城市,且这些节点城市在国内物流大通道系统中的定位不同。其中,上海、苏州、南京、杭州、宁波、舟山、合肥为国家骨干联运枢纽城市,无锡、南通、嘉兴、湖州、芜湖为区域重点联运枢纽城市。

根据《计划》中对长三角地区在全国物流大通道建设中的角色和定位,长三角地区物流大通道的主要功能包括:(1)通道网络完善通畅。通道基础设施瓶颈制约得到有效缓解,网络结构显著改善,服务能力和水平有效提升。通道内货运结构进一步优化,铁路和内河水运货运能力和分担比例稳步提升。(2)枢纽功能优化提升。以联运枢纽(城市)为核心,推动建设一批影响力大、辐射带动力强的货运枢纽

(物流园区),完善提升多式联运、干支衔接、口岸服务等功能,港站枢纽的物流集聚效应应充分发挥。(3)运输组织集约高效。通道内海铁联运、江海直达运输、甩挂运输等先进运输组织方式得到广泛应用。主要城市群绿色货运配送体系初步形成。运输装备标准化、专业化水平明显提升。(4)信息资源开放共享。通道内跨运输方式、跨部门、跨区域信息共享与管理协同水平显著提高。北斗导航、大数据等先进信息技术在通道内广泛应用,依托国家交通运输物流公共信息平台的信息共享有序开展。

3. 构建长三角物流大通道网络一体化模式

根据《计划》的总体部署以及对长三角地区的区位和资源特征,长三角城市群应充分把握全国物流网络一体化建设的机遇,以国家和区域物流大通道为载体,加快推动长三角物流网络一体化模式发展。

第一,改善物流通道设施利用结构。综合利用物流大通道设施资源,优化运输线路组合,提升物流网络综合运行效率,满足多元化和大规模的现代物流运输需求。在统筹管理的条件下,通过合理布局发挥多种交通物流方式的比较优势,重点推进繁忙区段扩能改造,提升通道工程关键技术水平,提高跨运输方式的运作效率和安全性,加速实现"大容量"和"高效率"的建设规划目标。

第二,提高通道网络节点城市服务水平。在统筹规划长三角城市群区域物流通道的基础上,强化枢纽城市主体功能。围绕区域物流枢纽城市,构建由物流基地、物流通道、物流服务三大环节组成的物流通道体系。根据在区域物流体系中的功能定位,系统推进对外物流通道、基地集疏运系统、标准化规范等要素协同发展,发挥节点城市辐射带动作用。重点推进上海国际航运中心建设,推动长三角省会城市和中心城市建成大型铁路综合货运枢纽,强化地理位置优越、辐射面广的城市公路区域分拨功能。

第三,提升枢纽城市物流基础设施建设水平。在长三角区域物流大通道网络系统内,重点建设具有较强综合服务功能和区域辐射能力的物流基地(城市),大力扶持具备多式联运、干支衔接、口岸服务等功能的物流枢纽项目。鼓励利用互联网、物联网、智能城市等现代科技和发展理念提升枢纽城市或物流基地的综合服务水平。

第四,改善物流枢纽集疏运体系,促进各种运输方式间、干线支线间货物高效转换。通过改善由疏港铁路、疏港公路、物流基地铁路专线组成的联运物流系统,破解铁路进港"最后一千米"瓶颈,实现多式联运的无缝衔接,并加强铁路货站、航空枢纽的公路集运和分拨站点配套建设。鼓励铁路企业充分利用大通道建设积极开展直达运输,扩大运营规模,推进铁路零散快运、货运班列的货物集装化,提高联运作业装卸和转运效率。

第五,充分发挥长三角城市群的区位优势,突出通道枢纽城市的功能定位。依托长三角沿海地区集装箱主枢纽港区群,大力发展铁水、公水集装箱多式联运。依托长江黄金水道,以上海航运中心和舟山江海联运服务中心、南京区域性航运物流中心等为载体,大力发展集装箱、大宗散货、汽车滚装及江海中转等多式联运。依托长三角城市群航空货运枢纽及铁路物流中心,大力发展空陆联运、航空快递、铁路快捷货运列车。

第六,推进干支协同运输。依托通道及其枢纽站场集疏运体系,推进通道内干线运输与节点端支线运输的统筹衔接,鼓励创新干支协同的一体化运输组织方式。鼓励铁路运输企业依托货运站场积极拓展接取送达服务,加强与公路货运企业的业务协作,完善门到门网点布局。加强通道与都市圈、城市群货运配送网络的有序对接。推进完善与长江水运通道有机衔接的支线航运网络,积极发展干支直达、江海直达等水路运输组织方式。鼓励发展密切对接航空货运班机的公路集散配送服务。

专栏 3.1　　　　　　　　　　枢纽城市推进工程

推进重点货运枢纽建设:一是重点建设全国性布局、具备多式联运功能的枢纽项目,鼓励铁路货运站场强化多式联运功能设施,推进临港物流园区与港口协同、联动发展,鼓励沿海港口积极发展内陆无水港,加快连接国际重要航空货运中心的大型货运枢纽项目建设,推进机场、铁路和公路站场、港口码头邮政和快递功能区建设。二是加快推进具备干支衔接、通用集散功能并能提供线上线下服务的货运枢纽(物流园区)项目建设,鼓励应用互联网技术实现车货配载、零担快运、区域分拨、城乡配送等功能融合发展。三是推进口岸功能与货运枢纽(物流园区)融合发展,完善保税物流、国际中转和分拨、通关结算等服务功能,推动海关特殊监管区域、国际陆港、口岸等协调发展。畅通枢纽节点"微循环":制定并组织实施"十三五"港口集疏运系统建设方案,重点针对港口、大型综合性物流园区集疏运铁路、公路短板进行补强。加强主要港口、大型铁路货场与物流园区之间的专用货运公路建设,优化港口集疏运网络,提高大型枢纽的集疏运效率。

3.1.2　加速长三角物流信息平台现代化建设

1. 建设物流信息平台的必要性

在我国物流运输业发展过程中,信息共享、互联互通、业务协调等问题长期存在,区域间、政府间、部门间、行业间、企业间均存在"信息孤岛"现象,严重制约了物流运输业的整体运行效率和现代化进程。在物流运输业转型升级和信息技术革命的发展背景下,亟需通过政府引导和政策激励,构建现代化物流信息平台,进而打破长期阻碍我国物流业发展的信息屏障,实现物流运输系统的信息化和现代化。

2012 年交通运输部正式启动了国家物流平台建设,2013 年交通运输部印发了《交通运输物流公共信息平台建设纲要》等 3 个指导性文件,明确提出建设一个国家级交通运输物流公共信息平台,在统一物流信息标准基础上,提供基础交换和公共信息两大服务,推进各类政府公共服务信息与市场物流信息的有效对接,满足企业间、政企间、行业间、国家间的物流数据交换需求,促进各方信息互联互通。

2014 年国务院发布《物流业发展中长期规划(2014—2020 年)》,提出建设国家交通运输物流公共信息平台是构建现代化交通物流体系的主要任务和重点工程之一。交通物流信息平台是由交通运输部和国家发改委牵头,由职能部门、科研院所、软件开发商、物流企业等多方参与共建的一个公益、开放、共享的公共物流信息服务网络,是一项政府主导的交通基础设施工程和物流信息化推进工程,是互联网时代政府创新服务,企业创造市场的有力实践。

根据国家交通运输物流公共信息平台的介绍,其主要功能包括:(1)标准服务。信息互联标准是物流链互联互通的关键。国家物流信息平台构建了一整套物流信息互联标准体系,并进行实时维护,为我国物流链各主体之间数据交换共享提供"普通话"。2015 年交通运输部正式向社会发布了"交通运输物流信息互联共享标准"。目前已整合 687 项数据元,104 个代码集,68 个单证,17 个服务功能调用接口,涉及了主要的国家和行业标准;2017 年 11 月,国家物流信息平台会同相关单位在国际标准化组织立项启动了物流信息互联国际标准的编制。(2)交换服务。国家物流信息平台通过建设数据交换系统,部署一批区域交换服务器和铁路、长航、公路、海运等行业节点构建了物流信息基础交换网络,解决跨国、跨区域、跨行业、跨部门之间信息系统互联问题,打破各类物流信息"孤岛"。目前国家物流信息平台在全国部署了 9 个交换服务器,实现 45 万用户的互联,日均交换单据量峰值超 3 000 万条,实现了铁水、铁公、水水、公空、政府与政府、政府与企业等 24 类业务协同互联场景。(3)数据服务。国家物流信息平台实现了信用、跟踪、资源、综合等 23 个物流公共信息库的集聚、整合,为各方提供物流公共信息一站式服务,解决国家层面物流公共信息服务资源零散难以满足需求的问题。目前已实现全国营运业户、车辆、从业人员资质信息、全国公民身份证信息、全国 500 余万辆 12 吨以上货车实时位置数据、全国铁路物流跟踪数据、全球 90% 海运船期信息和 18 万艘船舶实时位置数据、部分海关关区通关状态信息、部分空港物流信息等查询及核验,日均信息查询量 150 万次。

专栏 3.2　　　　　　　　　　　**国家物流信息平台**

国家物流信息平台是以提高社会物流效率为宗旨,以实现物流信息高效交换和共享为核心功能,由交通运输部和省级交通运输主管部门共同推进,连通各类物流信息平台、企业生产作业系统,统一信息交换标准、消除信息孤岛的面向全社会的公共物流信息服务网络。该平台具有四种典型特征:(1)公益性。不以盈利为目的,主要为各物流信息服务需求方提供基础性公共服务。(2)基础性。构建物流信息这一"无形的高速公路",是物流信息领域的基础设施工程。(3)开放性。向全社会提供服务,不局限于特定行业、特定作业环节和特定服务对象。(4)共享性。实现不同部门、不同行业、不同地区间信息交换与共享,减少信息孤岛和重复建设。其构建的基本原则是:(1)坚持融合创新。充分利用"互联网+"改造传统物流产业,实现跨行业、跨区域、跨领域、跨国界物流信息资源和应用服务的全面融合,创新服务模式,加快培育无缝衔接、跨界融合的物流产业新生态。(2)坚持基础公益。作为我国现代物流体系建设的重要基础工程,国家物流平台应以政府建设为主导,不以盈利为目的,为物流市场主体提供公共信息服务和基础交换服务。(3)坚持开放共享。营造开放包容的发展环境,将国家物流平台作为物流信息交换共享中枢,整合政府相关物流信息资源并面向社会全面开放,同时融合物流市场信息资源,加快形成以开放、共享为特征的物流运行新模式。(4)坚持政企合作。充分发挥政府和市场在平台建设中的不同作用,创新合作模式,调动各方积极性,共同打造物流信息服务新生态,形成政府、市场合作共赢的新格局。

2. 长三角区域物流信息平台发展现状及问题

区域物流信息平台是区域物流活动的神经中枢,是发挥区域物流系统功能的重要基础设施。长三角地区是我国发展区域物流业的重要经济区域之一。长三角区域物流信息平台是统筹管理长三角区域物流信息的基础载体,为不同行业和企业提供一个综合的、通用的信息共享平台。该平台的运作核心是充分利用互联网和信息技术实现信息及时共享,降低市场交易成本,规避信息不对称的风险,规范市场秩序。其主要功能是为长三角区域内的节点城市间提供物流系统共用信息环境支撑,提高物流信息整合效率,提高区域内物流基础设施的利用率,促进信息的溢出效益。此外,区域物流信息平台还能协调长三角地区政府间、政企间的信息沟通,促进多方合作。

专栏 3.3　　　　　　　　　　　　**区域物流信息平台**

　　区域物流信息平台是区域物流活动的神经中枢,联接着物流系统的各个层次、各个方面,是利用现代计算机技术和通信技术,把物流活动中的供需双方和运输业者有机联系起来的一个信息系统支撑体系。它通过对物流管理基础数据的采集,为企业信息系统提供基础支撑信息(物流作业信息、交通状态信息、交通组织与管理信息、城市商务及经济地理信息等),满足企业信息系统对相关信息的需求,支撑企业信息系统各种功能的实现,通过共享信息支撑政府部门间行业管理与市场规范化管理方面协同工作机制的建立,确保物流信息正确、及时、高效、通畅。

　　虽然长三角地区已构建区域物流信息平台,但在发展实践中还远未达到预期的目标,表现在区域协调机制缺失,平台智能化落后,信息标准化制度不健全,综合服务水平较低,缺乏中长期发展规划。第一,物流信息化发展不平衡,虽然长三角地区总体上已具备完善的信息化基础设施,但枢纽或节点城市间对区域物流信息的应用开发程度差异较大,不同行业和企业之间的信息化发展程度也不平衡,多数物流企业没有对接区域物流信息平台,缺乏物流信息应用理念。平台建设上缺乏智能化发展规划,物流成本高且效率低,难以适应当前的国际竞争和未来电子商务发展的需要。第二,区域物流信息协调机制不完善。区域物流信息平台发挥实质性作用必须具备完善的区域信息协调机制,但在发展实践中长三角城市群在物流信息共享和开放等方面仍无法打破"各自为营"的行政桎梏,突破地区竞争的中国特色发展模式。在区域发展行政主导的大环境下,区域信息共享和开放机制形同虚设,地区之间甚至为了争夺物流业资源而故意阻止信息自由流动,权责不明,相互掣肘,一系列问题已严重阻碍了长三角物流业及物流信息化发展。此外,部门分割也是长三角物流体系"信息孤岛化"的一种形式。因而区域和部门之间的信息协调机制和制度是长三角地区构建现代化物流信息平台的关键环节。第三,物流信息标准化程度不高。信息标准化是区域信息资源共享、区域协同、平台对接的基础条件。缺乏统一的数据标准、接口标准和应用标准,则物流信息化将无从谈起。目前,长三角地区信息标准化认证系统分别由政府部门和第三方机构共同构成,但原本互补的组织构成却没有发挥出应有的优势,认证机构缺乏统一标准,交叉认证受阻,现行信息认证体标准缺乏权威性,信息互联互通难以实现。第四,物流信息服务能力有限。综合物流信息服务能力和水平是长期制约长三角物流信息化和现代化发展的一大障碍。与国际先进水平相比,不论是有效信息供应能力还是企业应用水平,长三角物流信息化水平均处于较低水平。从供给侧来看,物流信息平台在智能化进程中发展滞后,难以明显压缩物流信息系统的运行成本,同时也无法对客户企业进行精准的需求识别。从需求侧来看,多数行业和企业难以或不愿与现有的信息平台对接,物流信息化和智能化的应用范围和普及程度偏低,这主要由于信息处理成本仍较高。

3. 构建适应长三角发展的现代化物流信息平台

加快建设现代物流发展的信息平台。长三角地区从全局意义上考虑,从加快物流信息技术进步,从合理节约社会投资,减少重复建设的角度,必须尽快改善物流信息管理所依托的区域综合信息网络条件,在长三角城市信息化规划的指导下,在各政府部门的大力支持下,结合长三角信息化整体建设和物流信息系统建设,积极着手建立对企业物流信息管理具有支持作用、能够及时提供公共物流信息服务、能为中小型物流企业、工业及商业企业提供物流管理系统技术支持的大型物流信息系统,从而构建长三角地区物流发展的信息平台。考虑到长三角地区物流园区在物流信息服务功能和组织上对长三角物流业发展的支持和带动作用,建议长三角各城市将物流信息平台与各自的信息化建设结合进行,由物流园区建设和开发企业按与长三角规划的框架结构和功能衔接开发、建设和运营管理,以便在兼顾物流信息平台的社会物流信息服务的同时,节省投资与各类资源,并降低信息系统建设与运行的经营性风险(康贻建,2007)。

随着互联网、物流网、大数据等现代信息技术的广泛应用,一系列物流新模式、新业态不断涌现,信息技术已渗透到物流产业链的各个环节,例如物流实时追踪、多式联运、智能仓储、信息共享、市场监管等多个领域。长三角地区在物流信息化发展商处于全国前列,"互联网+"的物流业发展模式已初步形成,但远未达到物流信息智能化发展的规划预期。在长三角未来的物流信息智能化和标准化的发展过程中,要重点把握以下几个方面:一是加速实现全方位信息共享。积极对接"互联网+"的方针政策,推动政府部门物流相关信息的开放共享。促进不同物流信息平台之间互联互通。二是推进物流信息标准化建设。加速不同标准间的衔接融合,形成统一的信息标准化体系。同时加大对标准化物流信息设备的投入使用,鼓励或扶持企业积极对接公共信息平台,在政府、公共服务部门和企业间加快形成满足现代化物流需求的有效机制。三是积极探索产业融合模式。依托互联网等信息技术,鼓励一部分行业和企业与物流业适度融合发展,包括金融业、贸易服务等,探索物流"提质增效"的新业态。同时应大力促进信息技术行业与物流业的深度融合。

4. 完善长三角物流信息共享机制

长三角地区物流信息基础设施相对完备,市场机制也较为完善,而物流信息共享机制是阻碍长三角物流信息化和智能化的"肠梗阻"。因而促进物流信息资源开放共享是全面提升长三角物流信息化的关键措施。第一,推动构建集公路交通调查、高速公路电子收费、营运车辆联网联控、动态称重检测和车辆自动识别系统等于一体的公路货运管理信息系统。第二,依托长三角交通运输物流公共信息平台,加快通道基础公共信息交换网络建设,推动铁路、公路、水运、民航、邮政等跨方式的信息资源汇集和整合利用。第三,积极推动交通、海关、检验检疫、工商、公安等跨部门信息共享。第四,完善长三角物流信息服务网络合作机制,进一步拓宽跨国物流信息互联、交换和共享合作范围。第五,推动物流行业相关资源和市场的整合。我们要抓住全球化和信息化带来的发展机遇,加强物流信息资源整合,大力推进公共信息平台建设,建立健全电子商务认证体系、网上支付系统和物流配送管理系统,促进信息资源的共享。第六,推进物流信息网络一体化。随着经济全球化以及国际贸易的发展,一些国际大型物流企业开始大力拓展国际物流市场。而物流全球化的发展走势,又必然要求跨国公司及时准确地掌握全球的物流动态信息,调动自己在世界各地的物流网点,构筑起全球一体化的物流信息网络,为客户提供更为优质和完善的服务。通过一体化的网络,物流企业可以产生特殊的规模经济效应,更有利于吸引用户、降低成本。

物流信息共享既是物流信息化的实现过程,也是物流信息化的结果。因而,要充分发挥信息共享的效用,需要首先打通长三角地区信息互联渠道。2017年国务院办公厅发布的《关于进一步推进物流降本增效促进实体经济发展的意见》专门对疏通信息互联渠道进行了指导规划。首先,加强物流数据开放共享。推进公路、铁路、航空、水运、邮政及公安、工商、海关、质检等领域相关物流数据开放共享,向社会公开相关数据资源,依托国家交通运输物流公共信息平台等,为行业企业查询和组织开展物流活动提供便利。结合大数据应用专项,开展物流大数据应用示范,为提升物流资源配置效率提供基础支撑。结合物流园区标准的修订,推动各物流园区之间实现信息联通兼容。其次,推动物流活动信息化、数据化。依托部门、行业大数据应用平台,推动跨地区、跨行业物流信息互联共享。推广应用电子运单、电子仓单、电子面单等电子化单证。积极支持基于大数据的运输配载、跟踪监测、库存监控等第三方物流信息平台创新发展。再次,建立健全物流行业信用体系。研究制定对运输物流行业严重违法失信市场主体及有关人员实施联合惩戒的合作备忘录,对失信企业在行政审批、资质认定、银行贷款、工程招投标、债券发行等方面依法予以限制,构建守信激励和失信惩戒机制。

3.1.3　构建长三角空海港物流网络一体化模式

1. 空海港物流网络一体化的运作原理及发展

空海港物流网络一体化模式的最终目的是降低物流成本,提高物流效率。在目前国内海空联运模式运行过程中,主要的障碍和成本集中在海空对接和海陆对接流程中的交易成本,这种交易成本是一种广义概念,包括了多式联运衔接的成本、重复报关时间成本、物流标准对接成本、地方贸易保护成本等。因此,构建空海港物流网络一体化模式,从制度层面和技术层面打破传统海陆联运的桎梏,统筹多区域、多方式、多种类的物流管理,符合现阶段区域和贸易一体化的发展趋势。

2015 年 7 月 1 日起,上海、宁波两地可以实行空港海港之间一体化报关。规章制度有待完善,与空海港物流一体化相关的规章制度还不健全完善,例如空港、海港的区域管理划分问题不清楚,中转货物要经过多重检验,相关部门的有关信息不能共享,还存在二次报关现象。此外,机场与港口之间的路面运输衔接较差,集疏运体系不完善。

2. 国际空海港物流一体化模式经验借鉴

虽然目前长三角地区在空海物流一体化发展上处于全国前列,但与国际先进水平还存在较大差距,借鉴国外模式成功经验,发展适应长三角地区物流水平和结构的空海一体化物流模式,是实现物流网络一体化的重要措施。

韩国是与中国物流交往最为紧密的国家之一。大部分由中国运往欧洲的货物,首先经由海运将货物运到韩国釜山港和仁川港,然后再经由公路运输将货物运往韩国仁川国际机场,最后经由其发达的空中交通运输网络将货物运送到欧洲各地。新加坡充分利用国际黄金水道的天然物流资源,凭借发达的港口物流体系,影响着亚洲乃至全世界的国际贸易。为了提升新加坡全球贸易枢纽地位,增加其贸易量,新加坡政府出台了一系列政策。例如,对空海港物流及相关服务实行零关税、免收仓储费,中转货物只需一次审批等,确保各自由贸易区之间以及自由贸易区与海关之间货物运输的顺畅与便捷。北美凭借最发达的空运体系,与全球海上物流运输有效对接,成为全球空海联运的据点。大部分由韩国和日本运往南美的货物,首先经由海运将货物运到加拿大的温哥华港和美国的西雅图港,然后再将货物运到迈阿密国际机场,在距离迈阿密不到 3 千米,有一个美国最大的私人自由贸易区,可以免税存储货物,最后在迈阿密国际机场经由航空运输将货物运往目的地。迪拜通过构建独特的集成式物流网络枢纽,使其在欧亚物流网络中极具竞争力。从亚洲到欧洲的货物,主要是通过杰贝勒阿里港和迪拜阿勒马克图姆国际机场完成。在 2010 年,其建成的将杰贝勒阿里港与迪拜阿勒马克图姆国际机场连接起来的"物流走廊"正式开放,其内设有独立的按照保税区模式运作的海关区域,从而保证了货物自港口卸下后在 6 小时之内运到机场并装上飞机。另一方面,其建成电子商务平台,并将海关、杰贝勒阿里港、迪拜阿勒马克图姆国际机场以及很多贸易公司纳入其中,所有手续全部实行无纸化作业。阿联酋凭借一系列制度创新快速崛起为国际空海物流网络枢纽。沙迦国际机场位于毫尔法坎港和哈利德港之间,其间贯穿一条高速公路。沙迦国际机场还建立了一个自由贸易区。并且海运集装箱内的货物可以整箱装到波音或空客飞机中。另一方面,阿联酋还制订了一系列优惠、灵活的贸易政策,促进空海港物流一体化发展(张汝彬等,2017)。

3.2 推进长三角地区物流标准化体系建设

3.2.1 健全长三角物流行业标准化体系

1. 物流业标准化的内涵

标准化是促进和保证物流运作快捷便利、高效通畅的最重要措施,对于提高物流服务水平,优化物流作业流程,促进物流业健康发展,更好地与国际接轨具有重要作用。从物流企业的角度来看,标准化是规范服务行为、提高企业生产和管理效率、培育企业核心竞争力的重要手段;从物流行业发展角度来看,标准化是优化物流业内部结构、转变经济增长方式、促进服务业可持续发展的重要抓手;从促进国际贸易的角度来看,物流特别是供应链管理与国际规则接轨是参与国际经济竞争、促进我国服务贸易健康发展的重要保证(薛强等,2011)。

2. 我国物流准化的发展历程

我国物流标准化的发展可以以现代物流在我国各行业普遍发展的时间,划分为两个阶段,第一阶段为 1990 年开始的行业物流标准建设阶段,尚未从国家层面提出物流标准化问题,与物流相关的各个行业如运输、邮政、仓储、机械、商贸、信息等,按照各自的行业特点和需要制定各自的物流相关标准,标准内容侧重于本行业的技术标准和作业标准,出现缺乏行业衔接与一体化运作的问题,致使标准版本不一,形式多样,缺乏系统性、配套性。这些标准存在标龄老化,水平低下等问题,远不能适应现代物流发展的需要,因此该阶段并不属于真正意义上的物流标准化建设。第二阶段则正式进入了国家物流标准化体系建设阶段。2001 年,国家质检总局出台了《中华人民共和国物流术语》,标志着物流概念标准化的起步。2004 年 8月,全国物流信息管理标准化技术委员会编制了《物流信息标准体系表》,本标准体系表制定了物流信息方面的国家标准体系,给出了物流信息国家标准体系框架、国家标准明细表及国家标准体系表说明。2005 年,国家标准委等 8 个部委联合发布了《全国物流标准 2005 年—2010 年发展规划》,确立了物流标准体系,明确提出了"十五"末期和"十一五"时期我国物流业发展急需制订的 302 项国家标准。2009 年3 月,国务院发布了《调整和振兴物流业发展规划》,在发展我国现代物流的基本原则中提出"建立技术标准,推进一体化运作";在发展我国现代物流的主要任务中提出"完善物流标准化体系",并把"物流标准和技术推广工程"确定为发展我国现代物流的重点工程之一。2011 年,国家标准委等 10 部委编制了《全国物流标准专项规划》,提出了当时急需制定的 13 个物流重点领域、137 项标准国家项目,对《全国物流标准 2005 年—2010 年发展规划》进行了补充和完善。同年,《十二个五年规划纲要》把大力发展现代物流业作为推动服务业大发展的重点内容,明确提出要加快建立现代物流服务业体系,提高物流智能化和标准化水平。2015 年,国家标准化管理委员会等单位编制了《物流标准化中长期发展规划(2015—2020 年)》,为当前及下一阶段物流标准化发展提供了总体规划目标和具体实施方案。

伴随着市场对物流标准化需求的日益强烈,各政府部门也针对性出台相关的政策法规,一方面满足不同行业对物流标准化的需求,另一方面对物流业市场由标准不统一产生的问题加以约束。从 2005 年至今,在政府和市场的共同努力下,我国已形成一条清晰的物流标准化规则链条。2005 年国家标准委、国家发展改革委、商务部、铁道部、交通部、民航总局、国家质检局、国家统计局八个部委联合发布了《全国物流标准 2005—2010 年发展规划》。该规划确立了物流标准体系,明确提出了"十五"末期和"十一五"时期我国物流业发展急需制修订的 302 项国家标准。2011 年,为贯彻落实国务院《物流业调整和振兴规划》中"完善物流标准化体系,开展物流标准化试点工作并逐步推广,国家标准委与有关部门一道制定物流标准专项规划"的要求,并同国家发展改革委、科技部、工信部、交通运输部等 10 部委,组织全国物流标委会、全国服务标委会等 4 个专业标准化技术委员会完成了《全国物流标准专项规划》的编制,提出了近 3 年急需制定的 13 个物流重点领域、137 项标准国家项目。该专项规划结合新的发展形势,对《全国物流标准 2005—

2010年发展规划》进行了补充和完善。

2015年12月17日,国务院办公厅印发《国家标准化体系建设发展规划(2016—2020年)》(下文简称《规划》),《规划》在商贸和物流领域提出:加强批发零售、住宿餐饮、居民服务、重要商品交易、移动商务以及物流设施设备、物流信息和管理等相关标准的研制,强化售后服务重要标准制定,加快建立健全现代国内贸易体系。开展运输技术、配送技术、装卸搬运技术、自动化技术、库存控制技术、信息交换技术、物联网技术等现代物流技术标准的研制,提高物流效率。同时,《规划》在十大重大工程之一的"现代物流标准化工程"中提出要"落实《物流业发展中长期规划(2014—2020年)》,系统推进物流标准研制、实施、监督、国际化等各项任务,满足物流业转型升级发展的需要。完善物流标准体系,加大物流安全、物流诚信、绿色物流、物流信息、先进设施设备和甩挂运输、城市共同配送、多式联运等物流业发展急需的重要标准研制力度,制定100项基础类、通用类及专业类物流标准。加强重要物流标准宣传贯彻和培训,促进物流标准实施。实施商贸物流标准化专项行动计划,推广标准托盘及循环共用。选择大型物流企业、配送中心、售后服务平台、物流园区、物流信息平台等,开展100个物流标准化试点。针对危险货物仓储运输、物流装备安全要求等强制性标准,推进物流设备和服务认证,推动行业协会、媒体和社会公众共同监督物流标准实施,加大政府监管力度。积极采用适合我国物流业发展的国际先进标准,在电子商务物流、快递物流等优势领域争取国际标准突破,支撑物流业国际化发展"。

在《规划》印发前不久,国家标准化管理委员会联合国家发展和改革委员会、工业和信息化部、公安部、交通运输部、农业部、商务部、海关总署、国家质量监督检验检疫总局、国家粮食局、国家铁路局、国家邮政局、中国物流与采购联合会、中华全国供销合作总社、中国铁路总公司等单位编制了《物流标准化中长期发展规划(2015—2020年)》(下文简称《发展规划》)。《发展规划》明确了到2020年我国物流标准化工作的发展目标、主要任务、重点领域和重点工程等,提出了完善物流标准体系、提高物流标准制修订水平、加大物流标准实施监督力度、深化物流标准化试点示范、积极参与国际标准化工作、强化物流标准基础研究六项主要任务,并按照目前物流标准现状,确定了重点开展、大力推进以及积极探索的基础类、通用类、专业类物流标准制修订重点领域。从目前物流标准实施存在的"用"得不到位、使用效果差等实际问题出发,以提高物流标准的实际应用效果为目的,选取了目前物流行业发展中有迫切需求、需要多部门协同推进以及基础性的标准化工作。确定了包括托盘标准应用推广、冷链物流、物流信用、物流信息、电子商务物流、物流服务标准化试点、物流标准国际化培育以及物流标准化基础能力建设等重点开展的八项标准化工程。

3. 长三角物流业标准化进程中存在的问题

第一，物流标准与企业对接难度大。在迅速扩张的物流市场中，标准体系建设落后于物流市场经济的发展，难以满足企业需求。同时，物流标准不仅要服务市场，更应该来源于市场，但目前长三角地区物流标准体系难以覆盖大多数企业或行业，企业对接物流标准的成本又过高，导致物流标准错配。第二，区域物流标准难统一。长三角各地区制定和执行不同的物流标准，形成了空间分割、条块分割、部门分割的区域物流标准状态。同时，地区间尚未形成有效的协调机制，甚至地区竞争使得区域物流标准化的进程寸步难行。第三，缺乏专业技术人员。长三角区域物流标准体系的建设和执行涉及众多地区、部门和技术门类，既需要各领域的专业技术人员，又需要统筹管理人员，最重要的是复合型人才极为匮乏。第四，物流标准国际化程度较低。虽然长三角地区具有开放程度较高的市场环境，但在物流标准建设上对外开放程度还不够高。一方面，积极对接国际通行的物流标准是该地区参与全球生产和贸易全球化的必由之路，另一方面，融入国际物流标准体系是提升本地区物流标准化的重要措施。

4. 构建长三角物流标准化体系的若干建议

第一，完善物流标准化体系。物流标准化体系是指在物流标准化活动范围内，各类标准按其内在联系形成科学的有机整体。目前长三角地区在物流产业链的多个环节基本具有各自的标准化规则，但各规则之间难以形成统一的、有机的标准化体系。此外，面对快速扩张的物流需求以及不断出现的新型业态，现行的物流标准体系在改革创新上严重滞后，无法为现代化物流市场提供足够的规则支撑。因此需要从管理层面和技术层面切入，形成综合服务水平较高的物流标准化体系，能够有效对接市场和企业需求，统筹不同标准化规则。第二，提升物流标准化规则与市场和企业的有效对接程度。长三角地区兼具发达的市场经济及完善的物流设施，但物流设施效用的前提条件是物流标准与企业的有效对接。因而加强物流标准贯彻力度，提升企业对物流标准的理解和接纳程度，是重要的中间环节。第三，逐步实现物流标准社会化和市场化。物流标准与企业难以对接的重要原因之一是企业和政府在标准制定和实施流程中的定位失衡，企业处于绝对的信息劣势一方，难以表达自身的诉求，导致物流标准难以适应市场需求。因此应该构建政企共商共建的物流标准制定规则。

3.2.2　推动长三角物流信息标准化

1. 物流信息标准化的内涵与结构框架

物流信息标准化既是实现物流标准化的过程,也是物流标准化的结果之一,其主要通过技术层面和管理层面上的标准化措施来实现,包括物流信息平台的标准化以及物流信息管理系统的标准化。

物流信息平台标准化是指在运输、配送、包装、装卸、保管、流通加工、资源回收及信息管理等环节中,制定出信息交流与处理的标准协议或规则,对重复性事物和概念通过制定发布和实施各类标准,来顺利实现不同地区间的交流、供应链系统间信息的交流以及企业间物流信息的交流和不同物流软件之间的信息交流,从而达到协调统一、获得最佳秩序和社会效益的目标(刘琰等,2018)。

信息管理系统是信息化的重要组成部分,信息管理系统标准化也是信息化标准化的重要组成部分。物流信息管理系统标准化的研究与应用是物流信息管理系统在建设过程中的重要指导和基础,它在物流信息管理系统建设中发挥着统筹规划、科学管理的作用。可以为系统建设者在开发模式、系统功能等方面提供借鉴,避免重复建设和信息浪费,减少系统建设的弯路。标准化是促进物流信息管理系统网络互联互通、数据共享和业务协作的有力抓手。物流信息具有其特定的价值,是一种社会资源。为了更好地共享和利用这种资源、挖掘这种资源的价值,在物流信息管理系统的建设过程中,就需要有一系列相关标准的支撑。如果没有这些标准,在计算机语言、接口、信息代码和系统功能等方面不能实现协调统一,企业物流信息管理系统就会成为一个个"信息孤岛",无法实现物流信息的流通与共享(郑广远等,2017)。

2. 长三角物流信息标准化进程中存在的主要问题

第一,物流信息标准不统一。随着互联网技术的快速发展,市场对物流信息的需求呈现井喷式增长,物流信息设施需要对接和处理种类繁杂和规模庞大的物流信息,对技术和管理水平的要求越来越高,因而统筹物流信息标准,整合物流信息资源成为当下长三角地区发挥物流信息规模优势的重要手段。目前,长三角地区物流信息设施繁多,标准不一,缺乏适用于长三角地区的综合物流信息标准体系,难以对长三角地区物流信息标准化工作进行统筹规划和管理,物流信息标准化水平滞后于物流业的发展。

第二,缺乏有效的标准化监督机制。根据国家《标准化法》规定,在物流标准制定并实施之后,制定标准的部门应根据发展和经济建设的需要适时进行复审。虽然在国家层面已有相关的法律法规和政策条文对标准化进行监督和约束,但在长三角物流信息标准的制定和实施过程中,试行和复审等合规操作基本被搁置架空,无法起到实质性监督作用。

第三,缺乏标准制定协商机制。物流信息标准化的目的一方面是对物流业统筹管理和规制,另一方面是为企业提供宝贵的市场信息,是对与物流业相关的众多行业的信息整合,因而标准化工作涉及部门、行业种类繁多。目前长三角地区在物流标准制定上仍是政府主导模式,部门间和政企间缺乏协商机制,导致信息标准制定难以满足市场需求。

第四,物流信息标准化技术应用不足。在互联网等信息技术的推动下,我国物流业市场需求呈现井喷式增长,而物流服务供给侧也借助现代信息技术手段实现快速发展。然而,物流信息标准化的发展严重滞后于其他环节,这与信息技术应用不足密切相关。除了制度因素外,现代信息技术应用对物流信息标准化建设起着关键作用,例如标准化协商机制、监督机制等都可通过信息技术手段以更低的成本实现。

第五,标准国际化程度不高。贸易全球化、自由化趋势要求物流信息标准与国际标准统一对接,这已成为一国全球竞争力的重要组成部分。目前长三角地区尚未构建能与国际接轨的集成式物流信息标准体系,一方面增加了公共部门在技术和管理层面上的成本和难度,另一方面增加了企业的交易成本,不利于地区贸易自由化的发展。

3. 构建长三角物流信息平台标准化模式

物流信息标准化既是实现物流标准化的过程,也是物流标准化的结果之一,其通过技术层面和管理层面上的标准化措施来实现,目前国内主要凭借物流信息平台作为载体施行信息标准化模式。因此,通过构建长三角物流信息平台标准化模式,是实现物流信息标准化的关键措施。第一,整合物流信息平台基础标准。解决物流信息平台标准混杂的首要工作是构建物流信息平台基础标准体系,由政府部门根据当地物流信息平台资源结构及物流市场结构统筹规划,为后期制定集成型物流信息标准体系提供基础依据。

第二,构建集成式物流信息平台标准体系。在整合物流平台信息标准的基础上,由政府牵头,企业参与,协商共建统一、集成的区域物流信息平台标准体系。该体系的核心定位是服务企业,开放市场,为物流信息化、社会化、智能化提供标准依据。

　　第三,建设物流信息平台标准化专业技术团队。缺乏物流标准化专业技术人才是长三角地区乃至国内物流标准化发展滞后的重要原因。物流信息平台标准化建设是一项庞大复杂的工程,需要部门、行业、区域等各层面相关主体之间的协作。因此,标准化建设团队应该由各主体部门的专业技术人员以及统筹协调人员构成。同时,在专业技术团队基础上进一步遴选人员组建标准化委员会,保证标准化体系的构建和实施过程的公正和公开。

　　第四,以市场为导向,构建适宜长三角发展的物流信息标准化体系。物流信息标准化能否发挥应有的社会经济效应取决于体系建设的目标导向和兼容度。物流信息化最终目的尊重市场规律,服务市场经济,而背离这一目标准则必然导致物流信息化建设失败。同时,标准构建需要因地制宜,要考虑长三角地区的物流业结构和物流信息平台构成。此外,要充分发挥物流信息平台在长三角地区的资源优势,找准关键领域,重点开发一批应用支撑标准,增强物流信息平台对当地经济的支撑作用。

　　第五,积极对接国际物流信息标准。一方面,相对于国际发达水平,长三角地区物流标准化模式还不成熟,因而需要通过对接和融合国际标准来适应和学习国外先进经验。另一方面,在贸易全球化和自由化的大趋势下,能否有效融入国际物流标准体系当中决定一国和地区在全球贸易链中的话语权。因此,对接国际物流标准是长三角地区物流信息化发展的必经之路。

3.2.3　构建长三角物流业信用标准化体系

1. 物流业信用体系建设的必要性

　　2014年国家发改委、交通部、商务部、国家铁路局、中国民航局、国家邮政局及国家标准委联合印发《关于我国物流业信用体系建设的指导意见》(下称《意见》)。《意见》指出,物流业信用体系建设是社会信用体系建设的重要组成部分,是发挥市场在物流资源配置中的决定性作用和强化市场监管的重要基础。建立健全物流业信用体系,可以有效约束和规范企业的经营行为,营造公平竞争、诚信经营的市场环境;有利于建立统一开放、竞争有序的现代物流市场体系,发挥市场在物流资源配置中的决定性作用和更好地发挥政府作用,促进物流业加快转型升级;对于降低社会物流成本,提高物流效率,提升经济运行的质量和效益具有重要意义。

　　伴随长三角地区物流业的高速发展,物流企业的失信现象逐渐增加,这大大增加了消费者的交易风险以及物流成本,严重破坏了公平公正的物流市场秩序,影响整个行业的运行效率。从国内物流环境来看,由于我国很大一部分物流企业是由传统的小型交通运输企业转变而来,且发展时间较短,因此在物流技术、管理水平、经济效益等方面都还处于较低水准。经济利益的驱使促使一些物流企业为追求利润而违背了诚信原则。信用缺失行时有出现,主要表现在三方面(刘秉镰、芦岩,2007):一是过度承诺,实际服务质量欠缺且拒不承担责任。一些物流供应商在营销过程中不惜承诺提供超出自身能力的高质量服务,如"零延迟""零货损"之类。二是违规泄漏顾客企业的商业信息。实际操作中,一些供应商因管理松散或是受利益驱使,将其掌握的顾客信息泄漏给其他利益相关方,给顾客企业带来巨大损失。三是代收货款业务经营不善而携款潜逃。不规范运作给物流企业违规挪用货款创造了条件,易引发物流行业的信用危机。

2016 年,中央审改领导小组审议通过了《关于建立完善守信联合激励和失信联合惩戒制度,加快推进社会诚信建设的指导意见》《关于全面加强电子商务领域诚信建设的指导意见》等 5 个有关信用建设的重要文件,由国家发改委牵头建立了全国信用信息共享平台,发挥社会信用体系建设部级联席会议的机制,协调连通了42 个部门、所有省区市和 50 多家信用机构,并与国家人口库建立了核查与叠加机制,形成了法人和非法人信用信息数据库,以及个人信用信息数据库。其中,运输物流行业是社会信用体系建设的重点行业(魏贵军,2017)。因此,以本轮社会信用体系建设活动为契机,加速推进本地区物流业信用体系构建,是长三角地区规范物流业市场秩序,推进区域物流网络一体化建设的关键措施。

2. 物流业信用监管难点分析

物流产业是一个复合型产业,从产业经济学角度来看,物流业信用监管存在以下几个难点(徐朦、郑凯,2014):从产业组织的角度来看,物流活动由传统的仓储运输延伸到采购、制造、分销等各个环节,由于信息传递过程中不可避免的失真,源自于物流服务供应链各环节上的风险也应运而生。此外,物流运作过程中,物流企业内部及与其他企业之间存在复杂的分包协作关系,进一步增加了由于信息不对称导致的信用风险。从物流企业特点来看,为寻求扩大市场规模,大多数物流企业会选择多点网络布局。在属地化管理体系下,某一地区监管机构只能对在该地注册的物流企业进行监管,对物流企业在外地的分支机构不具有监管权力,致使监管链断裂,难以实现全面有效的监督管理。从物流业监管主体来看,物流业监管涉及交通运输、工商、质检、城市管理、公安、税务、海关等多个部门,大量的发展政策、法规、组织管理及协调工作需要在各个部门行业间相互配合,统一管理。在对物流业实施管理的过程中,因管理之间的体制及机制性原因,多部门管理状态使得物流监管能力因分割而受到限制和制约。

3. 建立健全长三角物流业信用评价与监管体系的建议

建立健全长三角物流业信用评价体系,加强监督和约束机制,有效规范企业经营行为,对于促进物流业有序健康发展具有重要意义。

一是建设长三角物流业信用信息共享交换平台。在保障数据安全、商业秘密和个人隐私的前提下,促进交通运输、工商、质检、城市管理、公安、税务、海关等多个监管部门,与物流信息服务平台合作,形成信用信息交换共享机制,有序开放相关监管信。

二是探索具有行业特色的科学合理的信用评价标准模型,组织制定针对第三方物流企业的征信与信用等级评价,为遏制失信行为创造条件。

三是加强行业信用制度建设。建立物流行业经营异常名录、失信企业黑名单制度,根据信用评价结果,对物流行业实行分类监管。

四是加强失信惩罚力度。对于违规失信的企业和个人,提高其失信成本,采取多渠道、多形式、多主体的联合惩戒方式,形成"一处失信、处处受制"的制约体系。

3.3 推进长三角地区物流业集约化规划

3.3.1 推进长三角物流业经营集约化

1. 物流企业经营集约化的内涵

随着国民经济的持续快速增长,中国的物流业也在不断发展,物流联系成为城市之间最为重要的经济活动之一。国内物流企业迅速成长,加速了位于不同城市企业间的货物和信息流动,进而加强了城市之间的经济联系(董琦、甄峰,2013)。随着我国加入世贸组织后对外开放步伐的加快,国外成熟物流企业纷纷进入国内市场争抢物流市场中的重点资源,加上企业之间的无序竞争,使中小物流企业的生存和发展面临着极大的压力和严峻的考验(刘健,2008)。如何科学地应对大物流企业的竞争,成为中小型物流企业亟需解决的重要问题。物流企业运作经验的积累和现代物流理念的不断成熟,一种新体制现代化物流——集约化物流——应运而生。

区域集约化物流的内容主要包括信息的集约化、库存的集约化、运输的集约化和物流设施的集约化(黄森慰等,2007)。

专栏 3.4　　　　　　　　　　　**集约化物流**

　　集约化经营是指从一定区域或范围构建相对集中的控制中心,因规模运作降低物流成本从而增加利润。

　　集约化物流是指物流企业在一定的区域范围内,把个别的、零碎的、分散而同质的生产组织形式集中成规模的、便于现代化的大生产组织形式,协调社会整体资源,规避资源重复设置和浪费,充分利用信息和网络技术,运用现代组织和管理方式,延伸供应链管理领域的服务范围,将物流、运输、仓储、配送、信息等环节进行有效资源整合,优化运作成本,并进行社会一体化协作经营的新体制物流(刘健,2008)。

2. 长三角物流业集约化经营标准体系建设

　　在经济全球化与区域经济一体化大背景下,长三角城市群发展成为一个典型的经济集聚区。物流作为经济的一个子系统,也呈现出区域物流一体化的发展趋势。物流网络作为物流一体化的核心部分,通过物流网络将物流企业、节点、链等组织连接成为一个密不可分的整体,从而实现整个物流环节的高校运转和分工合作(谢守红等,2015)。

　　本节对长三角 26 个城市物流发展的集约化程度进行了评价,选取各城市GDP、货运总量、交通运输仓储邮政从业人员数、互联网用户数、邮政业务收入、社会消费品零售总额共 6 个与物流业发展相关指标。[①]采用熵值法来综合评价各城市物流发展的集约化程度。熵值法根据各项指标值的变异程度来确定指标权数,是一种客观的赋权法。使用熵值法,能够避免人为确定权重的主观性等因素带来的偏差(郭显光,1994)。具体计算结果如图 3.1 所示。

　　通过计算长三角各城市 2015 年物流发展的集约化程度,分析长三角各城市物流发展的地区差异。根据各个城市存在的问题,提出长三角城市群物流业集约化发展路径。

　　第一,长三角物流业呈现出等级扩散格局,各城市之间的物流业发展差异较大。长三角物流业发展程度呈现出以上海市为主中心,苏州市、南京市和杭州市为次中心的发展趋势。直辖市和省会物流业发展明显优于其他城市。第二,长三角城市群物流空间集聚特征明显,廊道效应突出。从图 3.1 中可以看出,以上海—南京、上海—杭州为两条轴线,所经过的城市物流业发展较好。这也与长三角交通基

---

①　数据来源于《中国城市统计年鉴(2016)》。

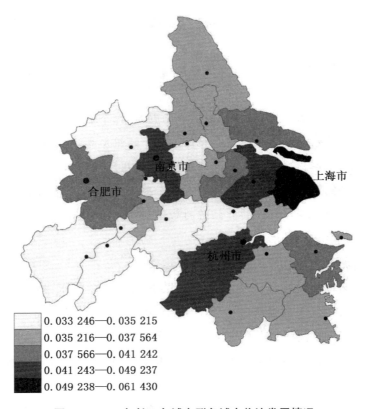

0.033 246—0.035 215
0.035 216—0.037 564
0.037 566—0.041 242
0.041 243—0.049 237
0.049 238—0.061 430

图 3.1 2015 年长三角城市群各城市物流发展情况

础设施布局有关。第三,将各城市根据综合得分情况分成 4 个梯队(见表 3.1)。毫无疑问,上海市为第一梯队。上海市的物流业发展在长三角城市群中处于绝对领先的增长极位置。其物流发展评价的 6 项指标中,有 5 项处于首位,仅邮政业务收入一项低于杭州市、苏州市和南京市,处于第四位。杭州市、苏州市、南京市、宁波市和无锡市处于第二梯队,这些城市大部分为省会城市和副省级城市,成为长三角物流业发展的次增长极。物流业处于最后一个梯队的城市大部分分布于安徽省,

表 3.1 长三角城市群各城市物流业发展层次结构

城市等级	综合得分	包 含 城 市
第一梯队	综合得分 > 0.05	上海市
第二梯队	0.04 < 综合得分 < 0.05	杭州市、苏州市、南京市、宁波市、无锡市
第三梯队	0.035 < 综合得分 < 0.04	合肥市、南通市、常州市、台州市、金华市、绍兴市、盐城市、嘉兴市、扬州市、泰州市、芜湖市、舟山市、镇江市
第四梯队	综合得分 < 0.035	滁州市、湖州市、安庆市、宣城市、马鞍山市、池州市、铜陵市

说明从长三角城市群包含的三省一市来看,安徽省的物流业发展劣于江苏省和浙江省,有进一步发展的空间。第四,物流集约评价得分情况在 0.03—0.04 分段分布较密集,说明长三角各城市物流业发展呈现出金字塔型分布特点。除直辖市和省会城市外,大部分城市的物流业发展集中于三四梯队。

根据长三角城市群物流发展分布特点,在长三角范围内进行产业结构优化调整,地方政府应对长三角物流企业在流动业务集约化经营的实施过程中统筹安排。根据物流业集约化发展的内容和要求,首先充分利用信息和网络技术,使用现代物流组织和管理方式,将第三方物流的运输、仓储、配送等环节进行有效整合,延伸供应链管理领域的服务范围,整合完善服务功能,提高企业竞争力;其次进行一体化协作经营,使物流经营社会化,整合客户资源,通过高质量、多功能的物流服务控制和不断巩固业务资源,使长三角物流向协同化、集约化、全球化方向发展(刘健,2008)。通过优化长三角各城市物流企业发展,最终实现区域物流一体化协调发展。

3. 建设长三角物流企业的集约化经营

为促进长三角物流企业的集约化经营,通过政府手段对长三角物流业进行综合规划,重组物流企业构成框架,降低各物流企业独立经营的成本费用。中央及其他相关部门也应采取必要的措施为物流企业的集约化经营提供支持。具体措施如下:

第一,构建长三角物流集约化经营的补贴制度,对于物流企业的集约化经营给予相应的税收优惠。对于指定城市中物流所用的设施,在一定期间内,如果按相关规定认定此房屋为实施物流集约化所建,是物流集约化经营所需的必要设施,则根据相关规定对此相关设施进行税收减免。此外,规定设施在营业期间按照规定从事物流经营集约化活动,则政府也可减免相关营业税。如有特殊需要,也可给予相应的财政补贴。

第二,调整企业结构,发挥规模经济优势。对于物流企业而言,选择适宜的集聚区域才有利实现最优的投入产出(陶婷婷,2017)。政府将物流企业进行统一规划和组织,使物流产业服务体系实现最优化。对大、中、小物流企业有针对性地进行布局,重新架设长三角区域内物流结构和运作模式。协调各企业间的设施功能和业务管理水平,通过企业间的垂直或水平协作,拓展生存空间,形成以几个大型物流企业为"树干",以专业化协作经营的中型企业为"枝杈",以大量"小而专、小而精"的小型企业为"叶"的产业结构体系(刘健,2008)。以形成清晰的物流产业结构和运作模式为目标,利用规模化经营达到最大经济效益的最大化。

第三，全面优化物流企业的设施功能和信息技术。首先，物流过程的实现离不开物流设施，物流设施的集约化建设是促进物流企业经营集约化的关键。通过企业和政府合作，集约物流设施资源，进行企业间的协作开发和使用，最大化企业的设施功能。其次，在市场化程度不断提高的现在，信息化水平直接影响了物流的效率。运用先进的信息化技术，使物流企业充分发挥一体化的协作经营优势，及时调配资源和运作模式，以最小的成本为客户提供最优质的服务。

发展集约化物流必须依靠社会各方面的力量，既要通过物流企业自身不断发展、物流产业的社会通体协作经营来架构，又要得到国家政府的政策支持来培育市场，只有各方面协同努力，才能不断推动长三角物流集约化经营进程。

3.3.2　推进长三角物流设施集约化

1. 物流设施集约化的内涵与发展现状

物流设施是指物流行为过程中库存存放、装配、运输或制造等所需器具。把设施集中可以获得规模经济。在设施集约化的过程中可以选择的方法有：SKU（Stock Keeping Unit）库存、工作批量库存和转运配送库存等（黄森慰等，2007）。区域物流系统中的基础设施和其他经济要素一样，若要充分发挥效率，体现集群放大功能，有效整合区域物流资源，推动区域物流市场良性发展，则必须实施集约化布局（马永刚，2008）。长三角不仅仅是中国经济最发达的地区，也是交通基础设施发展水平最高的地区。长三角地区公路、铁路、水运、航空基础设施齐全，发展水平较好，其货物运输及吞吐能力较强，呈现出具有现代物流系统特征的海陆空立体物流系统雏形。长三角交通基础设施承运能力不仅可以满足区域经济发展的需要，也可以服务周边区域，产生空间溢出效应。

交通运输业是物流业的重要组成部分，交通运输的发展能较好地反映长三角城市群物流业的发展情况。根据 2015 年长三角城市群不同类型交通运输方式下的货物运输总量，绘制图 3.2，并将各种交通运输方式下货物运输的占优城市进行归纳（如表 3.2 所示）。

如图 3.2 和表 3.2 所示，第一，从总量来看，上海市、宁波市、合肥市、杭州市货运总量位于长三角城市群的前五位。三种不同的运输方式相比，公路运输占据绝对优势，总量最大。滁州市公路货运量较多，因此总量较大。上海市各类运输方式货运量均居长三角首位，毫无疑问总量位居第一。第二，分交通运输方式的货运量来看：公路货运量中，上海市、合肥市、滁州市、杭州市、宁波市居前五位。与公路运

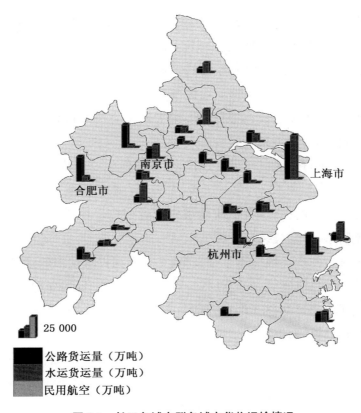

图 3.2　长三角城市群各城市货物运输情况

输不同的是,芜湖市、舟山市、台州市水运跻身长三角前五位。长三角 26 个城市中,仅有 14 个城市有航运设施,但由于航空运输体量较小,因此对于货运总量的影响不大。

表 3.2　长三角各类运输占优城市

运输方式	占优城市
公路运输	上海市、合肥市、滁州市、杭州市、宁波市
水　运	上海市、芜湖市、舟山市、宁波市、台州市
航空运输	上海市、杭州市、南京市、宁波市、无锡市
货物运输总量	上海市、宁波市、合肥市、杭州市、滁州市

2. 以交通一体化推动长三角物流设施集约化

首先,强化枢纽城市的基础设施建设。物流基础设施的规划应"因地制宜",各枢纽城市应成为物流基础设施规划布局的极点,进而成为物流基础设施布局的增长中心。以物流综合实力最强、辐射范围最广、区位条件最优越的上海市为主中心;物流综合实力较高、经济较发达的杭州市、宁波市、南京市和合肥市为辅,建立次级物流中心。让这些增长中心发挥辐射作用,带动周边中小城市的发展。同时还需因地制宜,准确定位自身物流生态位,建设有特色的城市节点物流,增强对轴心城市的"喂给"能力,加强与轴心城市的多式联运通道建设,并向县域地区和周边城市延伸(谢守红等,2015)。根据城市的整体功能合理设计长三角的物流格局和基础设施分布,避免重复建设,盲目竞争,最大限度发挥基础设施投入资金的使用效率,进而提高长三角物流系统的整体效率。

其次,分层级进行交通基础设施建设,重点加强长三角城市物流基础设施布局的统筹规划。根据图3.3所示:第一层级,上海市、南京市、杭州市、宁波市、合肥市等应成为长三角物流的枢纽,各枢纽城市之间应架构快速通道强化城市之间的经济联系和物流联系。第二层级,发挥枢纽城市的辐射能力。以各枢纽城市为中心,构建辐射周边城市的次一级交通基础设施,充分发挥枢纽城市的经济溢出作用,带动周边中小城市的物流发展。第三层级,连接各中小城市,实现中小城市之间经济要素的自由流通。通过交通基础设施的三个层次的规划,实现长三角交通基础设施一体化联运建设,进而推动长三角物流业的一体化发展。

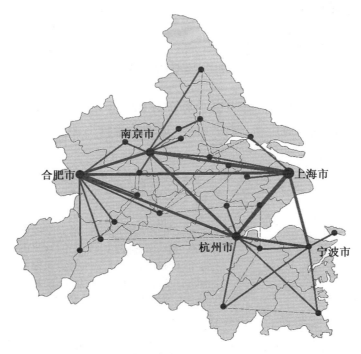

图3.3　长三角物流设施一体化建设

最后,强化空港基础设施建设。随着市场化程度的提高,企业之间的竞争不断加强,客户对于物流的时效性要求越来越高。在时效性方面,航空运输占据着无可比拟的优势。但是从目前来看,航空运输在长三角物流中所占比重较小,发挥的作用有限。此外,长三角 26 个城市中,仅 14 个城市受惠于航空运输。因此,长三角需继续完善物流系统,实现海陆空同步发展。

3. 以信息技术提升长三角物流设施集约化

信息和资源的共享是提高物流企业经营业绩的关键,也是整合优化物流设施建设使用,实现物流设施集约化的重要支撑,而现代信息技术是实现供应链中各企业关键战略信息共享的基础。在市场经济条件下,信息化程度决定了物流业的生存和发展,运用先进、成熟的物流理念和信息网络技术实现产业的社会一体化协作经营,提高物流企业的经营运作能力,是物流集约化发展的重点(刘健,2008)。如何依托信息技术,提升信息服务效能,实现物流行业内各企业间资源互补,最大限度发挥物流设施功能,加快物流设施集约化,是摆在长三角物流行业发展道路上的现实问题。

通过综合分析,以下四个方面成为探索利用信息技术,提升物流设施集约化的有效途径:

第一,利用信息技术扩大物流信息的整合范围和传递效率。互联网等信息技术应用于物流行业,物流企业通过建立网站、构建物流网络平台,实行网络化管理来实现组织内部之间、企业之间、企业与物流配送中心、企业与客户等信息的处理与传递(黄森慰等,2007)。借助信息技术,可以消除了地理位置对物流信息收集、传递的壁垒,物流信息的获取范围可以呈指数倍的扩大。

第二,利用信息技术提升物流信息的收集、处理速度。物流作为服务业,依赖于物流信息的畅通和传递速度,要想迅速、高效处理物流信息,则必须实行电子化与网络化的组织方式。如果物流企业的信息化水平不足则会导致各物流企业对信息的收集、处理与利用能力不足。而相较于物流供给信息,物流需求信息具有零散性、多变性、实时性等特征,对收集、处理、利用的技术要求更高(王昕天、汪向东,2015)。同时信息技术的应用可以分析潜在客户及其需求倾向,归纳预测区域需求总量和需求时间分布,为物流企业合理配置仓库物资存储、优化运输路径、运输方式,规避潜在风险提供决策依据。以数据仓库、数据挖掘、虚拟仿真等信息技术为依托的物流决策系统加速了物流企业对信息处理规律认识的提高,有助于提升物流企业的决策能力(陈海,2015)。大数据、云计算等信息技术为物流企业的信息收集、处理与利用提供了强有力的支撑。

第三,利用信息技术提高作业效率。利用各种先进的信息技术,如条码技术、射频识别技术、自动分拣技术、物流仿真技术、辅助决策技术等,以信息化、自动化改变传统主要依靠人工的作业方式,提高作业效率,降低出错率。作业方式的转变带动保障设施的更新换代,大量老旧设施设备被淘汰,高水平的信息化、自动化对设施集成化程度要求更高,吸引周边产业和设施集中聚拢,产业布局进一步优化。

第四,利用信息技术的研发、应用与创新推动整个物流产业的发展。信息技术成为现代物流管理与创新的核心和关键。通过信息技术促进物流创新,不仅对完善企业物流功能与服务具有重要的现实意义,而且对提升物流业整体发展水平具有深远的影响(陈海,2015)。信息技术的发展创新可以用日新月异来形容,信息技术可以为物流发展提供支持,同时物流行业的发展也受到信息技术发展创新的影响,信息技术与物流行业紧密融合,进一步拓展了物流业的市场空间。新技术的迭代,倒逼物流企业不断创新运作方式、设施设备,以适应信息社会的要求,而新设施的建设将向着更加智能化、集约化发展。

3.3.3　构建长三角物流集约化协同机制

1. 物流协同集约化的内涵与发展现状

协同的常见含义为管理领域中的"企业合并后的协力优势或协合作用",此效用来源于系统协调运作下的整体性效用,也是区域物流协同的基本内涵(徐青青、缪立新,2007)。物流系统整体效率的提高,仅仅依靠单家物流企业的实力是无法实现的,它需要上下游企业之间的协同合作。供应链协作、物流一体化等方式的物流协同已成为现代物流运作的发展趋势,物流协同在空间领域的映射,包括物流功能、企业内部、产业内部等众多层次的区域物流活动的协调,区域物流协同已成为区域发展现代物流的重要趋势(李希成、林云,2007)。企业物流服务通过协作经营,使物流经营社会化,实现区域或范围内的高度协作经营和信息共享,使物流企业能够及时掌握哪些企业在某种时间、供需哪些商品、其供需价格等市场信息,充分发挥一体化协作经营优势,为客户制定最适合的配套服务方案,及时调配资源和运作管理模式(刘健,2008)。根据西方发达国家的经验与实践,协同物流体系是制造业实现物流经营集约化、高效化、低成本化的重要措施,也是制造业企业物流革新的未来趋势(刘联辉、王坚强,2004)。

专栏 3.5　　　　　　　　　　　　　**协同物流**

协同物流是指各企业通过互联网提供服务并协调所有的商务活动,以提高利润和绩效,创造协同环境使各企业共享信息和资源(刘炯艳,2006)。协同物流具有网络经济的成本优势,是供应链管理的进一步发展,它将企业控制范围扩大到供应链上所有节点企业,第一次让企业可能及时获得供应链中完全的信息,最重要的是它让企业知道产品的状态,如生产、运输以及能否按时到达等。协同物流是以网络为基础的主机软件服务,它使生产企业、零售企业、运输企业用更低的成本解决企业内外物流问题。

长江三角洲地区物流协同集约化发展现状:长三角地区经济发展水平高、发展动力足、发展潜力大、发展竞争力强,其地理位置优越,是连接沿海和中西部地区的桥梁纽带。长三角优良港口众多,海运河运发达,并且具备密集的铁路、公路网,陆上交通十分便利。目前长三角城市群拥有浦东、虹桥、萧山、禄口等一流的国际机场,机场分布密度较高,起到江海路联运中心枢纽作用。随着物流管理信息平台等基础设施发展完善,逐步建立起区域一体大物流,物流行业内不同领域、不同企业共同构成了一个相互联系、分工明确、相互依存的物流协同体系,通过联合规划、信息共享、设施集约,形成了高度整合的服务供应链通道,进一步降低物流成本,提高物流效率和客户满意度。

当前,长三角物流发展协同集约化进程加速,物流业合作升级,力争打造更加具有竞争优势的国际物流平台。但是,长三角物流发展过程中依旧存在一些问题。比如,部分企业、物流公司为了抢占市场,谋取利益,采取价格战、地方封锁等不正当方式排挤同行,构建贸易壁垒。几乎每个城市都有自己的物流发展规划和物流中心,空间分布不合理,条块分割严重,物流业发展处于低水平增长状态(韩永燕、肖文清,2016)。各地政府纷纷加快港口建设,一批定位不明确,船舶吨位小,专业化程度不高,效益不明显的地方港口投入运营,港口布局不合理和重复建设造成了供大于求的状况等,以上原因严重阻碍了物流协同进程。

物流产业是一个庞杂的系统,各环节复杂关联,内部部门既相互独立又彼此影响。例如,存储和运输是影响物流成本的两个重要因素,降低存储备货量可以直接压低存储成本,但同等市场需求规模下,存货量的降低将导致运输距离或运输次数的增加,运输成本随之提高。因此物流系统质效的提高,需要从整体通盘考虑,对各环节进行统一管理,寻求最合理的平衡,达到相互之间的协调配合,提高运作效率,从而实现物流系统的整体效率。

相较于企业内部的统筹协调,物流企业之间通过建立同盟和合作伙伴关系,可以实现资源和利益共享,风险分担,实现资源相对集中,发挥业务经营集约化、系统化的优势。区域物流系统中企业物流子系统扩展为供应链子系统,涉及企业(链节)间的协调运作,以避免、减少环节间的延误或浪费,使得系统以更短时间、更少成本实现物流运转,支持价值增值,获取竞争优势,即实现供应链整体性能的优化(徐青青、缪立新,2007)。同时,物流企业利用设备、业务资源和信息管理技术等的协同,能够更有效地应对资金短缺和市场波动等压力,扩大物流服务的品种和空间区域,提供质量更高的综合性物流服务,实现系统整体效用大于部分之和。

与其他行业相同,物流企业间除了联盟合作,还存在收购兼并,这也是协同合作的一种方式。产业内物流企业相互兼并属于业务再造范畴,指借助资源的扩张和整合,进行企业流程的根本性、彻底性再造,实现系统"1+1>2"的整体性效用。随着物流市场的竞争日益激烈,兼并合作所带来的规模效益,能使物流产业满足全球化或区域化的物流服务(徐青青、缪立新,2007)。作为企业升级的重要方式,收购兼并相较于同盟伙伴关系,具有更强的"占有性和强制性",在企业文化、管理模式等方面存在的差异可能引发跳跃式经营的风险。

2. 物流集约化协同发展标准及制度设计

2007年8月,苏浙沪三地制定了《关于推进长三角地区现代物流联动发展的若干措施》。2011年"长三角现代物流联动发展大会",提出进一步健全合作平台,完善连接检验检疫、海关和物流企业等在内的长三角现代物流公共电子信息平台,实现物流信息资源共享。2014年"长三角地区现代物流联动发展大会暨中国(江苏)长三角物流发展与合作论坛",围绕创新驱动下的物流发展,相互交流。2016年"第十届长三角地区现代物流联动发展大会暨长江经济带托盘循环共用推进大会",大会对过去两年上海在物流标准化方面的试点和推进工作进行了总结和回顾,发布了《上海市物流标准试点发展报告》,33家物流行业协会签署了倡议书,成立了长三角经济带标准化托盘循环共用联盟。建立长三角物流业联动机制,加快现代物流人才培养和物流标准化建设,通过三地政府部门、行业协会和企业联盟的交流沟通、统筹协调,及时破除物流业发展中的各种障碍,创造有利于物流业发展的市场环境和体制环境,是推动长三角物流集约化协同发展一个行之有效的办法。

标准及制度通常因行业发展的需求进行设计制定,从当前我国物流市场的标准化建设来看,体系建设起步较晚,虽然主体框架已经确立,但涵盖内容和范围不全面,采用国际标准的比例不高。因为市场准入标准设置过低,许多资金不够充足、管理水平低下、设施设备薄弱、专业水平不高的企业涌入物流行业,致使整个物流行业发展良莠不齐,加剧了标准制度应用推广的难度,对整个物流行业的规范化发展造成很大的冲击,严重制约了物流业发展,也为我国参与国际物流竞争带来了障碍。

统一的标准是合作和发展的前提,物流发展标准化建设是解决物流行业矛盾问题、实现跨越式发展战的迫切需要,标准化将各个分散的环节领域整合起来,有效地降低物流成本,形成强大合力,推动一体化的实现。同时,物流标准化建设是推动我国物流企业与国际物流接轨的有效途径,制定接轨国际、符合国情、利于发展的高质量行业标准,将缺乏发展潜力的物流企业拒之门外,纠治"多而乱、大而弱"的乱象,给予物流企业特别是有发展潜力的中小企业一定的政策支持和政策优惠,全面协调物流的发展。从长三角物流行业发展来看,物流标准不一致,没有形成统一高效的协调机制,往往因地方利益导致协调不力,跨区域、多形式联运物流效率不高。而且,物流大系统内各分系统由不同行政部门分头管理,基本执行各自的行业标准,给物流大系统内各环节的配合和衔接带来较大难度(韩永燕、肖文清,2016)。以规范整个长三角物流行业系统为出发点,设计制定与之相匹配的工作标准、技术标准、服务标准和信息化标准,搭建信息互通、流程规范、设施共享的平台,逐步建立长三角物流协调互信体系。

协同发展制度的确立是实现物流集约化协同发展的重要方式和手段,区域物流的协同进化是指在区域物流创新与演化过程中,系统内相互依存的各子单元、各子系统通过与环境的作用,以竞争、合作、捕食和共生的形式推动着区域内物流资源的高效流动与配置、地区核心主导产业的孕育与催化、集群在区域物流的科学整合、物流需求与供给的有效增加和地区产业链的网络化发展等(谢泗薪、张文华,2014)。物流系统的协同,可能发生在不同部门之间、不同公司之间、行业与政府之间。

一是构建不同部门间的协同制度。根据协同学的理论,系统诸要素在运行过程中具有不同的功能,其中有居于主导位置、起着序参量作用的一个或几个要素。当这类要素性能加强时,各子系统就会产生协同作用,使系统处于有序状态。在协同制度中应该明确物流系统中居于主导位的要素,用这个要素(序参量)控制物流过程中的信息传递以及操作、管理、效应扩散等,注重其对系统的优化作用机制。与区域物流系统发展相适应,绝不能游离于整体结构之外。防止因局部环节的不经济导致整体区域物流系统利益的丧失,缓解系统内不同部门间的矛盾,推动物流协同发展。

二是构建不同公司间的协同制度。通过区域内不同企业的联合,组成协同作业系统,有助于巩固发展完善区域物流网络。比如,落后的设施将难以保障现代化物流的发展,设施建设标准过高,则会耗费巨大的资源,且难以和其他物流系统相衔接,造成资源的浪费。建立以共同配送为主要方式的区域物流协同制度,能促使企业间打破行业领域限制,形成以互补产品为基础的物流企业合作联盟,通过整合物流业务资源,发展优势业务,依靠联盟成员的其他物流服务环节,实现整体物流企业集群同具体成员自身的规模效应(徐青青、缪立新,2007),提高区域物流的整体效率。

三是构建物流行业与政府之间的协同制度。每一个行业的发展,都离不开政府的支持,以及政府在制度、政策、贷款、用地等方面的保障,发展集约化物流必须依靠社会各方面的力量,既要通过物流企业自身不断发展、物流产业的社会通体协作经营来架构,又要得到国家政府的政策支持来培育市场,才能不断推动物流集约化进程(刘健,2008)。例如,通过政府强制的规划,物流行业企业配合,重新构建形成以大型强势物流企业为主,中小型专业化、精练化物流企业为辅的区域物流结构和运行模式,利用规模化经营达到最大化经济效益。

3. 构建长三角物流集约化协同监管平台

每个行业都需要监管来对行业发展进行规范和风险规避。对物流业来说,建立协同监管平台有利于规范行业行为、保障信息安全、防范不正当竞争、提高客户满意度。2013年交通运输部公布了修订后的《快递市场管理办法》,针对快递市场的监管增加了更多细节性规定,弥补了快递服务有标准无监管措施的短板,对规范快递市场秩序具有积极作用。同年,国家邮政局等六部门联合下发《关于切实做好寄递服务信息安全监管工作的通知》,针对屡禁不止的泄露客户个人信息情况,要求快递企业完善相关规章制度,提高信息安全技术与防范能力。2014年国家九部委联合下发了《关于加强邮件、快件寄递安全管理工作的若干意见》,对快递行业安全监管工作提出了明确要求。2015年由中央综治办牵头组织召开了中央十五部委联席会议,提出了寄递物流业开箱验视、实名登记、过机安检"三个100%"要求,把物流业安全监管工作提高到了前所未有的高度。

但从现实情况来看,物流领域的立法明显滞后于物流业的发展。推动物流产业的健康发展不仅需要完善立法,更要重视监管平台的建设。在提出一个地区的物流发展规划或对策之前,首先要对区域物流成长与区域物流协同之间的关系有一个客观认识,并对本地区物流成长与协同水平有一个科学评价(李建军、舒辉,2014)。同样,构建长三角物流集约化协同监管平台,首先对长三角物流产业的成长基础、协同效应、协同水平等进行全面分析。在此基础上,将物流企业和物流人员纳入监管,实行资质评定制度,对不同的公司进行等级划分,并按照相应资质等级划分可承办业务类型。通过行业制度规范,约束企业及人员行为,对违规请款进行限制进入和清退处罚。通过长三角物流协同效应与协同水平的波动情况，深入分析构建监管平台对波动产生的影响，并采取相应措施（如完善监管机制、出台管理规范、调整处罚标准等）。

物流监管平台建设的重点在于物流信息的采集和跟踪。当前物流监管方面存在运输信息采集率低且无法保证准确率、物流实时信息更新滞后等突出问题。大多数物流企业没有使用物流信息监管所需的信息管理系统，主要依靠各个物流节点进行数据采集，只能获取静态数据，在节点之间的区域物品处于信息空白区，损坏、丢失的可能性加大。以物联网为主的信息技术的发展，为长三角物流集约化协同监管平台的搭建提供了强有力的技术支撑。通过构建物流网集约化协同监管平台，多源信息采集可大大提高信息采集效率，同时射频识别技术提高了数据的准确性，降低了人工成本。射频识别技术的追踪功能可实现商品从源头到末端的全程信息交互，结合 GPS/GIS 技术可实现货物状态的全程实时跟踪。在技术、制度、企业的共同支持下，建立集约化协同监管平台，为长三角物流行业健康有序发展保驾护航。

第 4 章
长三角大气、水源、农业面源
污染防治联动机制设计

4.1 长三角大气污染防治联动研究

4.1.1 研究背景和文献综述

大气污染属于区域性环境污染问题,具有跨界性、高渗透性和不可分割的特征。国家对大气污染区域协作问题高度重视,2013 年国务院发布的《大气污染防治行动计划》明确指出,大气污染治理要坚持区域协作与属地管理相协调的新机制。十八届三中全会再次强调要建立污染防治区域联动机制。2015 年新修订的《大气污染防治法》也增加了重点区域大气污染联合防治的内容。

近年来,越来越多的学者对大气污染的治理问题进行了研究,研究的角度日趋多样化。代表性的文献包括闻泽(2006)从粤港区域大气污染出发,并对区域大气污染协调防治的制度安排进行了阐释,进一步探讨了粤港政府在环保合作方面的制度创新。刘一非(2015)根据中国环境科学研究院和中国环境监测总站的评估结果发现 APEC 会议期间对大气污染防控措施的实施效果非常显著,用实例证明了采取建立重污染天气区域应急联动减排机制;强化本地应急减排措施;加强重污染气象条件预警等方法可以有效地对京津冀区域大气污染进行治理。郑古蕊(2017)对中国东北地区雾霾治理联动协作机制运行效果不好的原因进行了深入探讨,发现主要由于缺乏制度约束、排污标准不统一、信息开发不成熟、资源共享机制不健全以及环境保护与经济增长之间存在矛盾等原因导致区域雾霾防治联动的低效,并提出通过区域立法协作、统一环境监管、大气生态补偿、信息资源共享、地方财政横向合作和多元保障等机制建立,破解东北地区雾霾治理的困境。长沙市环境保护局(2016)对长沙市及长株潭的大气污染现状和大气污染防治工作开展情况进行了分析,研究发现只有通过长株潭联合治理才能实现有效的区域雾霾治理,并基于这一前提提出了相关的保障机制。上海市环境科学研究院课题组(2016)对当前严峻的长三角区域大气污染情况进行研究后指出从管理体系建立、组织机构设立和制度构建三个角度来推动长三角区域大气污染协同治理。文章建议建立"纵横"两向组织管理体系,打破属地管理的界限;组建具有实权的区域大气污染协调组织机构,负责对联防联控各方进行利益协调;构建长期的区域大气环境管理制度,从利益协调机制入手,完善利益协调、生态补偿、信息共享、监督核查等机制。庄贵阳、周伟铎、薄凡(2017)分析了京津冀地区雾霾问题的成因和面临的挑战,认为应当从思想上认识到由属地治理走向区域一体化治理的重要性,逐步打破行政区域限制,建立京津冀雾霾联合治理的合作机制,最终才能实现有效的区域雾霾治理。从上述文献研究可以看出,学者们对大气污染防治的现状、动因、经验、教训以及防治措施等方面进行了多方面的研究,研究范围覆盖到了中国主要的区域和城市群,包括京粤港、东北地区、长株潭城市群、长三角城市群、京津冀城市群等。基本上也形成了一致的结论:对区域大气污染进行治理应当树立由属地治理走向区域一体化治理的思想,打破行政区域限制,建立联防联治的合作机制。那么,长三角区域的大气污染现状如何? 在防治联动相关政策出台后,大气污染情况是否有所改善? 长三角区域的大气污染呈现什么样的特点? 长三角区域的大气污染防治联动还存在哪些问题? 未来深化长三角区域大气污染的防治联动还应该实行哪些政策措施? 本节的分析将试图解决以上问题,并为深化长三角的大气污染防治联动机制提出政策建议。

4.1.2　长三角大气污染现状和污染源全面分析

1. 长三角和大气污染的概念界定

(1) 长三角:根据《长江三角洲城市群发展规划 2015—2030》,长江三角洲城市群发展规划上海市、江苏省(南京、无锡、常州、苏州、南通、盐城、扬州、镇江、泰州)、浙江省(杭州、宁波、嘉兴、湖州、绍兴、金华、舟山、台州)、安徽省(合肥、芜湖、马鞍山、铜陵、安庆、滁州、池州、宣城),三省一市共 26 个城市。

(2) 大气污染:按照国际标准化组织(ISO)的定义,大气污染通常系指由于人类活动或自然过程引起某些物质进入大气,呈现出足够的浓度,达到足够的时间,并因此危害了人体的舒适、健康和福利或环境的现象。

(3) 大气污染衡量指标:常用的大气污染衡量指标包括 SO_2、烟(粉)尘、NO_2、CO、O_3 等的浓度或排放量;空气污染指数(API);空气质量指数(AQI);空气质量达标天数;空气质量综合指数等。

SO_2 成为大气污染物是由于 SO_2 易被氧化成 SO_3,再与水分子结合形成硫酸分子,经过均相或非均相成核作用,形成硫酸气溶胶,并同时发生化学反应形成硫酸盐。硫酸和硫酸盐可以形成硫酸烟雾和酸雨,造成较大危害。

烟(粉)尘成为大气污染物是由于粉尘污染直接威胁着人们的生命,尤其身处粉尘污染的环境会引起多种心血管、呼吸道疾病等。

NO_2 成为大气污染物是由于 NO_2 与水分子结合易形成硝酸型酸雨,同时造成地表水的酸化、富营养化。

2. 长三角的大气污染现状和主要污染源

根据《2015 年中国环境状况公报》,2015 年全国城市空气质量总体趋好,全国 338 个地级以上城市中,有 73 个城市环境空气质量达标,占 21.6%;265 个城市环境空气质量超标,占 78.4%。全国空气质量优良天数比例在 19.2%—100%,平均为 76.7%;其中,150 个城市达标天数比例在 80%—100%,152 个城市达标天数比例在 50%—80%,30 个城市达标天数比例不足 50%。PM2.5 年均浓度范围为 11—125 微克/立方米,平均为 50 微克/立方米;PM10 年均浓度范围为 24—357 微克/立方米,平均为 87 微克/立方米;SO_2 年均浓度范围为 3—87 微克/立方米,平均为 25 微克/立方米;NO_2 年均浓度范围为 8—63 微克/立方米,平均为 30 微克/立方米。

2015 年长三角地区 26 个城市的环境质量状况公报统计得出,长三角区域 26 个地级及以上城市空气质量优良天数比例范围为 61.65%—94.5%,平均达标天数比例为 74.1%;6 个城市的优良天数比例在 80%—100%,20 个城市的优良天数比例在 60%—80%。区域 PM2.5 年均浓度为 52.52 微克/立方米;PM10 年均浓度为 81.89 微克/立方米;SO_2 年均浓度为 21.76 微克/立方米;NO_2 年均浓度为 34.97 微克/立方米。

(1) 长三角地区工业 SO_2 污染排放现状和主要污染源分析。

① 污染现状

2006—2015 年间,长三角地区工业 SO_2 的排放量下降了 41.46%,基本处于逐年下降的趋势(见图 4.1)。

2006—2015 年 10 年间,长三角地区单位 GDP SO_2 的排放量是在逐年下降的,这是 10 年来长三角地区工业 SO_2 排放量下降的一个原因(见图 4.2)。

数据来源:《中国城市统计年鉴 2007—2016》。

图 4.1　2006—2015 年长三角地区工业 SO_2 排放情况

资料来源:《中国城市统计年鉴 2007—2016》。

图 4.2　2006—2015 年长三角地区单位 GDP SO_2 排放量

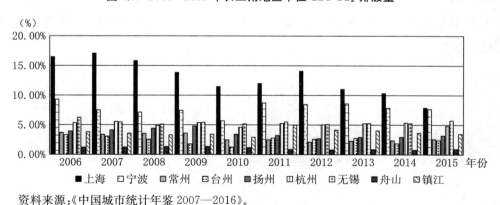

资料来源:《中国城市统计年鉴 2007—2016》。

图 4.3　2006—2015 年长三角地区部分城市工业 SO_2 排放量占比情况

长三角地区各城市工业 SO_2 排放量在 10 年间都是逐步下降的,但不同城市工业 SO_2 排放量占长三角地区工业 SO_2 排放总量的占比具有不同的变化。图 4.3 展示了经过 10 年,工业 SO_2 排放量占比有所减小的 9 个城市其工业 SO_2 排放量占比的变化情况。其中,上海市工业 SO_2 排放量占比减少的最多,从 2006 年的 16.49%,降低到了 2015 年的 7.9%。

图 4.4 展示了经过 10 年,工业 SO_2 排放量占比有所增大的 16 个城市其工业 SO_2 排放量占比的变化情况。其中合肥的工业 SO_2 排放量占比增加得最多,有 1.87%。

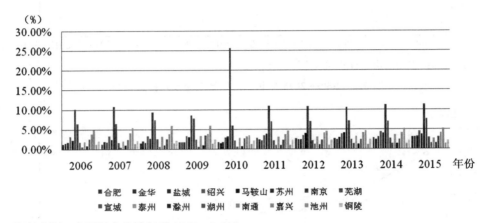

资料来源:《中国城市统计年鉴 2007—2016》。

图 4.4 2006—2015 年长三角地区部分城市工业 SO_2 排放量占比情况

这说明,长三角地区 26 城市十年间 SO_2 的排放结构不断地在发生变化,上海、宁波等城市虽然总体 SO_2 的排放量仍较大,但在不断地缩小占比,相比合肥、金华等十年来工业 SO_2 排放量占比逐步增大的城市,其 SO_2 排放量的下降速度更快(见图 4.5)。

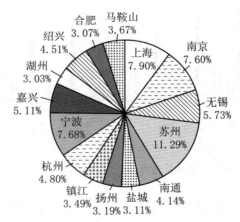

资料来源:《中国城市统计年鉴 2007—2016》。

图 4.5 2015 年长三角地区主要城市工业 SO_2 排放量占比

2015 年,工业 SO_2 排放量前五的城市依次为苏州、上海、宁波、南京和无锡。

从表 4.1 可以看到,铜陵、马鞍山、宁波、无锡和湖州是人均 SO_2 排放量排名前五的城市。通过与图 4.5 相对比,可以发现,苏州、上海和南京虽然工业 SO_2 排放量很高,但人均 SO_2 排放量的排名并不靠前;无锡和宁波工业 SO_2 排放量和人均 SO_2 排放量都很高。

表 4.1　2015 年长三角地区各城市人均 SO_2 排放量

单位:吨/万人

城　市	人均 SO_2 排放量	城　市	人均 SO_2 排放量
铜　陵	374.84	常　州	92.81
马鞍山	215.35	扬　州	91.98
宁　波	173.86	杭　州	88.20
无　锡	158.23	金　华	82.71
湖　州	152.54	宣　城	74.05
嘉　兴	148.14	泰　州	73.62
镇　江	145.85	南　通	71.81
苏　州	141.31	盐　城	57.19
绍　兴	138.49	台　州	53.34
南　京	122.66	合　肥	52.41
池　州	120.79	滁　州	46.09
舟　山	107.46	上　海	43.43
芜　湖	98.92	安　庆	28.05

资料来源:各城市 2016 年统计年鉴、《中国城市统计年鉴 2016》。

从表 4.2 可以看到,10 年间长三角地区 26 城市单位 GDP SO_2 的排放量都有明显的减少,减少最多的是常州和上海,减少了 88%。这说明能源效率有了很大的提升。2015 年长三角地区单位 GDP SO_2 排放量居于前 5 的城市依次为铜陵、马鞍山、池州、盐城和宣城。通过与图 4.3 相对比发现,苏州、上海、宁波、南京和无锡虽然工业 SO_2 排放量很高,但单位 GDP SO_2 排放量并不居于前列。通过与表 4.1 对比,发现铜陵、马鞍山的人均 SO_2 排放量和单位 GDP SO_2 排放量都居前列。

表4.2　2006、2015年长三角地区26城市单位GDP SO₂排放情况

单位:吨/亿元

城 市	2006 年	2015 年	降低比例
池 州	196.39	31.83	84.00%
铜 陵	185.01	38.56	79.00%
马鞍山	110.09	35.68	68.00%
镇 江	82.70	13.23	84.00%
嘉 兴	81.60	19.31	76.00%
舟 山	81.12	11.33	86.00%
芜 湖	79.56	15.49	81.00%
扬 州	79.49	10.56	87.00%
湖 州	75.94	19.30	75.00%
宁 波	73.50	12.74	83.00%
常 州	53.42	6.53	88.00%
安 庆	52.65	9.14	83.00%
南 京	52.55	10.39	80.00%
台 州	51.76	8.97	83.00%
滁 州	49.64	14.18	71.00%
南 通	48.93	8.96	82.00%
苏 州	46.72	10.34	78.00%
无 锡	43.02	8.93	79.00%
绍 兴	42.30	13.43	68.00%
泰 州	42.22	9.27	78.00%
宣 城	35.77	19.76	45.00%
上 海	35.41	4.18	88.00%
杭 州	35.19	6.35	82.00%
盐 城	33.32	9.81	71.00%
金 华	27.44	11.62	58.00%
合 肥	24.26	7.21	70.00%

资料来源:各城市2016年统计年鉴、《中国城市统计年鉴2016》。

　　从表4.3可以看到,经过10年时间,长三角地区大部分城市SO₂年均浓度都有了一定的下降,这说明10年来,大部分城市的大气污染都得到了一定程度的改

善。其中 SO_2 年均浓度降幅最大的是南京市,降低了 69.84%。但同时可以发现,芜湖市,马鞍山市经过 10 年时间 SO_2 年均浓度有了大幅的增加,这两个城市需要加大对大气污染中 SO_2 的治理力度。2015 年,铜陵市 SO_2 年均浓度最高,其次是芜湖、南通等。排放量最低的是台州,只有 9 微克/立方米。

表 4.3　长三角地区 26 城市 SO_2 年均浓度

单位:微克/立方米

城　市	2006 年	2015 年	降低比例
铜　陵	78.00	42.00	46.15%
芜　湖	26.00	40.00	−53.85%
南　通	38.00	30.00	21.05%
无　锡	59.00	26.00	55.93%
扬　州	33.00	24.00	27.27%
镇　江	40.00	24.00	40.00%
马鞍山	20.00	24.00	−20.00%
宣　城	—	24.00	—
苏　州	40.00	21.00	47.50%
绍　兴	40.00	21.00	47.50%
舟　山		20.00	
南　京	63.00	19.00	69.84%
常　州	31.00	19.00	38.71%
盐　城	—	19.00	
池　州	—	19.00	
安　庆	49.00	18.00	63.27%
上　海	51.00	17.00	66.67%
杭　州	—	16.00	
合　肥	—	16.00	
泰　州	—	15.81	
宁　波	—	15.00	
台　州	13.00	9.00	30.77%
嘉　兴	28.00	—	
湖　州	—	—	
金　华	—	—	
滁　州	31.00	—	

资料来源:各城市 2015 年环境质量状况公报。

② 主要污染源分析

国内的 SO_2 污染源可归纳为三个方面:第一是硫酸厂尾气中排放的 SO_2;第二是有色金属冶炼过程排放的 SO_2:如铜、铅、锌、钴、镍、金、银等矿物,都含硫化物,在冶炼过程中排放出大量的 SO_2;第三是燃煤烟气中的 SO_2:煤炭在一次能源中约占75%,我国煤炭产量居世界第一位,且多为高硫煤(硫含量超过 2.5%),其储量占煤炭总储量的 20%—25%。在全国煤炭的消费中,占总量 84% 的煤炭被直接燃用,燃烧过程中排放出大量的 SO_2(特别是火力发电站及炼焦化工等行业),燃煤 SO_2 排放占总二氧化硫排放量的 85% 以上,造成严重的大气污染。燃烧煤炭产生的 SO_2 污染来源主要有三个方面:一是生活污染,包括饮食或取暖时燃料向大气排放的有害气体;二是工业污染,包括火力发电、钢铁和有色金属冶炼;三是交通污染,包括汽车、飞机、火车、船舶等交通工具排放的气体。

(2) 2006、2015 年长三角地区各城市 NO_2 污染现状和主要污染源分析。

① 污染现状

从表 4.4 可以看到,经过 10 年时间,长三角地区部分城市 NO_2 年均浓度有了一定的下降,但仍有一部分城市 NO_2 年均浓度有明显的升高。台州市 NO_2 年均浓度降低比例最大,为 20.69%;马鞍山市 NO_2 年均浓度升高比例最大,为 59.09%。2015年,苏州市 NO_2 年均浓度最高,其次是南京、杭州等。排放量最低的是池州,只有22 微克/立方米。

表 4.4　2006、2015 年长三角地区 26 城市 NO_2 年均浓度

单位:微克/立方米

城　市	2006 年	2015 年	降低比例
苏　州	55.00	54.00	1.82%
南　京	52.00	50.00	3.85%
杭　州	—	49.00	—
上　海	55.00	46.00	16.36%
宁　波	—	43.00	—
镇　江	34.00	41.99	−23.50%
无　锡	37.00	41.00	−10.81%
舟　山	—	40.00	—
南　通	39.00	38.00	2.56%
常　州	30.00	37.00	−23.33%
绍　兴	42.00	37.00	11.90%

（续表）

城　市	2006 年	2015 年	降低比例
铜　陵	35.00	36.00	−2.86％
马鞍山	22.00	35.00	−59.09％
合　肥	—	33.00	
芜　湖	26.00	32.00	−23.08％
宣　城	—	32.00	
安　庆	40.00	29.00	27.50％
泰　州	—	27.36	
盐　城		23.00	
台　州	29.00	23.00	20.69％
池　州	—	22.00	
扬　州	18.00	—	—
嘉　兴	28.00		
湖　州	—		
金　华	—		
滁　州	54.96		

资料来源：各城市 2015 年环境质量状况公报。

② 主要污染源分析

NO_2 除自然来源外，主要来自燃料的燃烧、城市汽车尾气。此外，工业生产过程也可产生一些 NO_2。据估计，全世界人为污染每年排出的氮氧化物大约为 5 300 万吨。另外闪电也可以产生 NO_2，在闪电时由于空气中电场极强，空气中一些物质的分子被撕裂而导电，雷电电流通过时产生大量的热，使已经呈游离状态的空气成分 N_2、O_2 结合。

（3）长三角地区工业烟（粉）尘的污染排放现状和主要污染源分析。

① 污染现状

2006—2010 年间，长三角地区工业烟（粉）尘的排放量处于逐年下降的趋势，但 2010—2015 年间，长三角地区工业烟（粉）尘的排放量处于不断波动的状态（见图 4.6）。

从图 4.6、图 4.7 可以看到，2006—2015 年，单位 GDP 工业烟（粉）尘排放量的变化趋势与工业烟（粉）尘排放量的变化趋势吻合。

经过 10 年时间长三角地区工业烟（粉）尘的排放量有了明显的增加，但其 10 年排放量的变化却不尽相同。图 4.8 展示了经过 10 年时间工业烟（粉）尘排放量有所下降的 7 个城市，分别是南通、扬州、镇江、泰州、嘉兴、舟山、池州。

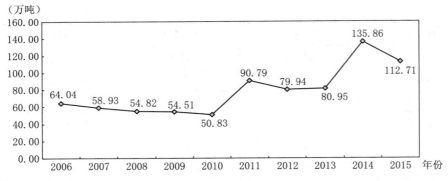

资料来源:《中国城市统计年鉴2007—2016》。

图 4.6　2006—2015 年长三角地区工业烟(粉)尘的排放情况

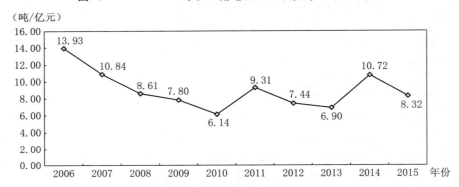

资料来源:《中国城市统计年鉴2007—2016》。

图 4.7　2006—2015 年长三角地区单位 GDP 烟(粉)尘排放量

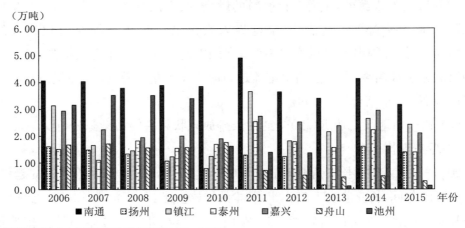

资料来源:《中国城市统计年鉴2007—2016》。

图 4.8　2006—2015 年长三角地区部分城市工业烟(粉)尘排放量

　　图 4.9 展示了 2015 年长三角地区主要城市工业烟(粉)尘的排放量占比情况,占比最高的是上海 9.88%,其次是常州 8.69%、合肥 7.54%、南京 7.46% 和无锡 7.35%。

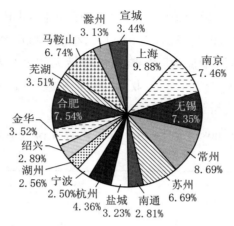

资料来源:《中国城市统计年鉴 2007—2016》。

图 4.9　2015 年长三角地区主要城市工业烟(粉)尘排放量占比

从表 4.5 可以看到,马鞍山、铜陵、常州、无锡和宣城是人均烟(粉)尘排放量排名前五的城市。通过与图 4.9 相对比,可以发现,上海、合肥、南京虽然工业烟(粉)尘排放量很高,但人均烟(粉)尘排放量的排名并不靠前;常州和无锡工业烟(粉)尘排放量和人均烟(粉)尘排放量都很高。

表 4.5　2015 年长三角地区 26 城市人均烟(粉)尘排放量

单位:吨/万人

城　　市	人均烟(粉)尘排放量	城　　市	人均烟(粉)尘排放量
马鞍山	335.61	绍　兴	75.24
铜　陵	311.81	苏　州	71.03
常　州	264.26	杭　州	67.96
无　锡	172.30	盐　城	50.38
宣　城	149.51	宁　波	47.95
湖　州	109.42	安　庆	47.53
合　肥	109.16	上　海	46.12
芜　湖	102.69	嘉　兴	45.75
南　京	102.15	南　通	41.30
池　州	97.14	扬　州	30.18
滁　州	87.78	泰　州	29.90
金　华	82.95	台　州	27.22
镇　江	76.28	舟　山	26.48

资料来源:各城市 2016 年统计年鉴、《中国城市统计年鉴 2016》。

从表4.6可以看到,大部分城市经过10年时间单位GDP工业烟(粉)尘排放量都有所减少,其中,减幅最大的是舟山,为94.31%;小部分城市经过10年时间单位GDP工业烟(粉)尘排放量有所增加,其中,增加幅度最大的是马鞍山市,为153.85%,同时,2015年,长三角地区单位GDP工业烟(粉)尘排放量最多的也是马鞍山市,单位GDP工业烟(粉)尘排放量最少的舟山市。

表4.6　2006年、2015年长三角地区26城市单位GDP工业烟(粉)尘排放量

单位:吨/亿元

城　市	2006 年	2015 年	降低比例
马鞍山	21.90	55.60	−153.85%
宣　城	20.95	39.89	−90.41%
铜　陵	53.05	32.08	39.54%
滁　州	54.92	27.01	50.82%
池　州	242.77	25.60	89.45%
常　州	20.64	18.58	9.94%
芜　湖	16.49	16.08	2.49%
安　庆	27.39	15.48	43.46%
合　肥	12.83	15.02	−17.14%
湖　州	20.30	13.84	31.81%
金　华	11.62	11.66	−0.33%
无　锡	15.84	9.73	38.59%
南　京	15.40	8.65	43.82%
盐　城	14.97	8.64	42.25%
绍　兴	13.64	7.30	46.50%
镇　江	30.05	6.92	76.98%
嘉　兴	21.87	5.96	72.73%
苏　州	12.57	5.20	58.64%
南　通	22.77	5.15	77.38%
杭　州	9.76	4.89	49.85%
台　州	5.18	4.58	11.61%
上　海	4.47	4.43	0.80%
泰　州	15.03	3.76	74.97%
宁　波	9.22	3.51	61.88%
扬　州	14.26	3.46	75.71%
舟　山	49.07	2.79	94.31%

资料来源:各城市2016统计年鉴、《中国城市统计年鉴2016》。

② 主要污染源分析

工业烟（粉）尘的来源主要为：固体物料的机械粉碎和研磨，例如选矿、耐火材料车间的矿石破碎过程和各种研磨加工过程；粉状物料的混合、筛分、包装及运输，例如水泥、面粉等的生产和运输过程；物质的燃烧，例如煤燃烧时产生的烟尘；物质被加热时产生的蒸气在空气中的氧化和凝结，例如矿石烧结、金属冶炼等过程中产生的锌蒸气，会凝结氧化成固体。

（4）长三角地区 26 城市 PM10、PM2.5 污染现状和主要污染源分析。

① PM10 污染现状

从表 4.7 可以看到，长三角地区，大部分城市经过 10 年时间，其 PM10 年均浓度都有一定程度的下降，台州市降幅最大，为 40.00％；芜湖市 PM10 年均浓度增幅最大，为 20.90％。2015 年，PM10 年均浓度最高的是扬州市，PM10 年均浓度最低的是池州。

表 4.7　2006、2015 年长三角地区 26 城市 PM10 年均浓度

单位：微克/立方米

城　市	2006 年	2015 年	降低比例
扬　州	100.00	101.05	−1.05％
泰　州	—	101.00	—
南　京	109.00	96.00	11.93％
无　锡	94.00	94.00	0.00％
合　肥	—	92.00	—
南　通	89.00	88.00	1.12％
铜　陵	95.00	88.00	7.37％
镇　江	108.00	87.53	18.95％
马鞍山	92.00	87.00	5.43％
滁　州	86.96	87.00	−0.05％
盐　城	—	85.00	—
杭　州	—	85.00	—
常　州	93.00	81.00	12.90％
芜　湖	67.00	81.00	−20.90％
苏　州	95.00	80.00	15.79％
绍　兴	92.00	79.00	14.13％
宣　城	—	75.00	—

（续表）

城　市	2006 年	2015 年	降低比例
安　庆	69.00	72.00	−4.35%
上　海	86.00	69.00	19.77%
宁　波	—	69.00	—
台　州	110.00	66.00	40.00%
舟　山	—	65.00	—
池　州	—	55.00	—
嘉　兴	111.00	—	—
湖　州	—	—	—
金　华	—	—	—

资料来源：各城市 2015 年环境质量状况公报。

② PM2.5 污染现状

从表 4.8 可以看到，2015 年长三角地区中，合肥、无锡、马鞍山、泰州和镇江 PM2.5 年均浓度排名最前，嘉兴排名最后。

表 4.8　2015 年长三角地区 26 城市 PM2.5 年均浓度

单位：微克/立方米

城　市	PM2.5 年均浓度	城　市	PM2.5 年均浓度
合　肥	66.00	扬　州	55.02
无　锡	61.00	金　华	54.00
马鞍山	61.00	上　海	53.00
泰　州	60.00	绍　兴	53.00
镇　江	59.04	安　庆	53.00
铜　陵	58.02	盐　城	49.00
常　州	58.00	宣　城	49.00
苏　州	58.00	宁　波	45.00
南　通	58.00	台　州	39.00
芜　湖	57.99	舟　山	35.00
南　京	57.00	池　州	35.00
杭　州	57.00	嘉　兴	25.00
湖　州	57.00	滁　州	—

资料来源：各城市 2015 年环境质量状况公报。

③ 主要污染源分析

PM10 是空气动力学直径小于或等于 10 微米的颗粒物,也称可吸入颗粒物或飘尘,PM2.5 就是其中的一种。一部分颗粒物来自污染源的直接排放,比如未铺沥青、水泥的路面上行使的机动车、材料的破碎碾磨处理过程以及被风扬起的尘土等。另一些则是由环境空气中硫氧化物、氮氧化物、挥发性有机化合物及其他化合物互相作用形成的细小颗粒物,它们的化学和物理组成依地点、气候、一年中的季节不同而变化很大。

细颗粒物 PM2.5 是指大气中直径小于或等于 2.5 微米的颗粒物,也称为可入肺颗粒物。它的直径还不到人的头发丝粗细的 1/20。PM2.5 最主要的来源则是人为的,是日常发电、工业生产煤炭、石油及其他矿物燃烧产生的工业废气、汽车尾气排放等过程中经过燃烧而排放的残留物,大多含有重金属等有毒物质,包括散播到空气中的灰尘、硫酸、硝酸、有机碳氢化合物等粒子,经过一系列光化学反应形成二次污染物。

根据包贞第(2010)对杭州市大气 PM2.5 和 PM10 污染特征的分析表明:扬尘、机动车尾气尘、硫酸盐和煤烟尘是大气 PM10 和 PM2.5 的主要排放源类,硝酸盐、燃油尘、建筑水泥尘对颗粒物的贡献明显。机动车尾气尘、燃油尘、二次硫酸盐和硝酸盐粒子对 PM2.5 的贡献率明显高于对 PM10 的影响。对细粒子影响较大的硫酸盐、硝酸盐、燃油尘和机动车尾气尘的贡献率有上升趋势,控制 PM2.5 污染更需在控制常规污染源扬尘、煤烟尘等的同时,加强机动车尾气尘、硫酸盐、硝酸盐和燃油尘的控制,更需体现多源类综合治理的原则。

(5) 长三角地区 26 城市臭氧浓度污染现状和污染源分析。

① 污染现状

从表 4.9 可以看到,2015 年长三角地区中,杭州、上海、宁波、无锡和苏州臭氧年均浓度排名前五。2013—2015 年,长三角大部分城市的臭氧超标率都有一定的上升。

② 主要污染源分析

城市空气中的臭氧,主要是直接排入大气中的一次污染物氮氧化物和挥发性有机物在太阳光与热作用下,经化学反应形成的二次污染物。氮氧化物和挥发性有机化合物主要来源于火电、钢铁和水泥等行业以及机动车尾气、加油站等,在光化学反应下,即生成臭氧产生污染。臭氧污染主要形成于市区及市郊,盛行风也可能把它带到农村地区去。

表 4.9 2013—2015 年长三角地区 26 城市 O₃ 年均浓度

单位:微克/立方米

城　市	浓　度		超标率		
	2014 年	2015 年	2013 年	2014 年	2015 年
上　海	149	161	13.2%	20.2%	20.1%
南　京				15.6%	13.7%
无　锡	100	97			
常　州			6.67%		
苏　州	95	96			
南　通					
盐　城			2.5%	5.2%	11.5%
扬　州					
镇　江	140	161	1.8%	4.9%	17.8%
泰　州			7.7%		
杭　州	170	167			
宁　波		120	4.7%	5.8%	6.8%
嘉　兴			14.5%	14.6%	19.9%
湖　州					
绍　兴	93	122			
金　华					
舟　山					
台　州	88			1.7%	
合　肥	53	65			
芜　湖					
马鞍山	68	81			
铜　陵					
安　庆		56			
滁　州					
池　州		65			
宣　城		95			

资料来源:各城市 2013—2015 年环境质量状况公报。

（6）长三角地区 26 城市 AQI。

表 4.10 将长三角地区 26 城市 2015 年的 AQI 进行排序，可以看出空气质量最好的城市是池州，最差的是湖州。

表 4.10　2015 年长三角地区 26 城市 AQI

城　市	AQI	城　市	AQI
池　州	94.50%	泰　州	71.20%
舟　山	90.80%	常　州	71.00%
台　州	90.10%	上　海	70.70%
安　庆	84.40%	合　肥	69.90%
宁　波	82.70%	苏　州	68.20%
宣　城	81.50%	扬　州	67.90%
绍　兴	79.50%	南　通	67.70%
铜　陵	78.60%	杭　州	66.30%
芜　湖	77.26%	滁　州	65.80%
马鞍山	75.34%	南　京	64.40%
镇　江	73.32%	嘉　兴	64.40%
金　华	73.30%	无　锡	64.10%
盐　城	72.10%	湖　州	61.65%

资料来源：各城市 2015 年环境质量状况公报。

综上所述，从污染物减排情况来看，2006—2015 年间，二氧化硫、二氧化氮、PM10 及 PM2.5 浓度均有不同程度的改善，而臭氧污染改善效果并不明显。同时，尽管颗粒物污染情况有所缓解，但长三角区域 PM10，尤其是 PM2.5 超标情况仍较为严重，成为近期及未来很长一段时期内的主要环境空气质量问题。

从区域分布来看，长三角地区 26 城市 10 年间（2006—2015 年）SO_2 的排放结构不断地发生变化，上海、宁波等城市虽然总体 SO_2 的排放量仍较大，但占比持续变小；而合肥、金华等工业 SO_2 排放量占比则逐步增加。无锡和宁波工业 SO_2 排放量和人均 SO_2 排放量都很高，铜陵、马鞍山的人均 SO_2 排放量和单位 GDP SO_2 排放量都居前列，这四个城市是长三角控制 SO_2 排放总量需要重点关注的城市。

2006—2015 年间，长三角地区部分城市的 NO_2 年均浓度有了一定的下降，但仍有一部分城市 NO_2 年均浓度有明显的升高。台州市 NO_2 年均浓度降低比例最大，为 20.69%；马鞍山市 NO_2 年均浓度升高比例最大，为 59.09%。2015 年，苏州市 NO$_2$ 年均浓度最高,其次是南京、杭州等。排放量最低的是池州,只有 22 微克/立方米。因此,在 NO$_2$ 防控方面,重点关注的城市有马鞍山、苏州、南京和杭州。

2006—2010 年间,长三角地区工业烟(粉)尘的排放量处于逐年下降的趋势,但 2010—2015 年间,长三角地区工业烟(粉)尘的排放量处于不断波动的状态。2015 年长三角地区主要城市工业烟(粉)尘排放量占比最多的城市有上海、常州、合肥、南京和无锡。常州和无锡工业烟(粉)尘排放量和人均烟(粉)尘排放量都很高。而单位 GDP 工业烟(粉)尘排放量最高的是马鞍山市。因此,上海、常州、合肥、南京、无锡和马鞍山是控制工业烟(粉)尘污染的重点城市。

4.1.3 大气污染治理联动机制的欧洲经验借鉴

快速发展的工业化和城市化进程使得欧洲成为大气污染问题首先出现的区域。20 世纪上半期,欧洲多个城市都曾经遭受过严重的烟雾事件侵袭,其中"马斯河谷烟雾事件"(Meuse River Valley Smog)和"伦敦烟雾事件"(London Smog Incident)先后爆发,对整个欧洲社会乃至全世界造成很大的冲击,其带来的环境污染、经济损失和社会影响都是非常严重的。

马斯河谷周边分布着很多重型工厂,包括炼焦、炼钢、电力、玻璃、炼锌、硫酸、化肥等工厂,还有石灰窑炉。1930 年 12 月 1 日至 5 日,时值隆冬,大雾笼罩了整个比利时大地。马斯河谷工业区上空的雾此时特别浓。由于该工业区位于狭长的河谷地带,气温发生了逆转,大雾像一层厚厚的棉被覆盖在整个工业区的上空,致使工厂排出的有害气体和煤烟粉尘在地面上大量积累,无法扩散,SO$_2$ 的浓度也高得惊人。3 日这一天雾最大,加上工业区内人烟稠密,整个河谷地区的居民有几千人生起病来。一星期内,有 60 多人死亡,其中以原先患有心脏病和肺病的人死亡率最高。与此同时,许多家畜也患了类似病症,死亡的也不少。据推测,事件发生期间,大气中的 SO$_2$ 浓度竟高达 25—100 毫克/立方米,空气中还含有有害的氟化物。专家们在事后进行分析认为,此次污染事件,几种有害气体与煤烟、粉尘同时对人体产生了毒害。

1952 年,伦敦冬季多使用燃煤采暖,市区内还分布有许多以煤为主要能源的火力发电站。由于逆温层的作用,煤炭燃烧产生的 NO$_2$、NO、SO$_2$、粉尘等污染物在城市上空蓄积,引发了连续数日的大雾天气。同时,燃煤产生的粉尘表面会大量吸附水,成为形成烟雾的凝聚核,这样便形成了浓雾。燃煤粉尘中含有 Fe$_2$O$_3$ 成分,可以催化另一种来自燃煤的污染物 SO$_2$ 氧化生成 SO$_3$,进而与吸附在粉尘表面的水化合生成硫酸雾滴。这些硫酸雾滴吸入呼吸系统后会产生强烈的刺激作用，使体弱者发病甚至死亡。由于大气中的污染物不断积蓄，不能扩散，许多人都感到呼吸困难，眼睛刺痛，流泪不止。据史料记载，从 1952 年 12 月 5 日到 12 月 8 日的 4 天里，伦敦市死亡人数达 4 000 人。根据事后统计，在发生烟雾事件的一周中，48 岁以上人群死亡率为平时的 3 倍；1 岁以下人群的死亡率为平时的 2 倍，在这一周内，伦敦市因支气管炎死亡 704 人，冠心病死亡 281 人，心脏衰竭死亡 244 人，结核病死亡 77 人，分别为前一周的 9.5、2.4、2.8 和 5.5 倍，此外肺炎、肺癌、流行性感冒等呼吸系统疾病的发病率也有显著性增加。

1. 签署国际条约推动区域大气污染联防联控发展

由于欧洲大陆特殊的地理环境和空间格局，各国在大气污染治理上虽然都有同样的诉求，但是其中任何一个国家都无法克服跨界治理的难题。随着欧洲各国一体化进程下一致化发展目标的确定，欧盟也逐步在大气污染等环境治理问题的认识上达成一致，只有通过国际合作才能真正形成协同合力，从根本上解决大气污染问题。

最早是在 1979 年，联合国欧洲经济委员会全力支持 25 个欧洲国家、欧洲经济共同体和美国签署了《长距离跨国界空气污染公约》(CLRTAP，以下简称《公约》)。这一《公约》的特殊之处在于它是一个把科学与政策结合在一起的制度框架，其中还包含了空气污染的预测模式，酸雨形成过程的科学分析等内容。这一公约的签署标志着历史上第一个专门针对空气污染问题而制订的具有法律约束力的国际综合性合作公约的出现。

1983 年 3 月，《公约》正式宣布生效。经过 30 多年的不断发展和完善，截至目前，《公约》总共拥有了 51 个缔约国，属于联合国欧洲经济委员会工作的重要组成部分，确保了欧洲各国具有共同的大气污染治理的理念、目标和行动框架，为各国在共同解决大气污染跨界治理难题时提供了一个重要协商合作平台。

1984 年，欧洲建立了远程大气污染输送监测和评估合作计划(EMEP)，专门设立了区域空气质量管理委员会和科学中心作为计划运行机构，前者负责政府决策，后者集中于科学研究，两者相互协作。将监测—模型—评估—对策等过程紧密联系在一起，为相应的区域大气污染联动治理提供了合作解决的成功经验。

此后，为完善和延伸《长距离跨国界空气污染公约》的功能，各缔约国逐步对跨界大气污染治理资金的来源和某些具体污染物的减排目标或措施又陆续签订了八项议定书，使得欧洲跨界大气污染治理内容更加合理和科学，形成了完善系统的治理体系。

1984年,《欧洲大气污染物远距离传输监测和评价合作方案(EMEP)长期融资议定书》,对欧洲跨界大气污染治理资金来源进行了规划。

1985年,《第一硫协议》(《赫尔辛基协议》)首次对 SO_2 提出了削减50％的目标;此后,又分别增加了对氮氧化物和挥发性有机物(VOCs)的削减目标。

1988年,针对氮氧化物减排,一个重要的里程碑式的协议是1988年的《索非亚协议》,要求所有的协议签署国在1994年前不能提高氮氧化物的排放;签署国还承诺引入控制标准及污染治理设施。

1991年的《日内瓦协议》,要求签署国在1988年至1999年之间,挥发性有机化合物的排放量要减少30％。

1994年《第二硫协议》(《奥斯陆协议》)提出了充分考虑地区间差异的临界负荷(Critical Loads)概念,规定2005年前将硫沉降超过临界负荷的量比1990年降低60％,有效地权衡了各缔约国间的生态差异,促使各国建立长期、稳定的空气质量目标,使减排既合理又富有针对性。

1998年的《重金属协议》,着重针对镉、铅和汞,签署国承诺将镉、铅和汞的排放降低到1990年的水平,并商定了一系列的干预措施。

1998年《持久性有机污染物(POPs)协议》(Protocol on Persistent Organic Pollutants)明确指出了签署国应禁止使用的16种物质和一系列应限制使用的物质。

1999年的《歌德堡协议》,以控制酸化、富营养化和近地面臭氧排放为目标,规定了氮氧化物、硫、挥发性有机化合物、重金属和氨的排放上限,改变了以往仅限制单一污染物的模式,注重协同控制多种污染物。

后期在2001年,欧盟在大气污染治理上更加强调系统性,其将人体健康、农作物、建筑物和生态系统全面纳入大气污染治理考虑的因素,制定了《欧洲清洁空气计划》(Clean Air for Europe,简称CAFE),并利用模型对2000—2020年污染物浓度及影响进行了研究,做出相应的效果分析,计划到2020年将氮氧化物的排放量在2000年基础上削减60％,挥发性有机化物减排51％,NH3减排27％,PM2.5减排59％。

2. 制定欧盟指令推进区域大气污染联防联控

在大气污染联防联控方式上,欧盟主要是通过制定各种法规,包括条例、指令等来实现目标落实。欧盟各国在环境管理和环境事务方面一直通过制定欧共体行动规划作为区域内各个国家统一行动的纲领,这一行动规划构成了欧盟实施区域联防联控的主体政治框架,保障了欧盟各国在大气污染治理上的行动一致性。自

1973年以来，欧盟先后制定了六个行动规划，2001年第六个行动规划主要集中在要求欧盟制定有关空气质量的实施战略。现阶段欧盟的区域大气污染防治主要是以环境空气质量方面的指令为基础，以固定源排放、挥发性有机物（VOCs）、国家排放上限、运输工具与环境等几个方面的指令补充构建起来的。具体负责这些指令的管理职责的机构是欧洲委员会，由该委员会对于任何直接违反大气污染防治指令的行为或者以某种借口不履行义务的情况，进行调查，发表自己的意见，提请有关方面注意，并赋予其就违法事项向欧洲法院起诉的权力。

3. 制定"大气环境质量与欧洲清洁大气指令"进一步明确分区管理

为了响应2001年5月出台的《欧洲清洁空气计划》，欧盟在对其成员国在防治大气污染方面经验总结的基础上，利用成熟的欧盟指令立法技术，比较系统地整合了以前的环境空气质量立法，出台了《欧盟委员会关于大气环境质量与欧洲清洁大气的指令》（2008/50/EC），进一步清晰地表明了欧盟采取分区域方式管理大气环境质量的思路，形成了欧盟成员国的大气污染协调控制机制和区域空气质量管理协调机制，为区域大气污染联合防治提供了宝贵的经验。具体机制总结归纳如下：

（1）欧盟成员国大气污染协调控制机制。指令的第25条规定：当任何警戒阈、限值或目标值及任何相关容忍界限或长期目标因重大的空气污染物或其前驱物的跨境传输致使超标时，相关成员国应协力合作，适当时可制定联合行动或协调空气质量计划，目的是通过适当且相称的措施消除超值。该条款进一步授权欧洲委员会在区域一级考虑采取更多行动，以降低造成跨界污染的前驱物排放。指令还要求若一成员国发现在国界或其附近地区的污染超标，导致或有可能导致越境污染，则必须与其他成员国分享相关信息。

（2）区域空气质量管理协调机制。指令第4条规定："成员国应在其领域建立'区'和'块'；空气质量评价和空气质量管理应在所有'区'和'块'内实行"。其中区（Zone）指为了空气质量评价与管理，由成员国对其领域划分的部分，块（Agglomeration）指人口超过25万居民的组合城市区域，以及虽然不到25万居民但人口密度达到成员国确定的每平方千米人口密度的区域。"区"和"块"是空气质量评价和空气质量管理的基本区域，同时也是成员国采取环境空气计划的基本区域。

由于欧盟各国的通力合作，历经了几十年的共同努力，一系列大气污染联合治理的措施在欧洲的推行，实际的治理效果逐步显现。欧洲一系列大气污染有害物排放量相关的统计数据显示，比较2015年与1990年的情况，所有的指标值都大幅减少。其中最为明显的是硫化物，2015年排放量比1990年减少约89%，目前欧洲大部分地区的酸性化合物的沉积水平已经降低到临界负荷以下；氮氧化物排放量相较于 1990 年减少约 56%,另外,UNECE 国家的铅污染也大幅减少,污染水平在 1990 年基础上减少超过 80%。

4.1.4 基于治理现状构建长三角大气污染治理联动机制的政策建议

1. 长三角各地区的大气污染的治理现状

(1)上海市的治理现状。

上海市的大气污染治理主要采取了行政手段和经济手段,行政手段中分源头治理和现象治理提出了具体的行政措施。经济手段方面主要体现在提高 SO_2 排污费收费标准。行政手段上主要采取了源头治理:①逐步淘汰高污染机动车。②为社会车辆提供定期检测服务的机动车环保检验站。③对在本市办理注册登记(含外省市转入)的柴油货车,实施第五阶段排放标准。④针对本市范围内加油站、储油库、油罐车实施油气污染治理工作。⑤新建燃用天然气等清洁能源的锅炉、窑炉,采用低氮燃烧等氮氧化物控制措施。已建燃用天然气等清洁能源的锅炉、窑炉采用低氮燃烧的技术改造措施。⑥除燃煤电厂外,禁止新建燃用煤、重油、渣油、石油焦等高污染燃料的设施。⑦饮食服务业的经营者安装和使用油烟净化和异味处理设施以及在线监控设施。经济手段上主要采取提高 SO_2 排污费收费标准的办法。

(2)浙江省的治理现状。

行政手段上主要采取源头治理:①高污染燃料禁燃区管理,推进工业园区集中供热和清洁能源替代。②淘汰燃煤锅炉窑炉。③发展清洁能源天然气,落实年度风电和光伏发展计划。④地方热电厂燃煤机组的超低排放改造;完成钢铁联合生产企业烧结机和球团生产设备脱硫设施旁路取消工作。⑤降低新生产机动车排放强度,制造、进口、销售、注册登记和省外转入的重型柴油车,须符合国五标准。⑥加强加油站、储油库等油气回收装置监管。⑦落实施工现场围挡、工地砂土覆盖、工地场路硬化、运输车辆冲净和密闭、外脚手架安装密目式安全网、暂不开发的土地采取临时绿化或其他防尘措施、拆除工程洒水措施。⑧加快优化环卫清扫收运体系,推广使用机械压缩式收运设备。⑨设区市以上城市建成区所有产生油烟的餐饮企业、单位须安装高效油烟净化装置。⑩禁止露天焚烧生活垃圾、工业边角料,严格控制露天烧烤。加大烟花爆竹禁限放力度。⑪企业煤堆场和卸煤场所实施封闭管理或建设防风抑尘设施。⑫推进干散货码头堆场建设防风抑尘设施或实现封闭储存,开展内河易扬尘码头及堆场地面硬化及喷淋设施改造,油气码头试点开展油气回收利用综合治理技术改造。同时,建立了重污染天气监测预警体系。

(3) 江苏省的治理现状。

行政手段上采取源头治理:①新建项目禁止配套建设自备燃煤电站,现有燃煤机组应当运用先进高效的技术进行脱硫、脱硝和除尘设施提标改造。②禁止进口、销售和燃用未达到质量标准的煤炭。③禁止船舶在内河水域使用焚烧炉或者焚烧船舶垃圾。④钢铁、火电、建材等企业和港口码头、建设工地的物料堆放场所应当按照要求进行地面硬化,并采取密闭、围挡、遮盖、喷淋、绿化、设置防风抑尘网等措施。⑤矿山开采应当做到边开采、边治理,及时修复生态环境。⑥饮食服务业的经营者应当依法安装和使用与其经营规模相匹配的污染防治设施。

经济手段上采取对能耗超过限额标准或者排放重点大气污染物超过规定标准的企业实行水、电、气差别化价格政策。

(4) 安徽省的治理现状。

行政手段上采取源头治理:①按照循环经济和清洁生产的要求,通过合理规划工业布局,引导企业入驻工业园区。②每小时20蒸吨以上的燃煤锅炉,应当配备脱硫装置,新型干法水泥窑应当实施低氮燃烧技术改造并安装脱硝设施。③禁止高灰分、高硫分煤炭进入市场。④加油加气站、储油储气库和油罐车、气罐车,应当安装油气回收装置。⑤生产和使用有机溶剂的企业,对管道、设备进行日常维护、维修时,应当减少物料泄漏,并对已经泄漏的物料及时收集处理。⑥在用机动车和船舶应当按照国家规定的检验周期进行排气污染检测。⑦生产预拌混凝土、预拌砂浆应当采取密闭、围挡、洒水、冲洗等防尘措施。⑧饮食服务业的经营者应当依法安装和使用与其经营规模相匹配的污染防治设施。

2. 长三角区域大气污染防治协作机制的探索历程

根据国务院《大气污染防治行动计划》相关精神,为加强长三角区域大气污染联防联控,2014年经国务院同意,建立长三角区域大气污染防治协作机制,成立长三角区域大气污染防治协作小组办公室,推进长三角区域大气污染防治联防联控工作。协调解决区域突出大气环境问题;推动长三角区域在节能减排、污染排放、产业准入和淘汰等方面环境标准的逐步对接统一。建立起"会议协商、分工协作、共享联动、科技协作、跟踪评估"五个工作机制。

目前负责长三角大气污染防治协作机制的制定和执行的组织机构是长三角大气污染防治协作小组,该小组由三省一市和国家八部委共同构成,三省一市即浙江省、江苏省、安徽省三省和上海市一市,在国家层面有环保部、国家发改委、工业和信息化部、财政部、住房城乡建设部、交通运输部、中国气象局和国家能源局共八部委参与。该协作小组拥有具体的常设办事机构,协作小组办公室的办公地点设在上海市环保局,负责决策落实、联络沟通、保障服务等日常工作。另外,协作小组还成立了长三角区域大气污染防治协作专家小组,由相关领域多学科资深专家学者组成,负责长三角区域大气环境问题分析、大气污染防治效果评估等。该协作小组的主要工作内容主要包括:会议协商、协调推进、工作联络、信息发送、情况报告和通报、调研交流、研究评估、文件和档案管理等。

在协作小组成立之后,又正式筹建了长三角区域空气质量预测预报中心,并下设江苏、浙江、上海3个分中心,包含可视化会商、监测数据共享与综合观测应用、排放清单管理、预报预警、区域预报信息服务5个系统。截至2017年12月29日,长三角区域空气质量预测预报中心已基本完成二期建设并实现了业务化应用。该预报中心是长三角区域空气质量预测预报及预警支持的数据中心、联合预报中心和会商中心,负责长三角区域预测预报工作的总体协调、区域层级业务预报和对分中心的技术指导,旨在为各省市提供区域性预测预报服务、为区域大气污染联防联控工作提供重要技术支撑。

总结而言,目前长三角三省一市在区域大气污染防治联动方面已经积极行动起来,在各方面都取得了实质性的进展,虽然在一些具体的机制设计问题上还有待进一步完善,但已经形成了坚实的基础,后期的机制设计可以基于这一已有框架,进行进一步完善丰富。

3. 构建长三角区域大气污染治理联动机制的政策建议

考虑到大气污染问题的复杂性和长三角区域三省一市的发展差异性,对大气污染的区域治理应当坚持统一化管理与差异化应对相结合;行政手段与经济手段相结合;普遍问题治理与重点领域治理相结合的三大原则。以下基于这三大原则对长三角区域大气污染治理联动机制的设计提出政策建议。

(1) 长三角区域大气污染治理联动管理机制的设计建议。

基于统一化管理与差异化应对相结合的原则,长三角区域大气污染治理联动管理机制设计应当符合污染治理的客观需要。从区域层面来讲,大气污染的治理目标的规划、大气污染的观测和评估、大气污染的防治落实、大气污染的监督管控这几项工作都应当在统一领导管理下完成,各地区在统一领导框架下,按照本地区的发展基础和大气污染情况,推行切合本地区的治理措施。因此,长三角区域大气污染治理联动管理机制设计建议设立以现有长三角区域大气污染防治协作小组为最高领导机构,同时设立大气污染治理联动常务工作小组作为常设管理机构,统一指导长三角区域大气污染治理工作。以现有预测预报中心和污染成因实验室为常设机构的基础上,再建立一个污染防治战略规划机构和一个具有立法、执法和处罚权的监督管理机构。具体机构设置构想如图 4.10 所示。

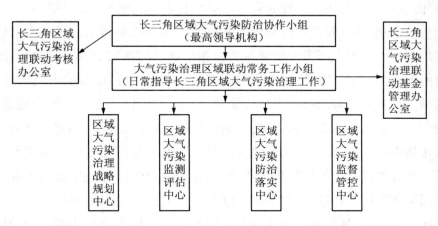

图 4.10　长三角区域大气污染治理联动区域层面管理机构设置

长三角区域大气污染防治协作小组由国家层面的生态环境部、国家发改委、工业和信息化部、财政部、住房和城乡建设部、交通运输部、中国气象局和国家能源局共八部委和长三角区域三省一市的政府组成,形成长三角区域大气污染治理联动的最高领导机构。下设的大气污染治理区域联动常务工作小组主要是在长三角区域大气污染防治协作小组的领导下,执行相关治理决议和负责日常管理事务,领导下设四大职能中心。四大职能中心主要围绕区域大气污染治理中的四个统一领导任务开展工作,其中区域大气污染治理战略规划中心主要负责对长三角区域大气污染的相关数据进行全盘分析,结合长三角区域经济发展、能源消费情况、交通情况和工业发展布局等,制定切实可行的长三角区域大气污染治理的战略规划,并对涉及的具体任务在区域内三省一市之间进行任务分配和协调工作;区域大气污染监测评估中心是在原有预测预报中心的基础上,进一步拓展其功能定位,即该中心既要完成对大气污染相关数据的监测分析,同时要对污染治理工作进行评估,对相关治理措施的执行效果进行数据评价分析,将有助于改善实际治理工作的效果;区域大气污染防治落实中心是在原有污染成因实验室的基础上,进一步拓展其职能,即该中心主要负责从技术角度对推进区域大气污染的治理落实进行管理,一方面支持对污染源和污染原因的技术分析,另一方面更要对治理技术手段进行探索,并实际指导督促落实;区域大气污染监督管控中心主要是针对现有的治理中存在不具备执法权,没有处罚权,则对不履行责任的行为没有威慑力的问题,而各地的执法监管机构缺乏统一领导,难以发挥出良好的治理效果,通过设立统一的监督管控中心,将有助于提升长三角区域在大气污染治理联动中的执行力。

(2)长三角区域大气污染治理联动执行机制的设计建议。

首先,在区域大气污染治理战略规划中心的统一领导下,与区域内各省市的对接专门机构协调,建立长三角区域大气污染排放联动控制机制。区域大气污染治理战略规划中心应当在国家大气质量评价指标体系的基础上,结合长三角地区三省一市的大气污染实际状况,进一步制定本地区的复合污染排放大气质量指标。同时区域大气污染治理战略规划中心要结合长三角地区三省一市的自然条件、经济发展和产业布局等客观现状,严格控制和落实区域排污总量,制定切合各地发展实际的排污份额和治理方案、治理目标。最后区域大气污染治理战略规划中心可基于长三角各省市的大气污染排放现状,通过建立跨区域湿地生态公园等防治措施控制污染物跨区域转移,控制不同城市之间大气污染物的输送量。

其次,在区域大气污染监测评估中心的统一领导下,与区域内各省市的环保部门协调,建立大气污染监测信息共享和通报机制。运用现代信息技术和通信技术,建立长三角三省一市的大气污染数据资源中心、信息共享平台和大气污染应急决策支撑平台为一体的综合性区域大气污染防治网络,旨在为长三角区域对大气污染实现统一监测和评估,同时也为各省市自己准确把握、分析和预报大气污染信息提供技术支持。与此同时,各省市的环保部门需要定期共享和公开相关的大气污染物报告,在相关空气污染超过规定的警戒值时,通过网络、电视、信息等及时向区域大气污染监测评估中心上报,由中心统一向公众通报,以便做好应对措施。各省市环保部门也要对本地区重点污染排放企业的信息重点监测并及时更新上报。

再次,由区域大气污染防治落实中心与各省市的环保部门协调,对大气污染的防治与治理落实提供技术研究力量支持。将长三角地区的大气污染预防与治理的技术研究力量统一起来,下设大气污染预防研究所、大气污染治理研究和特殊重点大气污染问题研究所三个研究机构,对区域内各省市提供直接的技术共享;区域内各省市对预防和治理技术的落实提供协助,并及时上报相关的技术数据、资料和动态等。如此一来,可形成大气污染技术研究力量的集中统一,发挥出最大的技术优势,避免研究力量的分散和资源的重复浪费,技术研究更能着眼区域全局的考虑。同时又兼顾了各省市大气污染面临的个性化问题,由当地环保部门的技术力量与区域大气污染防治落实中心的沟通,将本省市遇到的技术问题汇报上去,集中应对。这样可实现大气污染预防与治理的区域技术力量的联动发挥出最大的优势。

最后,在区域大气污染监督管控中心的统一领导下,与各省市的环保部门、公安机关和检查机关共同制定大气污染治理监督管控相关制度,建立区域大气污染联合检查交叉执法机制。为了避免大气污染防治中的地方保护行为和跨区域污染监管盲点盲区问题,建议由区域大气污染监督管控中心相关领导作为联合检查交叉执法小组组长,抽调相关部门的执法力量,组建非固定的长三角大气污染防治联合执法机构,制定跨区域大气污染防治区域联动检查执法的工作制度、计划和实施方案组织协调实施,确保跨区域的大气污染行为得到方便、快捷、高效的处理。由中心设立独立大气污染监控举报电话,直接对相关问题进行查处。

(3) 长三角区域大气污染治理联动保障机制的设计建议。

保障机制的设计主要考虑从"激励"和"约束"两个角度来实现区域联动的实施的可行性与可持续性。具体的手段应采取行政手段与经济手段相结合的方式。

① 长三角区域大气污染治理联动激励机制设计

从行政手段角度而言,必须将长三角区域大气污染治理联动的执行效果纳入相关部门和负责人的职责考核范围,作为重要的指标来衡量其政绩。设立的大气污染治理联动常务工作小组有对相关负责人进行年度综合考评评价的权力,并对相关责任官员的晋升、跨区域调动等拥有独立建议权,最终提交长三角区域大气污染防治协作小组进行评议。从经济手段角度,建议设立长三角区域大气污染治理联动基金,基金的来源主要由三省一市的环保税收和污染排放控制税收,基金的份额比例按照三省一市的 GDP 比例。联动基金主要用于大气污染重点项目的治理、落后产能的退出补偿、新能源产业的补贴、跨省市的治理项目的经费支出以及年度治理考核良好的奖励等。

② 长三角区域大气污染治理联动约束机制设计

从行政手段角度而言,主要由长三角区域大气污染治理联动考核办公室对相关的大气污染治理中存在的徇私枉法、地方保护、执行不力和以邻为壑等行为加强督查,对相关问题进行汇总,最终提交长三角区域大气污染防治协作小组进行评议,进行问责、严肃追究相关领导责任。从经济手段角度而言,建议采取区域内各省市差异化的税收政策,对引发高污染高排放的大气污染省市和单位进行高税收的惩罚,相关税收所得直接上缴长三角区域大气污染治理联动基金,最后由基金统一支配。同时尝试建立区域内各省市间的排污权交易机制,以对各省市大气污染问题的解决进行市场化手段的调剂性约束,例如,安徽省在大气污染上的压力,可以通过市场化的手段与其他省市进行适度的交易,既尊重各地的现实差异,也对大气污染的重灾区形成一定的压力,迫使其加大治理力度。

4.2 长三角水污染防治联动研究

4.2.1 研究背景和文献综述

由于水污染的特殊性,跨界河流治理始终是制约环境治理成效的关键问题。随着经济的发展,工农业污染随之加重,跨界水污染现象日益突出。跨界水域污染成因比较复杂,开展保护治理工作面临诸多现实难题,单靠某地某部门唱独角戏无法有效推进,沿岸各地政府的态度和行动都十分关键。国家对跨界水域污染治理高度重视,2015 年 4 月 2 日,国务院发布的《水污染防治行动计划》明确指出,加强部门协调联动,建立全国水污染防治工作协作机制,定期研究解决重大问题。2017年 3 月 20 日,环境保护部发布会介绍围绕《水污染防治行动计划》,国家建立了全国水污染防治工作协作机制,京津冀、长三角、珠三角等区域分别建立了水污染防治联动协作机制,新安江、九洲江、汀江—韩江、东江等流域建立了跨省界上下游生态补偿机制,北京、河北、浙江、广东等 9 省(市)实现了行政区内全流域生态补偿。同时发布会还指出将进一步建立健全全国水污染防治工作协作机制。

相关学者对水污染治理问题的研究也一直在持续进行,代表性的文献包括:周海炜和张阳(2006)认为根据长江三角洲跨界水污染问题的层次性特点,应当分别从战略层面、管理层面和地方层面进行水战略协商、水行政协商和水事纠纷协商,针对不同的治理需求建立跨界水污染治理的多层次协商机制。易志斌和马晓明(2009)发现基于属地原则的传统治理方式已经陷入了困境,流域跨界水污染问题产生的根源在于地方政府的个体理性与集体理性的冲突;解决问题的关键在于制度创新,必须从制度环境、组织安排和合作规则等方面进行改革,才能实现地方政府更为高效和有序的合作。黄德春和郭弘翔(2010)通过对生态补偿机制的阐述,将其引入跨界水污染的治理工作中,建议尝试源头水土涵养补偿机制和临界水域双向补偿机制来实现跨界水污染的有效治理。陆锋明(2012)指出为治理太湖水污染构建一个以政府间治污网络、政府与非政府间治污网络和应急治污网络的治污网络,通过这一全新的治理模式来治理太湖水污染。林兰(2016)通过分析长三角地区的水污染现状,提出通过制定统一的水环境综合规划和水生态环境管理目标,强化"利益共同体"理念,加快建立完善长三角水污染防治联动协作机制和水资源调动联动协作机制,统筹水质管理、水量分配和水生态保护,建立健全长三角水环境联防联控机制,成共同治理与保护机制。张丽丽和钟伟萍(2017)对京津冀协同发展下的跨界水污染生态补偿核算机制进行了研究,提出健全与完善水质检测体系,在联合督查、联席会议及联合检测的基础之上不断建立与完善临界水域质量联合监测体制的政策建议。总结上述文献研究可以看出,学者通过研究对水污染治理基本形成了一致结论:对水污染进行治理应当打破行政区域限制,建立跨界水污染治理机制和水环境联防联控机制。那么,长三角的水污染现状如何?在《水污染防治行动计划》出台后,水污染情况是否有所改善?长三角的水污染呈现什么样的特点?长三角的跨界水污染治理还存在哪些问题?未来深化长三角的水污染的防治联动还应该实行哪些政策措施?本部分的分析试图解决以上问题,并为深化长三角水污染防治联动机制提出政策建议。

4.2.2　长三角水污染特点及治理现状

1. 水污染相关的概念界定

(1) 水污染:按照1984年颁布的《中华人民共和国水污染防治法》中的定义,水污染是指水体因某种物质的介入,而导致其化学、物理、生物或者放射性等方面特征的改变,从而影响水的有效利用,危害人体健康或者破坏生态环境,造成水质恶化的现象。

(2) 水污染衡量指标:氨氮、总磷、化学需氧量和五日生化需氧量的浓度等。

氨氮:水中的氨氮主要来源于生活污水中含氮有机物的初始污染,受微生物作用,可分解成亚硝酸盐氮,继续分解,最终成为硝酸盐氮,完成水的自净过程。当水中的亚硝酸盐氮过高,饮用此水将和蛋白质结合形成亚硝胺,是一种强致癌物质。长期饮用对身体极为不利。

总磷:大量的磷进入河流、湖泊等水体中,会造成水体的富营养化,长期饮用含磷的水可使人的骨质疏松,发生下颌骨坏死等病变。

化学需氧量:化学需氧量高意味着水中含有大量有机污染物。这些有机物污染的来源可能是农药、化工厂、有机肥料等。如果不进行处理,许多有机污染物可在江底被底泥吸附而沉积下来,在今后若干年内对水生生物造成持久的毒害作用。在水生生物大量死亡后,河中的生态系统即被摧毁。人若以水中的生物为食,则会大量吸收这些生物体内的毒素,积累在体内,这些毒物常有致癌、致畸形、致突变的作用,对人极其危险。另外,若以受污染的江水进行灌溉,则植物、农作物也会受到影响,容易生长不良,而且人也不能取食这些作物。

五日生化需氧量(BOD5):水体中的好氧微生物在一定温度下将水中有机物分解成无机质,这一特定时间内的氧化过程中所需要的溶解氧量。所以 BOD5 越高,说明好氧微生物消耗的氧量越高,微生物生长越快。在特定的时间内微生物的生长与水体中有机物的成分成正比,所以说 BOD5 越高说明水体受到有机物的污染越严重。

2. 长三角的水污染现状

根据 2016 年《中国环境状况公报》,全国地表水 1 940 个评价、考核、排名断面(点位)中,Ⅰ类、Ⅱ类、Ⅲ类、Ⅳ类、Ⅴ类和劣Ⅴ类分别占 2.4%、37.5%、27.9%、16.8%、6.9%和 8.6%。6 124 个地下水水质监测点中,水质为优良级、良好级、较好级、较差级和极差级的监测点分别占 10.1%、25.4%、4.4%、45.4%和 14.7%。地级及以上城市 897 个在用集中式生活饮用水水源监测断面(点位)中,有 811 个全年均达标,占 90.4%。春季和夏季,符合第一类海水水质标准的海域面积均占中国管辖海域面积的 95%。近岸海域 417 个点位中,一类、二类、三类、四类和劣四类分别占 32.4%、41.0%、10.3%、3.1%和 13.2%。

长三角在水资源利用过程中,由于其独特的地理、经济、社会行为等的影响,区域内水污染现象日益突出且沿河网扩散移动,形成跨界水污染。位于长三角中心地区的苏浙沪边界,包括江苏昆山、吴中和吴江,浙江的嘉兴、嘉善和平湖,上海的青浦和松江等交界地区是跨界水污染的重点发生地区。

(1) 长三角地区工业废水排放情况。

从图 4.11 可以发现,10 年间上海市工业废水的排放量是基本稳定的,浙江省工业废水的排放量基本处于逐年减少的趋势,江苏省工业废水的排放量也在逐年减少。长三角地区工业废水的排放总量逐步减少。

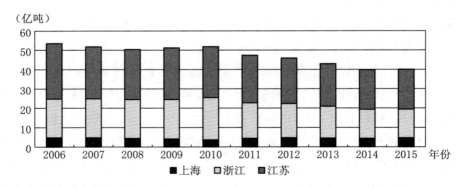

资料来源:各城市统计年鉴。

图 4.11　2006—2015 年长三角地区工业废水排放情况

（2）上海市水污染现状。

2016 年,全市主要河流断面中,Ⅱ—Ⅲ类水质断面占 16.2%,Ⅳ—Ⅴ类断面占 49.8%,劣Ⅴ类断面占 34%,主要污染指标为氨氮和总磷,长江流域河流水质明显优于太湖流域。淀山湖处于轻度富营养状态。

太湖湖体为轻度污染,主要污染指标为总磷。17 个国考点位中,Ⅲ类 4 个,占 23.5%;Ⅳ类 12 个,占 70.6%;Ⅴ类 1 个,占 5.9%;与 2015 年相比,各类水质点位比例均持平。全湖平均为轻度富营养状态。

东海近岸海域水质差,但比 2015 年好转。一类海水比例为 12.4%,比 2015 年下降 7.6 个百分点;二类为 31.9%,比 2015 年上升 15.1 个百分点;三类为 15.0%,比 2015 年上升 3.4 个百分点;四类为 3.5%,比 2015 年下降 1.8 个百分点;劣四类为 37.2%,比 2015 年下降 9.1 个百分点。主要污染指标为无机氮和活性磷酸盐。

① 上海市主要河流水质变动情况

从图 4.12 可以看到,上海市水质为Ⅳ—Ⅴ类的水源占比在增加,2016 年占到了 49.8%;Ⅱ—Ⅲ类和劣Ⅴ类水源在减少,这说明上海市的河流水质有一定程度的恶化。

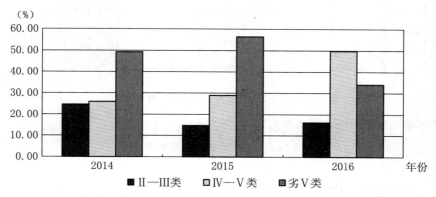

资料来源:《上海市环境状况公报 2014—2016 年》。

图 4.12　2014—2016 年上海市主要河流水质变动情况

② 上海市主要河流污染指标变动情况

2014—2016 年,上海市主要河流高锰酸盐指数有了一定的上升;氨氮平均浓度有所下降;总磷平均浓度也有一定程度下降。2014—2015 年,这三大污染指标都有明显的上升,但在 2015 年国务院发布《水污染防治行动计划》后,这三大污染指标有了明显的下降。

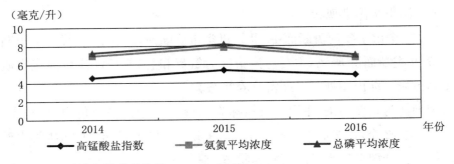

资料来源:《上海市环境状况公报 2014—2016 年》。

图 4.13　2014—2016 年上海市主要河流污染指标变动情况

③ 上海市黄浦江断面水质情况

从图 4.14 可以看到,上海市黄浦江断面的检测情况在逐年好转,总体水质有所改善,从 2014 年的 1 个Ⅲ类断面,5 个Ⅳ类断面变为 2016 年的 6 个Ⅲ类断面。

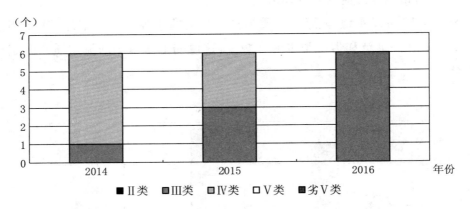

资料来源:《上海市环境状况公报 2014—2016 年》。

图 4.14　上海市黄浦江断面水质情况

④ 上海市苏州河断面水质情况

从图 4.15 可以看到,上海市苏州河断面的检测情况有了一定的好转,从 2014 年的 7 个劣Ⅴ类断面,变为 2016 年的 1 个Ⅴ类和 6 个劣Ⅴ类断面。

⑤ 上海市长江口断面水质情况

从图 4.16 可以看到,上海市长江口断面的检测情况有了较大好转,从 2014 年的 7 个Ⅲ类断面,变为 2016 年的 4 个Ⅱ类和 3 个Ⅲ类断面。

通过将图 4.14、图 4.15 和图 4.16 相比较,可以发现长江口断面的污染程度最低,其次是黄浦江段面,苏州河断面的污染层度最高。

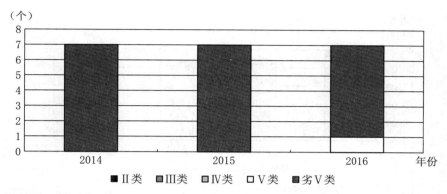

资料来源:《上海市环境状况公报 2014—2016 年》。

图 4.15　上海市黄浦江断面水质情况

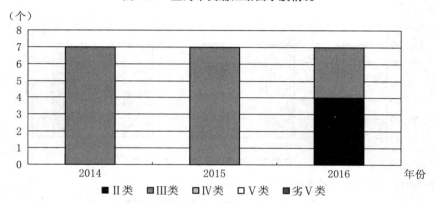

资料来源:《上海市环境状况公报 2014—2016 年》。

图 4.16　上海市长江口断面水质情况

(3) 江苏省水污染现状。

2016 年,全省地表水环境质量总体处于轻度污染,列入国家《水污染防治行动计划》地表水环境质量考核的 104 个断面中,水质符合《地表水环境质量标准》Ⅲ类的断面比例为 68.3%,Ⅳ—Ⅴ类水质断面比例为 29.8%,劣Ⅴ类断面比例为 1.9%。列入江苏省"十三五"水环境质量目标考核的 380 个流域地表水断面中,水质符合Ⅲ类的断面比例为 62.9%,Ⅳ—Ⅴ类水质断面比例为 32.6%,劣Ⅴ类断面比例为 4.5%。

① 江苏省工业源污染物排放情况

江苏省工业园污染物的排放从 2012—2015 年在逐步减少,化学需氧量和氨氮总量的排放都有所下降,但是速度缓慢。

② 江苏省主要断面水质变动情况

从图 4.18 可以看到,江苏省Ⅲ类水质的断面在增加,Ⅳ—Ⅴ类水质的断面在减少,劣Ⅴ类水质的断面也有一定的减少,江苏省的河流水质受污染情况在好转。

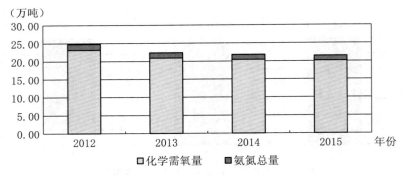

资料来源:《江苏省环境状况公报 2012—2015 年》。

图 4.17　江苏省工业源污染物排放情况

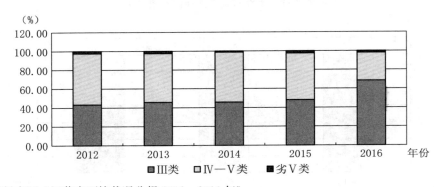

资料来源:《江苏省环境状况公报 2012—2016 年》。

图 4.18　江苏省主要断面水质变动情况

③ 太湖流域水质情况

太湖湖体总磷年均浓度逐年下降,2016 年为 0.064 毫克/升,属于Ⅳ类,总氮年均浓度处于波动当中,2016 年为 1.74 毫克/升,为Ⅴ类。

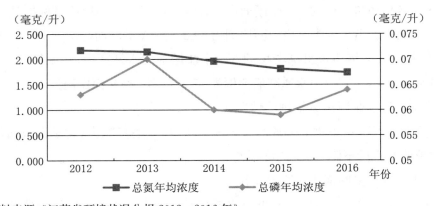

资料来源:《江苏省环境状况公报 2012—2016 年》。

图 4.19　太湖湖体污染物年均浓度变动情况

太湖湖体综合营养状态指数 4 年间处于波动下降状态,2016 年综合营养状态指数为 54.6,同比下降 1.5%,总体处于轻度富营养状态。

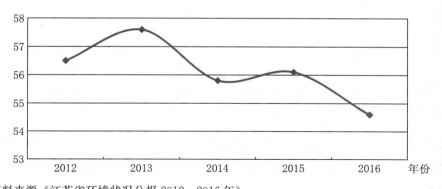

资料来源:《江苏省环境状况公报 2012—2016 年》。

图 4.20 太湖湖体综合营养状态指数

主要入湖河流水质在好转,2016 年,Ⅲ类水质占比达到 80%(见图 4.21)。

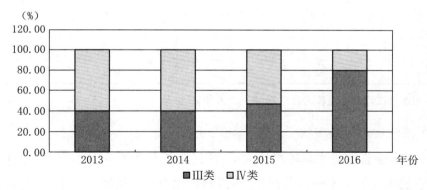

资料来源:《江苏省环境状况公报 2013—2016 年》。

图 4.21 主要入湖河流水质情况

④ 淮河流域水质情况

4 年时间,淮河流域主要支流劣Ⅴ类水质断面的占比有所减小。2016 年,江苏省淮河干流水质较好,4 个监测断面水质均符合Ⅲ类标准,与 2015 年相比水质保持稳定(见表 4.11)。主要支流水质总体处于轻度污染。影响水质的主要污染物为化学需氧量、总磷和氨氮。与 2015 年相比,符合Ⅲ类标准的水质断面比例上升4.3%,劣Ⅴ类断面比例下降 0.9%。

⑤ 长江流域水质情况

江苏省长江干流水质较好,10 个监测断面水质均符合Ⅲ类标准,与 2015 年相

表 4.11　淮河支流水质断面情况

年份	Ⅲ类	Ⅳ类	Ⅴ类	劣Ⅴ类
2013	64.70%	25.20%		10.10%
2014	66.50%	27.60%		5.90%
2015	59.00%	26.10%	5.90%	9.00%
2016	63.30%	24.00%	4.60%	8.10%

资料来源:《江苏省环境状况公报 2013—2016 年》。

比水质保持稳定(见表 4.12)。主要入江支流水质总体处于轻度污染影响水质的主要污染物为氨氮、五日生化需氧量、化学需氧量。与 2015 年相比,符合Ⅲ类标准的水质断面比例上升 2.3 个百分点,劣Ⅴ类断面比例下降 9.1 个百分点。

表 4.12　长江主要支流水质断面情况

年份	Ⅲ类	Ⅳ类	Ⅴ类	劣Ⅴ类
2013	63.60%	27.30%		9.10%
2014	54.60%	31.80%		13.60%
2015	54.50%	22.70%	2.30%	20.50%
2016	56.80%	20.40%	11.40%	11.40%

资料来源:《江苏省环境状况公报 2013—2016 年》。

(4) 浙江省水污染现状。

2016 年,全省地表水总体水质为良,江河干流总体水质基本良好,甬江、椒江、鳌江和京杭运河等水系中部分河流(河段)超《地表水环境质量标准》Ⅲ类标准。部分湖泊存在一定程度富营养化现象。水体主要污染指标为总磷。氨氮和石油类。根据省控断面检测结果统计,2016 年水质符合《地表水环境质量标准》Ⅰ类的断面比例为 10.9%,Ⅱ类断面占比为 38.5%,Ⅲ类断面的比例为 28%,Ⅳ类断面所占比例为 15.8%,Ⅴ类水质断面比例为 4.1%,劣Ⅴ类断面比例为 2.7%。

① 浙江省主要污染物排放情况

浙江省主要污染物氨氮和化学需氧量的排放量在 2012 年有较大的增加,随后逐步减少(见图 4.22)。

② 浙江省主要断面水质变动情况

省内主要断面水质情况在逐步好转,Ⅰ类和Ⅱ类水质断面比例有了明显的增加。Ⅴ类和劣Ⅴ类水质断面的比例有了明显减少(见图 4.23)。

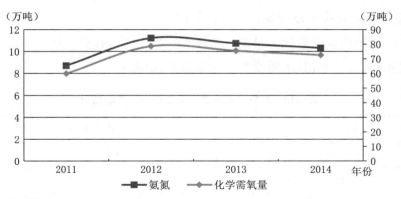

资料来源:《浙江省环境状况公报 2011—2014 年》。

图 4.22　浙江省主要污染物排放情况

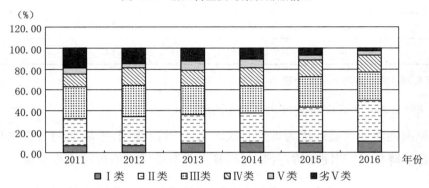

资料来源:《浙江省环境状况公报 2011—2016 年》。

图 4.23　浙江省主要断面水质变动情况

③ 浙江省五大水系断面水质变动情况

通过图 4.24 可以看到,5 年时间,五大水系Ⅰ—Ⅲ类水质断面比例都在逐步上升,说明省内水系的水质在逐年提高。

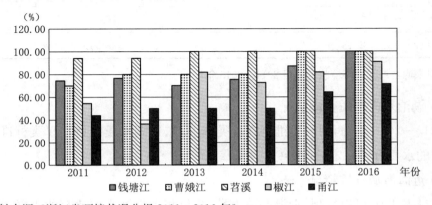

资料来源:《浙江省环境状况公报 2011—2016 年》。

图 4.24　浙江省五大水系Ⅰ—Ⅲ类水质断面比例

④ 京杭运河Ⅲ类水质断面占比变动情况

京杭运河断面水质最优为Ⅲ类。从表 4.13 可以看到,京杭运河三类水质断面占比在逐步降低,说明,其水质遭受的污染逐步加深。

表 4.13 京杭运河Ⅲ类水质断面占比变动情况

年　份	Ⅲ类断面水质
2011	44.40%
2012	44.40%
2013	28.60%
2014	—
2015	14.30%
2016	14.30%

资料来源:《浙江省环境状况公报 2011—2016 年》。

⑤ 平原河网Ⅲ类水质断面占比变动情况

平原河网断面水质最优为Ⅲ类。从表 4.14 可以看到,平原河网三类水质断面占比在逐步降低,说明同京杭运河一样,其水质遭受的污染也在逐步加深。

表 4.14 平原河网Ⅲ类水质断面占比变动情况

年　份	Ⅲ类断面水质
2011	11.10%
2012	11.10%
2013	19.10%
2014	16.70%
2015	28.60%

资料来源:《浙江省环境状况公报 2011—2015 年》。

⑥ 湖泊水库水质变动情况

2013—2016 年,西湖水质维持在Ⅲ类标准,东钱湖水质维持在Ⅳ类标准,鉴湖和南湖的水质有了一定的改善(见表 4.15)。

⑦ 近海海域环境情况

通过表 4.16 可以发现,近海海域Ⅰ类、Ⅱ类和Ⅳ类海水占比有所下降,Ⅲ类和劣Ⅳ类海水占比有所增加,说明近海海域的水质近年来受到了更多的污染。

表 4.15　湖泊水库水质变动情况

年份	西湖	东钱湖	鉴湖	南湖
2013	Ⅲ类	Ⅳ类	Ⅴ类	劣Ⅴ类
2014	Ⅲ类	Ⅳ类	Ⅴ类	Ⅴ类
2015	Ⅲ类	Ⅳ类	Ⅳ类	Ⅴ类
2016	Ⅲ类	Ⅳ类	Ⅳ类	Ⅴ类

资料来源:《浙江省环境状况公报 2013—2016 年》。

表 4.16　近海海域海水质量变动情况

年份	Ⅰ类	Ⅱ类	Ⅲ类	Ⅳ类	劣Ⅳ类
2011	14.35%	21.52%	5.58%	15.80%	42.75%
2012	17.80%	16.20%	7.40%	5.60%	53%
2013	17.80%	14.40%	11.10%	5.60%	51.10%
2014	15.70%	5.30%	14.90%	9.30%	54.80%
2015	5.30%	19.70%	16.50%	3.70%	54.80%

资料来源:《浙江省环境状况公报 2011—2015 年》。

4.2.3　长三角水污染防治联动机制设计

在长三角区域的水污染防治联动机制设计上同样要基于水污染的自身特点和长三角各省市的区域发展特点。按照统一战略指导、区域相互协调管理和各省市地方积极配合执行的制度设计理念。我们提出以下长三角水污染防治联动机制的建议。

首先,在长三角水污染防治的最高决策指导机构的设计上应当构建一个能够指导和部署各省市水污染治理的权力机构。目前长三角区域合作办公室已经组建,三省一市派出的人员已经到位,办公地点放在上海。建议在长三角区域合作办公室下设"长三角水污染防治联动指导委员会",考虑到水问题的专业性和生态环境保护问题的复杂性,必须将中华人民共和国生态环境部和中华人民共和国水利部的专业人员纳入指导小组,形成长三角水污染防治联动的最高战略指导和决策机构。由该机构统一制定长三角水污染防治规划,对执行过程中遇到的问题进行战略调整和协调。这一机构在水污染的防治上具有超越各省市地方的权力,避免在战略执行过程中地方保护力量的干扰。

其次,在长三角水污染防治联动执行机制的设计上应当充分考虑到区域相互利益的冲突,避免以邻为壑的狭隘防治思路。建议在"长三角水污染防治联动指导委员会"下设"长三角水污染监督管理小组",由各省市的政府抽调人员,引进独立媒体机构,水污染相关利益涉及的人员和民间独立环境保护组织和人员等构成。在各省市相关重点水域设立监测点,采取各省市相互交叉监督检查的模式,公布统一的监督举报渠道。主要职责在于督查水污染发生的源头,界定出水污染的区域责任关系,及时采取防治措施,同时避免后期的相互推诿扯皮。

再次,在水污染防治联动的技术力量支持上应当采取集中统一和区域自主相结合的模式。即在"长三角水污染防治联动指导委员会"下设"长三角水污染防治联合技术指导小组"。该小组主要的工作是集中针对长三角区域的水污染治理进行技术指导和相关重点问题的技术攻关,各省市原有的水污染治理的技术力量继续保持,主要的职责更新为及时上报本地区的水污染技术数据和协助长三角水污染防治联合技术指导小组的工作。这样一来,既避免在水污染治理上出现的技术力量过于分散的问题,同时也避免相关力量的重复浪费等,界定清楚了各层级技术力量的职责,便于最快最高效地解决实际的水污染中的技术支持问题。

最后,必须在长三角水污染治理联动上形成科学的激励和约束机制。水污染的外部性特点导致了很多时候污染的制造者对于污染责任的承担力度不够,而污染治理者却未必能够享受到治理的收益。因此考虑在"长三角水污染防治联动指导委员会"下设独立的"长三角水污染治理联动基金管理小组",基金的资金来源由长三角各省市按照区域水源分布和本地经济发展情况按比例分摊。基金既是各地对水污染控制的保证金,也是后期发生污染治理的基本资金力量。"长三角水污染治理联动基金管理小组"与"长三角水污染监督管理小组"相互协作,并引进独立的第三方审计机构,一起对基金使用的合理性和科学性进行监督。对当年治理表现良好的省市实施一定的奖励,同时对当年在污染防治上存在问题的省市进行一定的惩罚,全部当年的基金使用情况作为来年各省市基金分摊比例的参考。

4.3 长三角农业面源污染防治联动研究

4.3.1 研究背景和文献综述

农业面源污染具有分散性、随机性、隐蔽性、难以监测和量化等特点,对水体的影响日益凸显,已成为水环境污染的一个重要来源,成为各国水体富营养化的重要成因,正严重威胁城乡居民的饮水安全与社会经济的可持续发展,目前已受到社会各界的高度关注。相关的学者也对农业面源污染的情况进行了全面的研究,代表性的文献包括:顾培、沈仁芳(2005)基于长江三角洲地区面源污染的现状进行分析,研究发现畜禽养殖后粪尿处理不当、化肥农药的不合理和过度施用、生活排泄物和废弃物无序排放等是导致长三角区域农业面源污染的主要原因,而污染的根源和直接作用者是人。崔键等(2006)介绍了农业面源污染调查、监测和防治方法,并建议通过科学施肥、防治肥料污染,畜禽养殖业污染防治和以农民为"主力军"等应对措施对巢湖农业面源污染进行治理。耿士均等(2010)介绍了农业面源污染的特点,指出了其在加重水体富营养化、加速土壤退化、造成白色污染等方面的危害,发现过量使用化肥和农药、有机废弃物污染严重、作物秸秆废弃、生活垃圾污水随意排放等是农业面源污染越来越严重的主要原因,并进一步提出了修复农业面源污染相应的措施。刘平乐(2011)在文章中全面分析了农业面源污染对环境的影响,建议将农业面源污染防治应纳入新农村建设统一规划,统一实施,要求必须加强组织领导,部门相互协作,逐步实施,共同推进,最终才能使农业面源污染防治工作取得良好效果。闵继胜、孔祥智(2016)指出我国农业面源污染的特点呈现来源结构日益多样化、区域异质性特征显著。农业面源污染的主要成因是由于不合理的制度安排、社会环境变迁和政策因素等。提出通过命令控制型、经济激励型和公众参与型等政策措施来实现污染治理。刘甜等(2016)首先分析了农业面源污染对流域生态环境的影响,并结合国内外治理经验,提出长江经济带应采取区域合作、城乡协作和生态补偿机制等措施来解决农业面源污染问题。从上述研究可以看出,学者们对农业面源污染的成因基本形成了一致结论,即化肥污染、农药污染和养殖场污染;政策建议中的区域合作治理措施是解决区域农业面源污染问题的主要手段之一。那么,长三角的农业面源污染现状如何? 长三角区域的农业面源污染呈现什么样的特点? 本节的分析试图解答以上问题,并为深化长三角农业面源污染防治联动机制提出政策建议。

4.3.2　长三角农业面源污染特点及治理现状

1. 农业面源污染相关的概念界定

(1) 农业面源污染(ANPSP)。

根据崔键(2006),农业面源污染是指在农业生产活动中,氮素和磷素等营养物质,农药以及其他有机或无机污染物质通过农田的地表径流和农田渗漏形成的水环境的污染。主要包括化肥污染、农药污染和集约化养殖场污染。

(2) 主要污染物。

重金属、硝酸盐、NH_4^+、有机磷、六六六、化学需氧量、DDT、病毒、病原微生物、寄生虫和塑料增塑剂等。

(3) 主要衡量指标。

农药、化学需氧量(COD)、总氮(TN)、总磷(TP)等主要污染的排放量。

2. 长三角的农业面源污染现状

第一次全国污染源普查公报显示,2007年普查对象总数592.6万个,包括农业源289.9万个。其中:种植业3.82万个,畜禽养殖业196.36万个,水产养殖业88.39万个,典型地区(指巢湖、太湖、滇池和三峡库区4个流域)农村生活源1.39万个。农业源(不包括典型地区农村生活源)中主要水污染物排放(流失)量:化学需氧量1 324.09万吨,总氮270.47万吨占同期全国排放的57.19%,总磷28.47万吨占同期全国排放的67.27%,铜2 434.08吨,锌4 862.57吨。其中:种植业总氮流失量159.78万吨,总磷流失量10.87万吨,种植业地膜残留量12.10万吨,地膜回收率80.3%;畜禽养殖业排放化学需氧量1 268.26万吨,总氮102.48万吨,总磷16.04万吨,铜2 397.23吨,锌4 756.94吨;水产养殖业排放化学需氧量55.83万吨,总氮8.21万吨,总磷1.56万吨,铜54.85吨,锌105.63吨。

改革开放以来,长三角地区的经济得到了突飞猛进的发展,与此同时也伴随着环境污染问题的日益突出。长江三角洲地区水网发达,尤其是太湖地区,但随着经济发展,水质不断恶化,导致本地区水质恶化的原因是多方面的,工业点源污染固然重要,但农业面源污染不容乐观,且所占比重亦有加大趋势。

(1) 长三角地区农用化肥施用情况。

从图4.25可以发现,2010—2016年,上海市、江苏省、浙江省的农用化肥施用量都在减少,但幅度较小;安徽省的农用化肥施用量有所增加。长三角总体的农用化肥施用量正在逐渐减少。江苏省和安徽省的农用化肥施用量在长三角地区处于较高水平。

(2) 长三角地区氮肥施用情况。

从图4.26可以发现,2010—2016年,上海市、江苏省、浙江省和安徽省的氮肥施用量都在减少;长三角地区总体的氮肥施用量也在逐渐减少。江苏省的氮肥施用量最高,其次是安徽省。

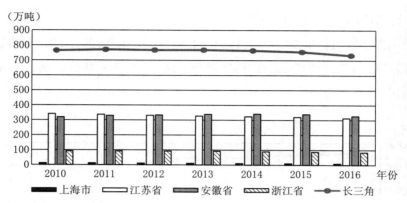

资料来源:《中国农村统计年鉴 2011—2017 年》。

图 4.25　2010—2016 年长三角地区农用化肥施用情况

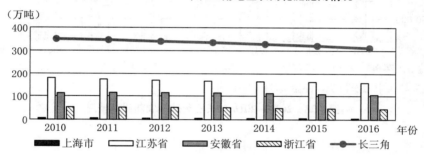

资料来源:《中国农村统计年鉴 2011—2017 年》。

图 4.26　2011—2017 年长三角地区氮肥施用情况

（3）长三角地区磷肥施用情况。

从图 4.27 可以发现,2010—2016 年,上海市、江苏省、浙江省和安徽省的磷肥施用量都在减少;长三角地区总体的氮肥施用量也在逐渐减少。浙江省的氮肥施用量最高,其次是江苏省。

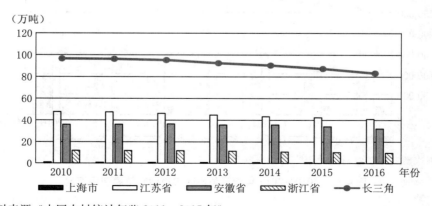

资料来源:《中国农村统计年鉴 2011—2017 年》。

图 4.27　2010—2016 年长三角地区磷肥施用情况

（4）长三角地区农药施用情况。

从图 4.28 可以看到，2010—2016 年，上海市、江苏省、浙江省和安徽省的农药施用量都在减少；长三角地区总体的农药施用量也在逐渐减少。浙江省的农药施用量最高，其次是江苏省。

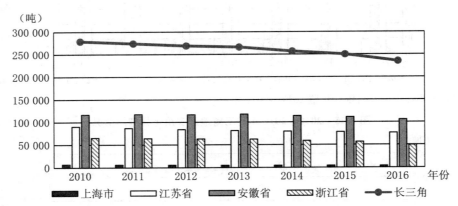

资料来源：《中国农村统计年鉴 2011—2017 年》。

图 4.28 2010—2016 年长三角地区农药施用情况

（5）长三角地区农用塑料薄膜使用情况。

2010—2016 年，上海市农用塑料薄膜使用量有所下降，但是江苏省、安徽省和浙江省农用塑料薄膜使用量有所升高（见图 4.29）。长三角地区总体的农用塑料薄膜使用量也处于上升趋势中。

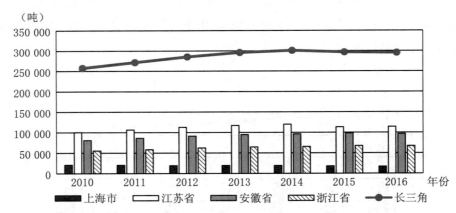

资料来源：《中国农村统计年鉴 2011—2017 年》。

图 4.29 2010—2016 年长三角地区农用塑料薄膜使用情况

4.3.3　长三角农业面源污染防治联动机制设计

1. 农业面源污染的特殊性与长三角防治联动机制设计思路

相比较而言,农业面源污染与水污染和大气污染相比有其独有的特殊性。首先,农业面源污染与大气污染、水污染相比,不具有"流动性",其污染破坏性的辐射面相对较小,形成的影响主要还是集中在对本地区的农业生产上。其次,农业面源污染的源头与大气污染和水污染比较,相对比较集中,主要包括农药化肥的过量或不当使用,随意排放畜禽粪便,随意丢弃和焚烧作物秸秆,农村生活污水无序排放和生活垃圾无序处理等源头。再次,农业面源污染一定程度上又是大气污染和水污染的污染源头,即农业面源污染会引发大气污染和水污染,例如农作物秸秆的随意焚烧会引发区域大气污染的加重,农药化肥的过度使用会导致相应地区的水源污染加剧等。最后,长三角"三省一市"区域由于自然地理气候等相近,农业耕地的属性和特点很相似,主要农作物的品种也非常相近,使农业面源的污染治理问题具有很大的共性。基于农业面源污染的以上特殊性,长三角"三省一市"在防治联动机制设计上的基本思路可以考虑:统一领导和防治战略规划;集中污染防治的技术研究力量;治理执行工作以各地区本地力量为主;污染监管隶属大气污染和水污染监测办公室。

2. 长三角农业面源污染防治联动机制设计建议

首先,基于统一领导的思路下,同样在长三角区域合作办公室下设"长三角农业面源污染联动防治指导委员会"作为区域面源污染防治的常务执行机构,与水污染防治问题一样,考虑到面源污染的专业性和复杂性,常务执行机构成员的构成必须包括来自中华人民共和国农业和农村部以及中华人民共和国生态环境部的相关专业专家。

其次,鉴于农业面源污染的破坏性的辐射面相对较小的自身特点,决定了其在区域内三省一市之间的防治上的利益冲突较少,污染带来的影响主要集中在本地区,所以在执行机制的设计上需要更加强调构建污染防治信息的共享机制和防治经验的相互借鉴机制。建议在长三角面源污染联动防治指导委员会下设独立的长三角区域农业面源污染防治联动信息中心,一方面旨在集中搜集和整理区域三省一市的农业面源污染防治信息,形成区域农业面源污染防治的信息共享平台;另一方面旨在对农业面源污染防治中的重点问题进行集中力量交流和应对。

再次,由于农业面源污染的污染源头比较集中,对污染的防治技术应对的研究工作可以考虑以集中应对为主。建议在长三角面源污染联动防治指导委员会下设上三角区域农业面源污染治理联动技术研究中心,该中心的工作以对主要污染源的防治中的技术问题进行有针对的研究工作,通过集中三省一市的优质技术力量形成合力,既避免了研究资源的重复浪费,又能发挥出技术合作的优势,便于对一些突出的农业面源污染问题攻坚克难。

最后,由于农业面源污染会进一步引发大气污染和水污染,它本身是一种污染,同时又是大气污染和水污染的源头,有必要将农业面源污染的监测工作与大气污染和水污染的监测工作结合起来。作者建议在长三角面源污染联动防治指导委员会下设上三角区域农业面源污染治理联动监测中心,该中心的主要职责在于指导三省一市各自的农业面源污染监测机构,对相关监测信息及时反馈给长三角区域农业面源污染防治联动信息中心,同时该机构还需要定期与长三角区域水源污染监督管理中心和长三角区域大气污染监测评估中心进行信息互通交流,形成多维度监测的污染监测机制。

第5章
上海自由贸易港建设与长三角港口群
资源整合规划

5.1　长三角港口群的发展历程与现状

5.1.1　长江三角洲港口群的演变及发展

　　长江三角洲地区是中国港口密度最大的地区之一。以上海港、宁波—舟山港、连云港港等港口为代表的港口群随着区域经济的发展而不断发展变化,在港口与腹地相互促进、协力提高地方经济实力的同时,也在港口群内部格局的深化调整中提升竞争力,正是这一日益调整的格局有力地促进着长三角港口群实力的增长。

　　长三角地区港口经济崛起与发展的历史悠久。在唐代,作为全国丝绸、茶叶、纸张、瓷器等大宗商品的主要产区,发展海外贸易交通便利,具有良好的腹地产业支撑。隋唐之前,扬州是长三角地区最大的港口;宋元以后,扬州因远离长江口和海岸线地位逐渐下降,让位于长三角南沿的杭州特别是明州(现为宁波),宁波港逐步成为这一区域最有影响的沿海港口之一。而近现代以来,上海港依托上海的地区中心地位逐渐成为长三角地区的核心港口。

　　中华人民共和国成立后至改革开放前,长三角的港口建设虽然也在进行,但总体成效不是太大。以近代港口发展基础最好的上海港为例,1951—1978 年的 28 年间,码头长度仅增加了 31.5%;万吨泊位虽然由 26 增加到 50 个,增长了 92.3%,但泊位总数仅从 91 增加到 99 个,28 年间增长了不足 1%;与港口和码头相配套的仓库总面积,不仅没有增加,1978 年反而仅及 1951 年的 84.65%;同一时期的堆场面积也仅仅增加了 44.35%(罗芳,2012)。

改革开放以后,长三角地区的经济发展和港口建设迎来新的发展机遇。长三角地区港口加速发展,从上海到南京的 392 千米长江沿线,大约每千米就有 1 个码头,平均 39 千米就有一个大型港口。这样的港口密度,不仅国内绝无仅有,世界上也罕见。

根据 2016 年 5 月国务院批准的《长江三角洲城市群发展规划》,长江三角洲地区国土面积 21.17 万平方千米,约占全国的 2.2%,总人口 1.5 亿人,约占全国的11.0%,2015 年地区经济总量 16.0 万亿,占全国的 23.3%。濒江临海,江海交融,处于长江黄金水道与中国绵长海岸线中段的 T 形交汇处,东西联通,南北居中,区位条件得天独厚,区位优势十分明显,是中国经济最发达地区之一,被称为"世界第六大城市群"。以上海为龙头的长三角工业经济带是中国经济最发达、经济发展速度最快、经济总量规模最大、最具有发展潜力的经济板块,是中国工业化、城市化、国际化领先地区之一,也是最具活力与竞争力的区域之一。

区域内江、浙、沪两省一市海岸线长 3 500 千米,占全国的 21%,拥有 8 个沿海主要港口、26 个规模以上内河港口。从港口的性质来分,又可以分为海港、长江港口和其他内河港口三部分。从目前的状况来看,海港主要有上海港、浙江五港(宁波、舟山、嘉兴、台州、温州)和江苏的连云港港,其中嘉兴港包括沿海的乍浦和嘉兴内河港;宁波和舟山最近合并为宁波—舟山港。长江港口包括南京、镇江、常州、无锡(江阴港)、苏州(张家港、常熟、太仓三港组合成苏州港)、扬州、泰州、南通;非长江内河港有杭州、嘉兴、湖州、绍兴、苏州、无锡、常州等。另外,上海港主体是海港,但也包括长江口港区(外高桥)、吴淞口港区、黄浦江港区和内河港区,南通和盐城都有建设中的海港(如大丰、吕四、洋口等)。长江沿岸港口是中国港口密度最大的地区之一,南京以下长江河段 400 千米,两侧岸线计 800 千米,更有四通八达的内河航道网。

目前,长三角港口群拥有近千个沿江沿海生产性大型泊位,其中万吨级以上泊位约 425 个,具有优越内河航运条件和通江达海基础,担负着区域乃至国家外贸进出口物资和能源、生产原材料的运输任务,同时还是长江中上游地区对外运输的主要门户。按照 2017 年吞吐量计算,在全国 36 个亿吨大港口中,长三角地区港口占了 14 个,分别是上海港、宁波—舟山港、苏州港、南通港、南京港、连云港港、泰州港、湖州港、江阴港、镇江港、杭州港、芜湖港、马鞍山港、铜陵港。其中有 3 个海港,11 个内河港,本篇主要介绍长三角地区的三大海港:上海港、宁波—舟山港和连云港港。

5.1.2　上海港的发展

上海港位于长江三角洲平原的东南部,中国大陆海岸线中部,长江与东海交汇处,控江襟海,踞长江咽喉,东临东海,南临杭州湾,水路交通十分发达。有沪宁、沪杭、沪青平、沪乍、嘉浏等高速公路与江苏和浙江对接,并联通全国高速公路网。港区内有铁路与沪杭、沪宁铁路干线相连。上海港 90%以上的国际集装箱通过公路(特指汽车,以下同)、水路、铁路等运输方式由腹地聚集到港口或由港口疏散到腹地。

上海港口的直接腹地主要是长三角地区,土地面积 10 余万平方千米。上海港港口经营业务主要包括装卸、仓储、物流、船舶拖带、引航、外轮代理、外轮理货、海铁联运、中转服务以及水路客运服务等。港口主要经营的货类为集装箱、煤炭、金属矿石、石油及其制品、钢材、矿建材料、机械设备等,每年完成的外贸吞吐量占全国沿海主要港口的 27%左右。上海港作为中国综合性、多功能、现代化的最大的枢纽港、对外开放、参与国际经济大循环的重要口岸,其港口的发展在一定程度上代表着中国港口的发展方向。

从历史条件来看,面对长江流域经济发展的大好良机,以及长江三角洲地区新的发展形势和要求,早期阶段的上海港自身先天不足较为明显。从现代海运业客观的角度衡量,上海港水文状况等自然地理条件欠佳,受长江口拦门沙的阻挡,上海港长期以来通海航道的水深仅有 7 米,3.5 万吨级以上的船舶均需候潮才能通过,必须依靠长年的疏浚工程来维持航道水深。在世界远洋船舶日益大型化的趋势背景下,航道水深成为限制上海港进一步发展的严重障碍。2004 年元旦,上海港启动了长江口深水航道二期疏浚工程,合同投资额高达 10.76 亿元,工程耗时达22 个月,是中国疏浚史上有记载以来投资最多、疏浚方量最大的单体工程,疏浚后上海港长江口航道的水深达到 10 米,比原先的 8.5 米增加 1.5 米,增加的 1.5 米水深可以使船舶全天候通过长江口航道,包括装载三千多个集装箱的第三代集装箱船和 3.5 万吨级散装船,上海港的航运竞争力得到加强,南京长江二桥以下的沿江港口群都可从中受益。

随着科技的进步,世界海运业的发展日新月异,第三代、第四代远洋运输船舶日趋大型化,在国际航运主干线上,5 000 标准箱以上、吃水 13—15 米的超大型集装箱船已成为主力船型,8 000 标准箱以上的集装箱船日趋多见。港口经营多以联盟的方式出现,运输干线组成网络,国际航运业的发展速度已到了令人惊异的程度。在这种情况下,某个港口如不能满足15米水深等要求,就要从枢纽港的地位淘汰,沦为支线港。上海港仅靠航道疏浚不能从根本上解决长江口航道水深不足的"瓶颈",这已制约了上海港的发展。2002年3月13日,在经过6年的反复论证后,国务院终于批准了上海洋山港工程可行性报告,预示着上海港的发展将走出航道水深困境,在国际航运中心的建设中大显身手。上海洋山港覆盖大、小洋山等数十个岛屿。西北距现在的上海浦东新区(原南汇区)芦潮港约32千米,南边到达宁波北仑港大概90千米,一直向东则通达外海,是距离上海最近的天然深水区,地理位置上具备建设深港区和航道的必要条件和优越位置。

上海洋山深水港一期工程于2005年12月10日正式开港,随着2008年三期工程的竣工,洋山港北港区16个深水集装箱泊位已全面建成,岸线全长5.6千米,年吞吐能力为930万标准箱,吹填砂石1亿立方米,总面积达到8平方千米。2014年12月23日,洋山深水港区四期工程正式开工建设,是国内首个全自动化集装箱码头,已与2017年底开港,是目前世界上规模最大、设备最先进的全自动化码头,预计吞吐量将超过整个上海港的一半,进一步巩固上海港世界第一大港的地位。洋山港的建成意味着上海港彻底突破发展的瓶颈,也标志着上海国际航运中心建设取得实质性进展,加快了航运中心前进的步伐。随着港口规模的扩大、装卸效率的提高、航线的集中、货运量的增多,港口的到发船密度必然增加,由此加速了货物周转。中转货物的增加,又进一步刺激枢纽港的发展,形成"货多—船多—贸易更多—船更多"的良性循环。由此使得这些港口除了承担港口所在地区的货物外,还吸引其他地区的货物到中心大港进行中转。这些货流、船流在枢纽港的聚集,又促进所在港口城市相关航运、港口服务业的发展,从而形成货流、船流集中的航运中心。

据统计,2017年上海港完成港口货物吞吐量7.06亿吨,集装箱吞吐量4030万标准箱,综合排名世界前列;港口的基础设施配置能力也比较高,除了拥有167个万吨级码头,约125千米码头岸线长度以及10米以上航道水深以外,与国内其他港口相比,港口货物装卸作业效率也非常高,另外上海港良好的金融服务水平和信息化能力,使货物船只随时追踪货物的去向,支付也变得便捷;依托发达的腹地经济和优越的自然条件,上海港的货物集疏运比较畅通,港口的货源或货类都很丰富,临港产业分布较为密集,海洋产业优势明显,海上交通运输带来的经济产值约占国内该产业的三分之一,船舶行业占二分之一。

图5.1描述了上海港从2010年到2016年主要吞吐量指标的变化趋势。其中上海港的货物吞吐量呈现先增后降的趋势,而具有高经济价值的集装箱吞吐量则

始终稳步增长,在一定程度上反映了上海港在 2013 年以后,散货吞吐量逐步向其他港口分流的情况。

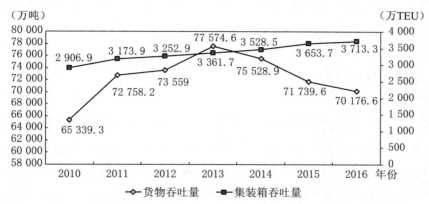

资料来源:《2011—2017 年中国港口年鉴》。

图 5.1　2010—2016 年上海港货物吞吐量和集装箱吞吐量趋势

上海港的功能定位是国际航运中心,同时也是典型的腹地型国际航运中心,具有腹地优势,海上内陆交通便利,沿长江上溯可至长江中上游沿线地区,对促进长江三角洲和长江经济带经济发展有着举足轻重的作用。在公路集疏运方面,上海港公路承担的集装箱集疏运中,来自江浙的比重达 85% 左右。水路集疏运方面,上海港水路集装箱集疏运系统承担的运量逐年上升,主要包括国际中转、沿海中转、沿(长)江中转、穿梭巴士(洋山岛—外高桥港间循环)。其中江海联运形式所占比例最大,约占上海港“水—水”中转量的 54% 以上,但河海联运受到较大挑战。目前上海境内的内河航道等级偏低、通畅性差、通航保证率不高,内河港口设施和船型均不适应内河集装箱运输的需求,内河集装箱运输基本没有开展。因此,需要加快内河航道整治,加强内河运输统一规划、组织协调与管理(蒋媛媛,2016)。

根据上港集团的规划,未来上海港增加的集装箱量主要集中在洋山港区,洋山港区将尽力争取成为国际中转港;外高桥港区则优先考虑腹地经济,转运为辅。国家确立上海国际航运中心的战略性地位,按照计划的时间表,到 2020 年,实现建设成为全球航运中心的目标。上海港目前已经具备了作为国际性枢纽港和国际航运中心地位的必要条件。根据这个定位,上海港应专注于国际集装箱运输的发展,对货物结构要进行合理调整,可以把长江流域及其他地区的内贸物资如矿石、能源等的中转任务分流给长三角其他港口,对于外贸物资则适度保留外贸件杂货的中转,对外贸散货的中转任务也应实施分流,确保上海港集装箱运输作为未来航运中心发展的关键点和重要增长点。同时,高端航运服务是目前国际航运业必争的一块领地,应该高度关注。与此同时,上海国际航运中心的建设方针和发展方式应尽早转变,从原来单纯追求提升港口吞吐量转变到提高和改善航运相关资源综合配置效果或价值创造效率上来,由原来的劳动密集型转变为知识技术密集型的价值创造方式。

5.1.3 宁波—舟山港的发展

作为长三角港口群的南翼,浙江省主要有宁波—舟山港、温州港、台州港等沿海港口,其中宁波—舟山港是全国沿海主枢纽港。浙江内河航道达 9 000 多千米,内河港共有 7 个,包括杭州港、嘉兴内河港、湖州港等,杭州港为全国内河主枢纽港。2006 年 12 月,经交通部和浙江省政府审核同意,正式公布实施了《浙江省沿海港口布局规划》。规划确定了宁波—舟山、温州、嘉兴、台州港的定位和发展方向。根据规划,浙江沿海港口将呈现以宁波—舟山、温州港为全国沿海主要港口,嘉兴港、台州港为地区性重要港口的分层次布局。

宁波—舟山港位于长江三角洲南部,地处中国大陆海岸线中部,地理位置适中,是世界少有的深水良港,通航条件优越,全年可作业天数达 350 天以上,30 万吨级巨轮可自由进出港,40 万吨级以上的巨轮可候潮进出,是中国进出 10 万吨级以上巨轮最多的港口。宁波—舟山港由北仑、洋山、六横、衢山、穿山、金塘、大榭、岑港、梅山、嵊泗、岱山、镇海、白泉、马岙、定海、石浦、象山、甬江、沈家门 19 个港区组成,拥有万吨级以上大型深水泊位 150 座,5 万吨级以上的大型、特大型深水泊位 89 座,是中国大陆大型和特大型深水泊位最多的港口。宁波—舟山港对外航线可直达日本高雄、神户、韩国釜山和新加坡等港口,对内可由长江上溯到内陆区域。宁波—舟山港自整合以来,宁波实现与舟山链接发展,舟山靠近国际航道的优势得到了充分利用,并且对舟山的港口资源进行了进一步开发,发展大宗货物与集装箱运输并开展物流服务。

宁波港作为中国"五口通商"之一的港口,其重要性在当时可见一斑。但在近代长江三角洲的演化和港口的变迁中,宁波港逐步失去光环。1949 年全国解放时,宁波港当时的货物吞吐量仅有 4.23 万吨;即使到了 20 世纪 70 年代年货物吞吐量也只停留在一两百万吨。改革开放后,宁波港逐步走入发展的快车道,1979 年 6月 1 日,国务院批准了宁波港正式对外开放的政策,这意味着外籍轮船可以进出宁波港,世界各地货物可以通过宁波港集散、转运;1992 年,在中共宁波市委召开的七届六次全会扩大会议上提出了宁波要"以港兴市、以市促港"的发展战略,并强化了建设"东方大港"的信心和远期战略目标。宁波港目前已经与全球 100 多个国家和地区的 600 多个港口有贸易往来,形成了覆盖全球的集疏运网络,为"中国制造"走向世界打开了"窗口",已经成为中国重要的国际深水枢纽港和集装箱远洋干线港。

宁波—舟山港是中国大陆重要的集装箱远洋干线港,国内最大的铁矿石中转基地和原油转运基地,国内重要的液体化工储运基地和华东地区重要的煤炭、粮食储运基地,是国家的主枢纽港之一。2017 年,宁波舟山港货物吞吐量突破了 10 亿吨,连续 8 年位居世界港口第 1 位;集装箱吞吐量达到了 2 597 万标箱,排名跃居世界港口第 4 位。在新的历史机遇期,宁波—舟山港主动适应新形势,加快推进创新突破,全力打造全球一流的现代化枢纽港、全球一流的航运服务基地、全球一流的大宗商品储备交易加工基地、全球一流的港口运营集团。

图 5.2 反映的是宁波—舟山港从 2010 年到 2016 年主要吞吐量指标的变化趋势。宁波—舟山港的货物吞吐量和集装箱吞吐量两大指标都呈现稳步增长的趋势,其中宁波—舟山港的货物吞吐量保持了较好的增长势头,反映出宁波—舟山港作为洲际枢纽港的中心地位。

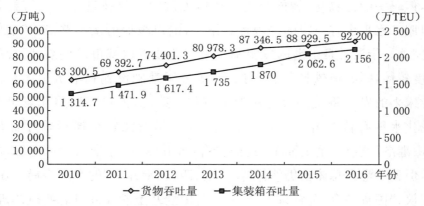

资料来源:《2011—2017 年中国港口年鉴》。

图 5.2　2010—2016 年宁波—舟山港货物吞吐量和集装箱吞吐量趋势

从全球来看,宁波—舟山港具备独特的区位及资源优势、良好的港航物流服务、扎实的大宗商品中转储备交易和强劲的腹地经济支撑,建设和发展具备良好的基础。一是战略区位和资源优势突出。宁波—舟山港位于长江经济带与国家南北沿海运输大通道的 T 字形交汇处,紧邻亚太国际主航道要冲,对内可通过多式联运直接覆盖长江经济带及丝绸之路经济带;对外可直接面向东亚、东盟及整个环太平洋地区。宁波—舟山港规划可建 10 万吨级以上泊位岸线长 200 千米,30 万吨级以上超大型泊位深水岸线 20 千米,天然航道平均水深 30—100 米,30 万吨级船舶畅通无阻,超大型国际枢纽港建港条件全球少有。

二是航运物流服务基础较好。宁波、舟山注册营运船舶超过 2 100 艘,1 000 多万载重吨。世界前三十位船公司均在宁波—舟山港开展业务。宁波、舟山两地聚集了港口航运、港口设计建设、航道疏浚、海上救助打捞、船级社、金融保险、海事法律仲裁、口岸通关等机构以及关联产业。宁波拥有国内首家航运专业保险法人机构——东海航运保险股份有限公司,舟山保税燃料油供应跃居全国港区第二位,临港工业、物流产业快速发展。

三是大宗商品储备交易发展迅速。据宁波舟山港集团 2016 年统计数据显示,宁波—舟山港分别承担了长江经济带 45% 的铁矿石、90% 以上的油品中转量、1/3 的国际航线集装箱运输量,以及全国约 40% 的油品、30% 的铁矿石、20% 的煤炭储备量,是全国重要的大宗商品储运基地。宁波大宗商品交易所、舟山大宗商品交易中心两大交易平台交易品种不断丰富,2015 年交易总额超过 2 万亿元。

但是,宁波—舟山港的发展也存在一些问题:第一,港口建设已具备一定的规模,港口经营能力和基础设施呈现专业化,市场需求与货物供应的矛盾也得到了缓解,但码头的信息化、智能化水平依然无法跟上科技进步和经济扩张的脚步,港口服务水平也有一定的局限性。第二,港口腹地衔接不够,集疏运体系有待健全完善。宁波—舟山港的货源基本来自浙江省内城市的供给,间接腹地的拓展速度较慢,同时海铁换装、江海联运等公用基础设施和集疏运体系比较薄弱,因此未来的发展将受到腹地箱源的制约。第三,港口间同质化竞争问题严峻,集约化水平有待提升(罗芳,2012)。2015 年浙江省交通运输厅提出对宁波—舟山港港区进行"由上而下"式的整合:合并泗礁、绿华山两个港区,新增白泉港区,但整个港区总体上仍然保持"一港、四核、十九区"的空间格局。在"一带一路"倡议、"国资整合"等背景下,宁波—舟山港乃至浙江港口需要抓住机遇,科学合理地配置港口资源,拓展腹地货源,实现"海上丝绸之路"与"丝绸之路经济带"的完美对接。

宁波—舟山港的功能定位应当是洲际性枢纽港。宁波—舟山港为长江经济带和长三角地区工业发展所需的原材料、能源和外贸货物提供运输服务,对长三角地区国民经济对外开放及现代物流业和临港工业发展有着重要的支持。针对洲际性枢纽港的建设目标,宁波—舟山港应充分发挥港口的自然条件优势,一方面对内提升港口的专业性和服务水平,另一方面对外拓展港口资源,以争取到更多的国内外物资中转,加快宁波—舟山深水港的建设步伐,以增强自身港口的货物吞吐力,争取尽早建成全球特大型的现代化港口与集装箱远洋干线港。虽然宁波—舟山港的港口信息化建设、综合物流服务水平并没达到上海港的高度,但由于上海港一些码头达不到应有的水深而造成的吞吐量不足,宁波—舟山港可以利用其巨大的港口规模和吞吐量与上海港进行错位发展。加上舟山港航道条件比上海更好,腹地货源与上海重复度并不高,因此宁波—舟山港可以帮助上海港减轻国际航运压力,实现其枢纽港的目标。

5.1.4　连云港港的发展

连云港港地处江苏省的东北端,气候条件怡人,海港终年不冻,也是中国八大海港之一。连云港港具有悠久的航运发展史,其前身大浦港于 1905 年正式对外开放,现港址始建于 1933 年,1936 年建成一期工程,中华人民共和国成立后进行了多次改扩建,特别是 1973 年以来的大规模建设。主要作业港区由马腰港区(原老港区)、庙岭港区、墟沟港区、旗台港区等组成,已形成运输组织管理、中转换装、装卸储存、多式联运、通信信息及生产、生活服务等功能齐全的大型综合性港口。

对于陆地外贸经济而言,连云港港横贯中国东西的铁路大动脉,通过亚欧大陆桥又与"丝绸之路"沿线多个国家有贸易往来;从海上贸易来看,港口又拥有数十个码头泊位,已开通至中国香港、日本等国家(地区)的集装箱航运班线,被称为中韩陆海联运进出口贸易试点口岸。2017 年连云港港口累计完成货物吞吐量 2.07 亿吨,同比小幅增长 3.3%,其中外贸吞吐量完成 12 230 万吨,同比增长 5.1%;集装箱完成 471.1 万 TEU,基本与上年持平。全年港口生产形势总体稳定,保持平稳发展态势,市场开发、生产运作、功能提升等方面均达到了提质增效预期目标。

对于长三角港口群来说,连云港港距离港口群区位中心较远,避免了港口群内部之间的竞争,和长三角区域内其他港口不同,连云港港自身地理条件、自然环境、战略机遇都对其发展有强大的推动作用。以港口为中心城市的集疏运网络初步形成,铁路货运列车可直达华中、华北地区,对外公路已均实现高速化。

图 5.3 反映的是连云港港从 2010 年到 2016 年主要吞吐量指标的变化趋势。连云港港的货物吞吐量和集装箱吞吐量在 2013 年前都呈现了较好的增长态势,但从 2014 年开始发生了分化。货物吞吐量仍然维持增长,但增速明显下降,而集装箱吞吐量则出现了下降,从 2013 年的 548.7 万 TEU 下降到 2016 年的 470.3 万 TEU。这种趋势的变化反映出连云港港在航运枢纽发展上的不足,连云港港还需要更准确地找准定位,培育新的发展动力。

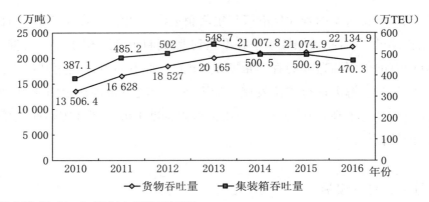

资料来源:《2011—2017 年中国港口年鉴》。

图 5.3　2010—2016 年连云港港货物吞吐量和集装箱吞吐量趋势

连云港港的功能定位应当是重要性物流中转港,具有物流中转的天然优势。连云港港北连渤海湾,南融长三角,隔海东临东北亚,西借陇海、兰新铁路、新亚欧大陆桥与中西部地区乃至中亚、欧洲相连,也是西北地区最便捷、最经济的出海口。连云港港也是中国公路主干道、水运主通道的重要结点。

连云港港在物流中转型港口建设上,由于国际中转和水上中转的集装箱吞吐量比例较小,集装箱码头建设的增长相对迟缓。另外,连云港港因地处长三角北部边缘,与长三角其他港口的互动不太理想,反而是与环渤海港口群的联系较多,影响了连云港港在长三角港口群中应有作用的发挥。目前,连云港港可以与长三角港口群进行深层次的物流合作。连云港港也是上海国际航运中心的重要组成部分,以及长三角北部地区的重要交通运输枢纽,是连接南北、沟通东西的现代化综合运输枢纽,是长三角和渤海湾之间重要的区域性国际枢纽港,是面向东北亚、辐射中西亚的窗口和国际物流中心。因此,在港口建设方面,连云港港将重点建设服务临港工业的矿石、原油,以及集装箱码头。

5.2　长三角区域经济一体化背景下港口资源整合的理论与现实基础

长三角区域一体化合作由来已久。从 1992 年建立长三角 15 个城市经济协作办主任联席会议制度算起,已走过 26 年。2001 年,沪苏浙三省市发起成立了由常务副省(市)长参加的"沪苏浙经济合作与发展座谈会"制度。2004 年,启动了沪苏浙三省市主要领导座谈会制度。2008 年起,长三角政府层面实行决策层、协调层和执行层"三级运作"的区域合作机制,确立了"主要领导座谈会明确任务方向、联席会议协调推进、联席会议办公室和重点专题组具体落实"的机制框架。2018 年 3 月长三角区域合作办公室成立,意味着长三角区域合作从"三级运作"到合署办公。①

2018 年 6 月 1 日,年度长三角地区主要领导座谈会在上海举行,三省一市主要领导悉数参加座谈会并出席成果发布会。同时,由三省一市共同研究制定的《长江三角洲一体化发展三年行动计划(2018—2020)》正式发布,其中涉及打造世界级产业集群和全国首位的新技术应用示范引领区,加快布局城际轨道交通、优化长三角机场群,5G 协同布局先行试用等多项具体内容;围绕着交通互联互通、能源互保互济、产业创新协同、信息网络高速泛在、环境整治联防联控、公共服务普惠便利、市场开放有序七个主要领域,均有具体行动计划。

长三角一体化进入"快车道"无疑将给地区经济带来多方面积极影响。第一,有利于资源更好地配置。经济一体化的本质是按照地区分工的要求,调整区域内的经济结构,从而使市场供给的商品、服务、资本、劳动等生产要素和产品能够实现更加合理的配置。第二,有利于创新活动的产生。在区域集聚体内,高度专业化的技术和人才在地理上得以集中,会擦出知识储备与信息积累的火花,为企业提供实现创新所需的重要基础;在市场环境下,当同行企业集聚在同一区域,会让彼此的竞争趋于表面化,迫使他们不断改进技术,积极参加创新活动。而这些过程都会让更多的新产品与新业态不断问世。第三,有利于降低制度成本。制度成本的核心在于地方行政壁垒。长三角一体化的提速则会进一步降低三省一市内各个地区之间的行政壁垒,并弱化要素流动的制度成本,从而为区域经济发展赋能。

在这个大背景下,长三角港口群资源的整合也就顺理成章。在概念上,港口群资源整合可以有两种理解,它既可以是一个过程,即资源整合的过程,也可以是一种结果,即帕累托最优状态。从过程角度来讲,包括两个层面,在战略层面上,按照系统论的思维,就是通过组织和协调,把港口群内部彼此相关但彼此分离的职能,整合成一个各个港口功能互补的系统,取得"1＋1＞2"的效果。在战术层面上,就是港口群资源合理配置的决策(沈寅安,2011)。

相应地,港口群资源整合具体表现在"资源配置效率",即结合港口的自身因

---

① 长三角区域合作办公室,由安徽省、浙江省、江苏省和上海市抽调的人员于 2018 年 3 月组建而成,主要任务是把长三角建设成为贯彻落实新发展理念的引领示范区,成为在全球有影响力的世界级城市群,成为能够在全球配置资源的亚太门户。

素、港口所在城市的经济因素以及政策的倾斜力度等,通过外部生产要素的流动,对港口群进行合理定位,使每一种资源有效地配置到最适宜的使用方向上,达到最大的生产效益。

资源整合从结果角度去理解,是一种资源整合的最优状态,即帕累托最优状态。资源整合与资源优化是包含与被包含的关系,资源整合的概念更为全面,资源优化只是资源整合的一部分,它更为微观,着眼于生产要素的分配,而资源整合还包括港口功能上的整合。

在范围的界定上,港口群资源整合可以发生在宏观、中观和微观三个层面,范围有所不同。宏观方面,指港口群与港口群之间的资源整合;中观方面,指港口群内各港口间的资源整合;微观方面,指港口内部不同部门之间的资源整合。中观上的资源整合为微观上的生产单位提供合理的生产要素,将生产要素配置到最需要的地方,保证生产的有效进行;反之,微观上效率的提高能增加经济资源总量,为中观上的整合创造条件。

在整合的标准上,港口群资源可以通过"资源配置效率"这个指标来衡量,其所对应的港口群资源整合判断标准是"帕累托最优标准"。根据帕累托最优标准,港口资源整合也应该达到这种理论上的状态:在一定的时间和空间范围内,在港口资源数量给定的条件下,该系统港口资源的重新配置已经不可能使任一主体的产出增加,除非至少使另一主体的产出减少。需要说明的是,港口群资源整合过程的初始阶段,并不必然伴随着帕累托改进,但是当港口群资源整合达到一定的程度,具备了资源整合的条件后,帕累托改进能使港口群达到帕累托最优状态。帕累托改进和帕累托最优标准是长三角港口群资源整合所要遵循的最重要的原则之一。

5.2.1　长三角港口群资源整合的理论基础与整合模式

长三角港口间的资源整合必然需要正确看待各港口间的合作与竞争的关系,对竞合关系的研究需要多学科、交叉性的理论支撑,限于篇幅,本书主要选取竞合理论、社会网络理论、劳动分工理论等结合长三角港口群的整合情况进行论述。

第一,竞合理论。竞合理论起源于 Adam M. Brandenburger 和 Barry J. Nalebuff 在20 世纪末的一项研究。根据两位作者在 1997 年出版的《合作竞争》(*Co-opetition*)一书,竞合理论其实揭示的是竞争与合作矛盾统一体的内涵,强调的是事物的对立统一特征。具体来说,不同港口之间从一方面来看它们是竞争关系,但从另一角度解释,它们又是合作伙伴,因此这两者之间竞争与合作是同时存在的,并且可以在一定条件下转化。竞合理论反映的是一种二元关系性,它补充了传统意义上的竞争、协作以及权力—控制等视角上的不足,一方面任何两个有敌对关系的事物间不是简单地只有竞争关系,一个港口可以通过与其他港口共享信息、技术等,来达到解决自身能力不足的方面;另一方面合作也不是绝对的,具有合作关系的一个群体为了保持组织内部的活力,有必要适当创造一些敌对因素来激活各个体的发展动力。

港口间的竞合行为在很多方面都存在,最常见的一个方面是港口技术创新领域。港口技术创新经过研究开发、工程化、商品化、进入市场,以实现商业利润。一般情况下,港口行业会产生一定的规模效应,对于实力较强的大规模港口,经常可以通过某种协议来确定行业的价格,而不是完全取决于市场供求关系,其他港口则被迫接受这种定价。大港口在市场需求没有很大波动的情况下,不会轻易调整行业定价,而是会通过扩大业务量来增加利润,因为大型港口本身就具有一定的货源吸引力,因此小型港口在此条件下并没什么优势。因此港口最佳策略是采取竞合关系,小型港口要多借鉴、学习大型港口的管理经验、技术能力,而大型港口则可以将小型港口变为自身的喂给港来补充货源。从"一带一路"战略考虑,长三角要建成一个真正领先的大型港口群,江浙沪两省一市的港口合作迫在眉睫。上海港虽然在长三角港口群中有区位优势和国际战略支持,但仅凭自己无法实现国际航运中心的定位。因此,长三角港口群要建设成国际型的港口群系统,应根据货物分流情况将长三角内所有已建、在建和将建的各类港口加以梳理,按照各港口的腹地、货源、集疏运条件和港口的规模优势等,形成大、中、小港口相结合,层次清晰、分工明确的功能网络,同时在各港口间开展竞合关系,使其加强沟通机制,相互学习借鉴,进行错位竞争,促进港口群经济的健康发展,实现长三角港口群成为世界先进港口群的目标。

第二,社会网络理论。社会网络源于著名人类学家 R.布朗 20 世纪 30 年代对结构的研究,最开始主要用于研究文化是如何界定群体的。到 20 世纪末,Wellman 对社会网络做出了比较成熟定义:社会网络是由许多个体及它们间的关系组成的一个系统,它是一种新的社会学研究范式。Lee Rainie 和 Barry Wellman 在 2012 年出版的《网络化:新的社会操作系统》(*Networked:The New Social Operating System*)一书将社会网络革命、移动革命和互联网革命并称为三大革命。社会网络理论认为:(1)个体与个体间的关系纽带强度不一样,但却相互作用着,对于整个网络来说,它们也大多是不对称的;(2)关系纽带将整个网络中的成员连成一个整体,脱离网络单独分析任何一个个体是没有任何意义的;(3)社会网络是并不是随机的,具有一定的界限,因此会各自形成独立的或有联系的网络群,从而会出现交叉关联现象,这种交叉性使得群与群、个体与个体间产生一定的关联;(4)信息的不对称会影响关系纽带的强度,而关系纽带的变化也会导致资源的不公平配置。区域内港口可视为网络中的各个行动者,通过研究港口网络行动者的"关系数据",探讨港口资源的流动,港口网络行动者相互不对称影响着,并且相互依赖,网络中各个行动者所获得的信息也是对称的,这些都会影响整体港口网络的紧凑性和稳定性。港口群的紧凑性是由港口竞合关系网络的网络密度决定的,它表明了长三角各港口间的紧密程度和相互影响能力,从而有效制约和规范长三角港口发展的力度。中转型港口则是由港口网络中的中间性指标的高低体现,中间性指标愈高,说明该港口在竞合关系网络中承担中介型港口作用越高。

第三,劳动分工理论。绝对分工理论、比较分工理论以及禀赋理论构成了劳动分工理论。绝对分工理论是由亚当·斯密在《国富论》中提出的,它主张区域间进行有效的分工协作,从而极大地提高劳动生产率,是基于成本效率的考虑;创建比较优势理论的代表人物大卫·李嘉图基于生产成本的相对优势和劣势视角,论证了分工的必要性及其导致国际贸易产生的原因;要素禀赋理论源于瑞典经济学家赫克歇尔和俄林对国际贸易对收入分配影响因素的研究,他们发现"产生成本差异必须要求要素特征也不同,要素的使用比例也不一样"。

劳动分工理论主张区域之间进行有效的分工协作,是基于成本、效率和优势的考虑。在区域经济增长的传递机制发挥作用的过程中,具有比较优势的港口可能比其他港口的发展要迅速得多。这种情况在市场机制和政府的共同作用下,会对港口及港口群发展产生一系列的影响。根据分工理论,长三角港口群应统一规划,进行科学合理的分工合作,避免盲目投资和重复建设,最大限度地防止港口结构趋同。任何港口都具有优劣势,分工合作的客观基础在于存在差异和追求经济利益,长三角港口群由于各港口在自然条件、历史基础、资源优势、技术水平、劳动力状况及依托城市的经济发展程度等方面存在差异,为分工提供了必要的前提条件。通过分工必然形成区域港口生产的专业化,能够进一步拓展港口间商品货物生产交换。分工也能使各港口具有比较优势的资源条件得到充分利用,每个港口可以利用自己独有的区位条件,发挥各港口优势,实现港口间优势互补,提高港口的资源利用效率。长三角港口群是一个开放系统,需加强港口的横向经济联系,如果分工得当,各港口都会有自己的主攻方向,由此产生的空间结构效益和规模经济效益既能使各港口取得多赢效果,也会直接促进长三角地区经济的协调发展。

港口资源整合根据不同的整合方式,有一体化模式、港口协会模式、资本联合模式、双枢纽港模式、单枢纽港模式等,下面分别对五种模式逐一介绍。

第一种模式是港口一体化模式,指通过成立一个联合港务局对港口群实施统一规划管理,这种模式具有管理直接、行政性较强、执行效率高的优点,但同时也容易造成地方政府与联合港务局的多头管理,引起管理上的冲突。

第二种模式是港口协会模式,指港口协会通过与各港口所缔结的条约等形式对港口群的行为进行约束,这种模式能够较好地为港口提供交流合作的平台,但由于港口协会不存在实质性权力,执行效率较低。

第三种模式是资本联合模式,指港口之间互相参股,实现风险共担、利益共享的模式,这种模式企业的合作积极性较强,但也存在各港口从自身利益出发,可能与港口群整体利益相悖的问题。

第四种模式是双枢纽港模式,指在一个港口群内存在两个规模相当、综合条件都较好的港口,由于两港各自的优势不同,可以在功能上互补,同时,由于混合腹地等因素,两港之间也存在着一定的竞争,该模式能充分挖掘市场,但长期采用这种模式可能会加剧两港的竞争,除非这两个枢纽港分工定位清晰,功能互补。

第五种模式是单枢纽港模式与双枢纽港模式相对应的港口模式。单枢纽港模式能够有效集中并利用港口群资源,与支线港、喂给港之间形成良好的合作,但容易造成枢纽港一港独大、垄断地位的形成,不利于港口生产效率和服务质量的提高,进而影响港口群整体竞争力。

这五种港口群资源整合模式分别从不同的角度提出,模式之间并不存在矛盾,在实际操作中,应根据港口群不同发展的具体情况,单独采用一种或混合使用多种资源整合模式,以达到港口群资源整合的目的。

5.2.2　长三角港口群资源整合的现实基础

长三角港口群地处中国经济实力最强的长三角地区,拥有发达的腹地经济。与区域经济融合相同,长三角港口群也具备资源整合的巨大动力。近年来,长三角港口群逐渐意识到资源整合的重要性,采取多种措施进行资源整合,取得了较好的效果。长三角港口群在进行资源整合的过程中有以下的现实基础和实践优势。

一是港口群集疏运通畅。长三角地区拥有发达的立体式集疏运体系。根据《长江三角洲地区现代化公路水路交通规划纲要》,长三角地区已经形成"三横两纵一圈"的公、铁、水交通运输通道,"三横"指由长江、沿江铁路、高速公路、管道、陇海铁路等组成的沿江综合运输大通道、东西向综合运输大通道和舟山—宁波—杭州—金华—江西的综合运输大通道;"两纵"指由京杭运河、沿海铁路、高速公路等组成的南北及对外的运输大通道;"一圈"指由高速公路、铁路等构成的都市圈快速交通网。另外,在航空运输方面,苏浙沪两省一市已经建成的运输机场达到了18个,能够较好地满足长三角地区经济发展对于航空客运和货运的需求。由公、铁、水、航、管五种运输方式构成的集疏运体系能够很好地服务于长三角港口群资源整合,为港口群资源整合提供稳定快速的集疏运保障。

二是港口相互间的资本合作不断推进。宁波—舟山港与上海港均是上海国际航运中心的建设主体,目前,两港已开展了多方面的合作,包括定期互访、技术人员交流等,2010年3月两港合资成立上海港航投资有限公司,各拥有公司股份50%,这是两港第一次在资本层面所开展的合作。资本合作是指港口与港口之间互相投资以建设港口项目,持有对方港口的部分股份或者债权,风险共担、利益共享的一种港口资源整合方式。宁波港还通过这种方式投资江苏太仓的万方国际码头,并与南京江海集团共同投资南京明州码头有限公司(即龙潭港区五期码头),其中,宁波港集团以资金入股占有后者70%的股份。

三是组合港口的形成加快港口群整合。由于长三角地区的一些港口地理位置和行政区域较为接近,通过港口组合的方式,以统一的港口名称对外进行宣传,这种做法类似于日本东京湾港口群内联外争的港口群整合方式,其中,苏州港和宁波—舟山港的港口组合对长三角港口群整合具有重大借鉴意义。2002年,原国家一类开放口岸张家港港、常熟港和太仓港三港合一,统一组合并更名为苏州港。2006年,宁波港和舟山港一体化项目启动,"宁波—舟山港"名称正式启用。两地港口的整合既能统筹规划使港口建设更为合理,功能分布更为科学,也能增强港口的综合实力,以统一的港口形象进行宣传,提升港口对外的知名度。因此,长三角港口群的资源整合规划应强调以上海国际航运中心建设为战略目标,坚持以"一体两翼"为抓手,逐步推动港口群间的集装箱和泊位的组合,形成一体化协调的长三角港口群。

四是分工合作愿望逐步呈现。江浙两地不少港口城市都以不同方式在不同场合表示出同上海洋山深水港加强合作的意愿,希望通过增强彼此合作实现港口之间的共同发展,助推上海国际航运中心建设,提高长三角港口群的整体国际地位和国际竞争力。这种动向显示出,随着上海洋山深水港的开港运营,各港口在彼此竞争有所加剧的同时,要求分工合作的客观愿望也明显增强。这也预示着,长三角"一体两翼"港口群在强化各自港口功能和扩大各自规模的前提下,提升港口群整体能力的内外部条件正在逐步趋于成熟。值得一提的是,今年刚刚成立的长三角区域合作办公室,标志着长三角区域合作从"三级运作"到合署办公打破了行政分割的体制性障碍,必将进一步推动长三角港口群的资源整合规划。

五是集团化整合不断推进。2017 年 5 月,江苏省港口集团有限公司成立,南京、连云港、苏州等沿江沿海 8 市的国有港口企业整合并入该集团。6 月,江苏省政府出台了《关于深化沿江沿海港口一体化改革的意见》,推动全省港口集约发展、转型发展,通过 3—5 年的努力,基本形成具有区域枢纽功能的航运物流中心,培育国内外具有影响力的特大型港航集团。浙江省则成立了省海港委,组建省海港集团和宁波舟山港集团,统筹航线布局,推进港口一体化经营。

5.2.3　国外港口群的整合经验

1. 美国纽新港口群

美国纽新港口群主要由纽约港和新泽西港组成,位于美国东部,紧邻大西洋,南北长 9.55 千米,东西宽 12.43 千米,港口群自然条件优越,水深条件良好,两港分别位于哈得孙河流域的纽约湾和纽瓦克湾。纽约港和新泽西港由于地理位置靠近,经济腹地有所重叠,但两港分属纽约州和新泽西州,历史上曾因此造成利益矛盾导致两州警察发生冲突,之后,两港逐渐意识到两港对立所带来的危害以及资源整合的重要性,于是在 1921 年,两港所在的地方政府共同决定,组建对两港实施统一管理的类似于港务局的联合组织,它具有政府机构和公共机构的双重性质,负责以自由女神像为中心,半径为 25 英里范围内的 25 个交通设施的统一管理。

纽新港务局采用灵活有效的管理措施,实行地主港管理模式,有计划的将港口土地、设备等租赁给各种社会组织去完成港口生产,收取一定的租金,在提高港口生产效率和获利的同时,也为各种物流企业创造了公平竞争的市场环境。作为一个两州的公共机构,纽新港务局具有财务独立、税收独立、决策独立的权利,每年它会将大部分的利润进行再投资,用于扩建泊位、增加疏港道路、振兴铁路运输、改善通关条件等项目,以做大做强纽新港口群。如今,纽新港口群已经发展为北美最重要的港口群之一,并创造了大量的就业机会,促进港口群所在地区的快速发展。

纽新港通过远洋航线拓展和多式联运系统建设,大力推行国内、国际双重扇面战略。以扩大欧亚航线覆盖为重点,不断增加远洋航线资源,现有 40 条通往亚洲的航线,及往返汉堡、安特卫普和越南之间的快运航线。其多式联运系统在 24 小时内可覆盖美国三分之一和加拿大一半的市场,近 10 年来该港铁路集疏运业务年增长率高达 7.1%。

值得借鉴的是,纽新港区和美国 49 号自贸区叠合,造就了美国最大的汽车进出口港口之一,实现了贸易和产业的双丰收。美国49号自贸区通过了21条优惠政策,其中减免各类税费的政策过半,进出口程序的简化也作为优惠政策被明确列入,可见依托自贸区创建宽松的经营环境和高效的进出口流程是最为关键的。总之,以纽新港为核心的美国东海岸港群通过港口整合、双重扇面、政策注入的发展策略,实现了以政府为主导、以市场为驱动、以资金为纽带的整合协调机制,以多式联运为手段、以双重扇面为关键的枢纽提升战略,以优势产业为依托、以自贸区政策为推动的内外衔接模式。①

因此,纽新港口群资源整合具有代表性的地方在于:首先,它是在两州政府的主导下成立一个共同的港务局来对两港进行统一管理,属于港口一体化的资源整合模式;其次,该港务局采用积极灵活的运营手段,如地主港模式,港口物流企业拥有较大的经营空间;最后,充分利用自贸区的优惠政策,以及资金流、物流、人才流等优势,积极推动港口的发展和转型升级。

2. 西欧比荷海港系统

比荷海港系统是西欧比较典型和完善的合作型港口群,从结构和布局角度来看,比荷海港系统与中国的长三角港口群和珠三角港口群类似。比荷海港系统包括安特卫普和鹿特丹两个大港,还有一系列专业港以及许多小港,大体可分为四个层次:第一层次是具有地理区位优势和充足深广货源腹地的鹿特丹港,被誉为西欧商品集散中心;第二层次是比利时的最大海港安特卫普,通过内陆运输方式每年有超过300万吨集装箱货物输送到鹿特丹,另外至少还有100万吨运到泽布鲁赫;第三层次是荷兰西部的河口海港艾默伊登,其为荷兰西部的主要渔港,也是煤和矿石的进口港;第四层次是其他一些中等港和小港,主要是为系统的大港补给货源,如奥斯坦德、根特等港口。

同时,欧洲还建立了欧洲海港组织来整合港口群,其管理模式的主要特点在于:①不直接参与欧洲各海港的发展和建设,不直接介入各海港的日常运营业务,而是重视突出港口自主经营的法律地位,保证并不干涉港口之间的自由竞争;②各港口间利益是以会员大会的形式来协调的;③用法律形式确保欧洲海港群的总体利益不受侵害;④为具体港口的特别项目提供资金支持,也包括技术咨询;⑤欧洲海港组织还负责主持特殊项目的研究,统计欧洲港口的各项数据指标。

3. 日本东京湾港口群

日本东京湾位于日本中东部,紧邻太平洋,南北长80千米,东西宽20—30千

---

① 赵一新:《长三角航运中心整体布局与"一带一路"倡议衔接问题研究》,《科学发展》2017年第108期。

米,湾口仅 8 千米,水深条件良好,是日本"三湾一海"之一和重要的工业区之一,紧靠京滨和京叶两大工业带,东京湾内包括六大港口,它们是东京港、横滨港、千叶港、木更津港、川崎港、横须贺港,港口密度为 35.7 千米/个,空间狭小问题尤为突出,极易出现争抢货物等恶性竞争问题。

日本政府先后颁布《港湾法》《东京湾港湾计划的基本构想》等关于港口分工和规划的法案,使得东京湾港口群逐步发展成为分工明确、优势互补的港口体系。其中,东京港、横滨港、千叶港、川崎港被定位为重要的港口,而木更津港和横须贺港被定位为相对重要的港口。东京港以外贸集装箱运输为主,是全国性和区域性的集装箱输入与集散地;横滨港和川崎港主要进口铁矿石等工业原料和粮食,出口当地和区域性工业制成品;千叶港则以进口石油和天然气为主,出口汽车为主。同时,东京湾港口群对外并不是各港口分散独立地进行宣传和揽货,而是以统一的形象进行宣传,共同揽货,这样做有利于东京湾港口群综合竞争力的提升,提高港口群的整体知名度。

日本东京湾港口群资源整合具有代表性的地方在于:政府对于港口发展有高度的计划性和合理性,属于政府主导型的资源整合模式,它充分利用不同港口的集疏运、区位等优势,合理分工,优势互补,内联外争,使有限的资源发挥出了巨大的经济作用。

5.2.4　长三角港口群资源整合所存在的问题

1. 行政区域分割,综合协调管理水平不足

国家尽管高度重视长三角港口群资源整合,对长三角港口群的定位也做了相关规定,但其中的港口分别属于上海市、江苏省和浙江省,每个地方政府对自己的港口都有重要的发言权,它们从各自的利益角度提出所属港口的发展方向,港口间缺乏有效的交流与合作,导致长三角港口群规划的协同性降低,恶性竞争加剧,港口群资源整合程度下降。虽然三地政府也尝试了成立长三角联席会议等相关努力,但效果并不很明显。例如,上海组合港管委会具有政府的背景,对于上海国际航运中心的建设确实起到了一些协调作用,但是因为上海组合港管理委员会是以长三角整体利益最大化为目标,与地方政府是以自身行政区域的利益最大化为目标必然产生矛盾,港口群受到地方政府和上海组合港管委会的双重领导,且由于上海组合管委会的委员会性质,其职能易被地方政府架空,造成其管理职能缺失,因此上海港组合管委会的最终目标难以实现,长三角港口群资源整合的统一指挥部

门仍不明确。解决该问题是长三角港口群资源整合进一步加深的前提和基础,是决定长三角港口群资源整合成功与否的根本性的关键性体制问题。

2. 港口重复建设严重,资源配置不合理

长三角地区的大多数港口都在规划多元化综合性发展,这使得长三角港口基础设施存在"重复建设""浪费投资"的风险,呈现出合作为了竞争、竞争大于合作的阶段性特征。长三角一些港口特别是中小港口"求全求大"、盲目扩张,设置过密,导致经济腹地重叠,码头功能雷同,一般散杂货码头数量明显过剩,低水平重复建设现象非常严重,必然带来产能过剩和资源浪费、效益低下和经济损失,也对港口日后的有序发展埋下隐患,从而影响长江三角洲区域港口群的整体发展。例如,长三角港口区域曾以招商引资项目配套的名义建设业主码头,不合理地占用深水岸线,导致码头布局混乱、岸线资源浪费现象比较严重,降低了区域港口整体资源使用效率。和其他地区比较,上海、江苏、浙江的港口密度也大大高于其他拥有较多港口的省份。南通至江阴是码头最密集的一段,两岸岸线长 60 千米,分布着 68 个泊位,平均 0.9 千米就有一个泊位(罗芳,2012)。当然,判断港口是否存在"重复建设",主要应该衡量现有的和潜在的腹地货源和市场需求与基础设施的供给比例,但重复建设的风险不容忽视。

3. 小区域合作形成格局,大区域合作相对滞后

基于行政区划分割的影响和增强彼此竞争筹码的需要,沪苏浙"一体两翼"港口群出现了小区域合作形成格局、大区域合作相对滞后的态势。南翼的宁波港、舟山港组合成了宁波—舟山港;北翼的太仓港、常熟港、张家港三港合一,推出了"苏州港"品牌,南京港、镇江港、扬州港整合成宁镇扬组合港,而苏北的南通也正在加紧建设大型海港——洋口港。由此可见,随着洋山深水港四期开港运营,江浙两地也各自在抓紧形成港口一体化的态势,从而使得沪苏浙三地港口竞争呈现加剧之势。

这种以地方利益为主导,带有政府背景的竞争态势,在一定程度上阻碍了长三角港口群整体作用的发挥,影响了上海国际航运中心建设国家战略的实施进程,使上海国际航运中心原定"一体两翼"格局变为"两干线共同主导发展"格局。

4. 港口群岸线资源利用的结构性矛盾突出

港口群岸线资源利用不合理,导致相对于需求的港口服务供给产生结构性矛盾,一些港口码头超过实际需求的数量,而另一些则严重不足,例如,连云港港、上海港、宁波—舟山港吞吐量超过设计能力 50%以上;而湖州港、镇江港、台州港吞吐量不足设计能力 50%,归纳原因主要有两个:第一,港口基础设施建设有其特殊

超前性,改革开放后长三角经济快速发展,港口吞吐量呈现飞速增长,现在过剩的运力多是缘于先前几年超前的投资思路;第二,"过剩"的运力主要集中于大型原油码头,而大宗干散货码头,尤其是铁矿石码头和集装箱码头,仍旧存在运力不足的问题。根据香港服务行业公司的预测,到 2020 年,每年集装箱码头供求差额将达到 2 500 万 TEU。该问题主要是由于之前长三角港口群分属三个行政区域,每个行政区域从各自的利益角度出发扩建港口码头,没有考虑长三角整合利益,导致长三角港口群岸线利用不合理,存在供给的结构性矛盾,解决这一问题必须依靠长三角港口群联合港务局的组建,只有联合港务局,才能站在长三角港口群整合利益的角度,合理开发岸线资源。

5. 港口分工定位不明确,资源整合进展缓慢

国家和地方政府对长三角港口群资源整合高度重视,出台一系列规划和政策,包括《长江三角洲地区现代化公路水路交通规划纲要》《全国沿海港口布局规划》《江苏省沿海开发总体规划》等,其中,《长江三角洲地区区域规划》进一步明确长三角港口群各主要港口的功能定位,主要包括上海港、宁波—舟山港、南京以下长江下游港口。尽管有国家和地方政府的高度支持,但是执行时仍旧是以地方政府为主导,对长三角港口群的定位进行任务分解。在分解过程中,各个地方政府缺少交流合作,规划和建设同步性较差,工程进度先后不一,并且由于港口建设是一项中长期工程,建设期限较长,而相关规划的时间一般只有 5 年,以《长江三角洲地区区域规划》为例,其规划期为 2009—2015 年。地方政府缺乏激励机制,会以港口工程项目建设时间较长为由,拖拉工程建设,去投资建设对本地经济有利但有可能不符合长三角港口群分工的港口项目,这种地方政府的短视和不作为行为导致国家的相关规划执行效率低下,长三角港口群资源整合进度过于缓慢。

6. 港口群配套产业和服务功能还不充分

尽管长三角港口群近年来货物吞吐量持续增长,处于世界领先地位,但是长三角港口群在这个过程中分工不尽合理,港口群功能发展单一化,一味的以货物吞吐量或集装箱吞吐量为目标,忽视了构建服务型港口的重要性。所谓服务型港口,是指以服务客户为宗旨,为客户提供全方位的服务,除了货运之外,还包括保险、金融等综合性的服务,港口服务能力的强弱,体现在港口软实力上。长三角港口群在软实力建设方面,远远落后于世界其他先进港口。以伦敦港为例,虽然伦敦港的货物吞吐量等货运指标远不及上海港或宁波—舟山港,但伦敦港是全球最大的航运服务市场,有 25 个国家使用伦敦劳氏信息服务公司的船舶跟踪信息数据库,《劳氏日报》《航运统计与经济》等信息媒体定期公布运价、船价、各国航运政策动态和海事

案例判决等信息,这些航运服务性的产业所创造的价值甚至超过港口物流实体所创造的价值,且航运服务对环境没有任何破坏性影响。长三角港口群尚处于资源整合的初步阶段,统筹规划刚刚起步,港口分工的执行力度较差,且过于注重货运指标,而忽视服务质量,导致相对于其他国外成熟港口群,长三角港口群软实力尤为薄弱,港航物流服务体系有待完善。

5.2.5 长三角城市群港口资源整合发展建议

从港口群历年来的发展来看,体制和机制是影响港口群发展的关键因素;港口群网络结构的紧凑与否,取决于各个港口层次内部节点资源是否合理分配以及每个层次之间是否衔接流畅。当然,港口群资源整合的最终有效性也需要人才的支持。因此本篇接下来从管理制度优化、资源整合、一体化建设和人才建设四个方面对长三角港口群合作进行阐述。

1. 着力优化长三角港口的管理制度

制度优化是长三角港口统筹发展的核心。为发挥长三角港口群在"一带一路"倡议的区位优势,实现成为国际枢纽地位的目标,就要制定统一的管理制度。

虽然我国实施的是中国特色社会主义市场经济,政府规划不再是经济建设的主导者,然而港口的规划建设依然没能摆脱政府的干预,港口体制难以推行。因此,长三角港口首先须从制度上整体优化港口群的管理。为此本节提出建立专门的长三角区域港口管理结构,负责协调管理整个港口群的规划和建设。需要指出的是长三角区域港口管理机构需脱离政府,在人员、资金、运作等方面保持独立性。它主要作用在于规划和服务整体港口群的建设,促进和协调港口间的项目合作,监督市场运行和港口安全环保,规范港口行业的一些标准,包括运输费用标准、税务标准、通关手续等,尽量简化和统一货物通关手续,尤其是需要转运的货物运输,可实施"一站式"通关办法,减少货运成本和时间成本,这就要求区域港口管理协会突破行政壁垒的限制,加快港口群统一管理的进程。

另外,长三角港口管理机构可设置有效的评估机制和奖惩制度,建立完善的项目合作平台,鼓励港口技术创新和港口间的经验交流和信息共享。而地方政府需向服务型政府转型,避免介入长三角港口的竞争,让港口自主性运营,把自己的行为定位于完善港口行业的法律法规,监督港口发展的行为,创建有利于港口未来发展的平台,为港口发展环境提供保障。对于港口企业来说,企业是港口制度合作的主体,要充分发挥市场机制和利益机制,长三角港口企业要以项目为载体,资金为支撑,和不同行业地区的企业合作,加强沟通机制,创新港口经营模式。

特别是要从两个机制的建设着力提高港口群的管理水平。一是利益共享机制。从利益主体兼顾公平效率的角度,利益共享机制主要包括利益诉求表达机制、利益统筹整合机制、利益公平分配机制和利益合理补偿机制等。长三角港口群利益共享的实现有赖于这些机制良性有效的运转。首先,应有畅通的利益诉求表达机制。健全的利益诉求表达机制是建立利益协调机制的基础,没有有效的利益沟通表达,正常的利益诉求就无法表达,其他利益协调机制都无从谈起。其次,应有公正公平的利益分配机制。分配不公,将引发各种矛盾,确立公平的利益分配机制是协调各种利益关系的根本要求。再次,应有利益统筹与整合机制。在市场经济条件下,由于资源禀赋、经营要素等差异,港口发展水平出现差距无可避免,需要发挥政府"有形之手"的作用,加强宏观调控,整合要素,统筹各港口之间的利益关系,促进共同发展。最后,应有科学合理的利益补偿机制。在长三角港口群发展进程中,有时会造成个别港口或利益群体利益受损,有必要建立和完善科学合理的利益补偿机制,酌情补偿所受损失,及时调处化解利益冲突和矛盾,减少不稳定因素,促进港口群稳定与协调发展。

建立长三角港口群新型的"利益共享机制",就是在承认港口效率差别的基础上,对长三角港口利益进行合理的再分配,实现效率与公平的高度统一。当前,市场机制中还存在着诸多不符合利益共享的缺陷与障碍,影响长三角港口群协调发展,因此必须加以正视和适当调适,从而为实现利益共享提供制度支持和保障。

二是利益奖惩机制。如果缺乏有效的利益分配机制和对负外部性的制约,或者对合作利益不能合理奖励,就不能保障每个合作港口都能得到超出不合作的利益,则长三角港口群的各港口会就失去合作的动力。所以建立健全港口群利益奖惩机制是保证长三角港口群协调有序运转的必要条件。对港口守信激励和失信惩戒措施研究不到位,就不能充分有效地发挥协调机制的作用,需要通过市场机制来调动港口参与的积极性,实现竞争恶性局面的根本转变。要从合理的港口群分工、合理的要素流动的基础上对港口群利益进行评判。

在效率优先、兼顾公平的原则下,再对协调结果影响下的港口群内正效应最小港口或负效应港口给予适当的经济补偿。当港口群追求自身利润最大化时有可能对其他港口带来负效益,应由港口群管理协调机构提出对不良竞争行为遏制的有效措施,联席会议制度检查的概率是由惩罚力度和违约发生的概率所确定的,惩罚力度越小则越需要加大检查的概率,违约发生的概率越大,检查的概率也应该越大,这样才能保证港口群的健康发展。违约港口给其他港口带来损害越大,联席会议对其违约制定的惩罚力度也应该越大,加大其违约的成本,从而遏制违约的发生。这对于港口群的长久发展和高效运作具有重要意义。

2. 充分利用多种手段优化整合港口群资源

资源整合对于长三角海港来说,就是依据其在港口群中的位置进行功能定位,再依据功能需求优化资源配置的过程,长三角港口应该以层次为单位,分别进行资源整合。国家规划同样突出了这个思路,2015年8月国务院批准了《全国海洋主体功能规划》,规划中提到要针对不同的海洋空间对港口资源及功能进行整合。例如,上海港作为长三角港口群,特别是海港的龙头,也是"海上丝绸之路"在中国内陆的着陆点,可利用自身优势推动整个长三角地区的发展,衔接陆上"丝绸之路经济带"货物的中转(黄冬,2016)。

此外,优化资源配置还应该注意以下两个方面的提升:一是加快科技研发应用,加强港口群信息互联。充分利用港口物流实用新技术和新工艺,依托港口 EDI 平台,在港口群内推广应用物联网、RFID、GPS 等智能化技术,建设和完善港口集装箱作业管理系统、散杂业务协同管控等信息管理系统,实现港口群物流与口岸运作服务的一体化、智能化和自动化,提升第四方物流市场能级,推进第四方物流市场与港口物流信息平台,最终实现港口群内港口与港口、港口与口岸查验单位、货主、物流运营商的数据对接与共享,形成覆盖整个港口群供应链的综合性信息网络以提供网上订舱、仓储管理、运输方案咨询等一系列信息互联一体化的服务,此外,充分发挥高校、研究所等部门的智力支持作用,结合长三角港口群资源整合实际,适时把科研成果转换为实际应用的政策、技术和产品,为长三角港口群内各类物流生产和服务参与者提供信息沟通的有效条件。

二是通过港口间交叉持股,实现港口群深度合作。建立港口间长效的合作机制,交叉持股是比较好的方法之一。通过资源联合,港口与港口间能够达到利益共享、风险共担的状态,有效避免港口分工重复混乱,基础设施重复建设、价格恶性竞争等问题,同时,能够促进生产要素在港口间自由流动,发挥其最大价值。考虑到长三角港口群分别属于江苏省、浙江省、上海市这三个行政区,容易受到地方政府的干预,仅依靠交叉持股难以主导港口群的发展方向,必须以长三角联合港务局的构建为前提,因此,只有在构建联合港务局的前提下,港口群资本联合才能发挥最大的功效,两者是经营体制与经营策略的关系。资本联合的目的主要有两个,一个是使有限的资本创造出最大的价值,另一个是在创造最大价值的同时,避免港口群内部恶性竞争,因此,并不是说港口间的合作必须得使用资本联合的方式,它只是资源整合的一种有效方法,但如果达不到以上两个目的,就没有必要一定要进行资本联合。

3. 加快制定长三角港口一体化规划

制定了统一的管理结构和资源整合完成之后,长三角港口需进行一体化规划建设。考虑到"一带一路"倡议对综合运输体系的迫切要求和"长江经济带"战略实施的社会发展需要,本节提出了如下港口规划格局:两个中心——上海港为长三角港口群的国际航运中心,宁波—舟山港为上海港南翼的次中心港,宁波—舟山港应以建设洲际性枢纽中心为目标,利用宁波—舟山港 20 万吨级以上大型专业化泊位条件开发铁矿石外贸基地,同时连云港港为北部沿海中转港,发展以江苏和浙江为两翼的集装箱干线体系,积极参与"一带一路"建设,拓展对内对外开放新空间,努力与上海国际航运中心对接,连通东部沿海和内陆经济。从而,逐步形成全面开放的长三角外贸物资集疏运体系。

长三角港口规划还应与其他交通方式结合。一是"两横"网络——长三角港口群应依托"一带一路"倡议构建港口铁路网络建设;以对接"义新欧"国际班列和"新亚欧大陆桥"的国际通道;开通宁波—金华—南昌—长沙的铁路货运线路,以吸引华中地区的货源;开通南京—连云港—郑州线路,分担沿海货物集疏运强度。二是"两纵"网络——由京沪铁路、京杭运河、高速公路等构成的南北向集疏运网络;由海运、沿江铁路、高速公路为主的南北对外运输通道。

同时未来的工作重点也应当包含加强规划的严密性,提高规划的执行效率,它们的前提必须是在长三角港口群联合港务局的领导下,由于港口群资源整合是一项系统性工程,参与主体众多,长三角港口群应当对所要建设的资源整合项目进行完全的沟通,对规划的项目进行合理分工,应当符合当地的建设能力,并能够跟上其他项目的进度,同时规划中应当对所要建设的港口重点项目以附件等形式明确其开始的时间、完成的时间、所需的固定投资、追加投资、实施主体、配合单位、每年的建设进度等,这要求参加港口群资源整合项目的所有单位能够积极配合,发表自己的意见和建议,共同为长三角群资源整合出谋划策。同时长三角港口群联合港务局要加强资源整合项目的监督管理,对于超前或按时完成既定目标的单位可以进行一定的奖励,而对于没有保质保量完成项目的建设单位,可以对其实施通报批评等一定的处罚。在项目进行的过程中和项目完工后,应当定期或不定期地对存在的问题及时反馈处理,与其他港口进行交流商讨,分享相关经验,准确高效地解决存在的问题,为其他资源整合项目和以后的项目建设提供经验借鉴。

4. 不断完善港口航运人才管理体系

在港口建设中,加强智力资本管理是关键,而高端航运人员队伍建设是智力资本管理的基础,如今衡量一个港口城市的标准已不仅仅是港口吞吐量和航运企业运力,而是航运服务水平和对国际航运市场的控制能力。因此,在建设国际航运中心的过程中,在发展巩固硬件环境的基础上要尽快提高航运软环境综合水平,尤其是航运高端人才队伍的建设。从港口层次聚类指标中可以看出,人才对港口综合竞争力的影响显得略有不足,这与21世纪企业的竞争实质上就是人才的竞争理论不相符合,原因就在于人才并未得到港口企业的重视。因此在港口资源充足、设备水平有限的情况下,如何发挥人才的决定性作用是至关重要的。

上海港因自身优越的条件,对于人才的吸引有一定的优势,宁波—舟山港和连云港港则需注重从生产一线培养人才,港口行业的特殊性在于生产现场。装卸生产组织、大型港口机械的修理过程是港口技术人才、管理人才培养的天地,必须充分利用好这片天地。因此宁波—舟山港和连云港港可以从以下几个方面展开人才合作项目:一是强化产学研协同人才培养机制。构建高端复合型航运服务业人才体系,不仅需要各级政府部门的高度重视,更需要航运服务企业、高校及科研机构提供跨专业、跨学科的人才培养项目。二是优化人才引进、成长的环境,形成人才引进和保障机制。政府除了增强高端航运服务业发展的智力和资金支持外,还应构建港航专业化人才信息库,从而为各港口降低人才引进成本。三是加强航运人才培养。四是对外加强与国际航运发达地区的交流与合作。通过国际化组织和机构的专业技术支持,快速提升长三角航运的软实力。

5.3 上海自贸港建设与长三角港口群资源整合规划

5.3.1 上海港建设迎来新的发展机遇与挑战

2010年国家发改委颁布《长江三角洲地区区域规划》,2016年国务院通过《长江三角洲城市群发展规划》。最近,长三角区域合作办公室成立,长三角区域合作从"三级运作"到合署办公,标志着长三角区域经济一体化进入快速发展阶段。区域经济一体化的发展必然要求综合运输体系的一体化。上海港作为长三角港口群的龙头,其建设必然离不开长三角港口群资源的优化配置和集聚,以及综合服务功能的提高。

习近平总书记在十九大报告中提出"推动形成全面开放新格局,赋予自由贸易试验区更大改革自主权,探索建设自由贸易港"。自由港是在一国(地区)境内关外、货物资金人员进出自由、绝大多数商品免征关税的特定区域,是目前全球开放水平最高的特殊经济功能区。香港、新加坡、鹿特丹、迪拜都是比较典型的自由港。我国海岸线长,离岛资源丰富。探索建设中国特色的自由贸易港,打造开放层次更高、营商环境更优、辐射作用更强的开放新高地,对于促进开放型经济创新发展具有重要意义。①目前,上海正在按照《全面深化中国(上海)自由贸易试验区改革开放方案》的要求,对标国际最高标准,筹划建立上海自由贸易港,推动实施新一轮高水平对外开放。作为长三角地区对外开放的前哨,上海港的建设必将进一步增强长三角地区与世界经济的联系,带动长三角地区经济的发展。

表 5.1　上海自贸港的航运建设任务

序号	主要任务	任　务　分　析
一	集聚发展转口贸易和离岸贸易	1.充分运用国际标准化货物进出口和过境的手续和程序,对货物流动和放行适用国际通行的监管程序和统一单证要求。2.允许符合条件的区内企业凭合同或发票进行资金结算,探索资金流、货物流、订单流分离下的离岸贸易业务模式。3.提升转口转卖业务金融服务的自由度和便利性,为具有真实贸易背景的转口转卖业务提供高效便捷的结算及贸易融资等服务。
二	打造国际中转集拼枢纽	1.国际中转集拼货物适用过境检验检疫监管,简化实施卫生检验和动植物及其产品检疫。2.组织国际转运、过境资源与境内出口货源拼装和联运。3.进一步降低中转货物的港口堆存费和装卸费。4.在浦东机场全面实施分运单空运国际中转集拼业务,允许换总运单的集拼以及出口货物、转运货物的混拼。5.允许快件和普通货物同仓存储、混合运作。
三	提升现代航运服务能力	1.适应国际运输和中转服务枢纽港需求,创新发展国际运输代理、国际集装箱多式联运、运输保险、航运金融等现代航运服务。2.加强与国际枢纽机场的航线合作,形成以浦东机场为核心、目的地货物运输与中转货物运输有机结合的国际航空货运服务基地。3.建立洋山深水港和浦东机场空港货物快捷流转机制,提供海空港一体化联运服务,满足市场对国际货运时间和运价的组合型需求。4.加快培育发展外轮船供产品和服务,为作业船舶提供保税油、生活用品、备品备件、物料等产品和工程服务、代理服务等相关船舶服务。

在上海自贸试验区建设的前期基础上,目前上海港在航运开放和服务功能方面取得了显著进展,如放宽国际船舶运输,允许外商以独资形式从事国际海运货物装卸、国际海上集装箱站和堆场业务,公共国际船舶代理业务外方持股比例放宽至51%。同时扩大了启运港退税政策试点范围,适用启运地由武汉、青岛拓展至沿

① 汪洋:《推动形成全面开放新格局》,《人民日报》2017 年 11 月 10 日。

江、沿海 8 个口岸,并突破原先特定运输企业、特定运输工具的限制,提高了上海港的吸引力和辐射服务能力(汪传旭,2017)。上海自由贸易港建设对上海港的建设功能再次提出了新的要求,主要体现在表 5.1,明确提出了集聚发展转口贸易和离岸贸易、打造国际中转集拼枢纽、提升航运现代服务能力三大任务。

5.3.2 长三角港口群资源整合对上海港建设功能的推动作用

2017 年,上海港集装箱吞吐量已连续 8 年位居全球第一,基本形成"一体两翼"的长三角港口格局,即围绕建设上海为中心、江浙为两翼的上海国际航运中心,上海、宁波—舟山两港为主体的长江三角洲与东南沿海区域港口群。"一体两翼"也是上海国际航运中心的基本定位,意指尽快将上海港建设成为国际级的集装箱枢纽港,宁波—舟山港要建设成为上海港的中转港和深水外港,而长三角的其他港口要成为协同发展和合理分工的支线港和喂给港。2017 年,上海国际航运中心建设各项工作全面、有序推进,主要包括:落实《上海市推进国际航运中心建设条例》和《"十三五"时期上海国际航运中心建设规划》;推动航运领域改革创新,研究制定中国(上海)自由贸易试验区国际船舶登记制度的操作细则;推动内河高等级航道高标准贯通;完善长三角地区港口集疏运体系,推进港口资源整合,加快长三角地区港口一体化发展进程。

然而,上海港"硬实力"的飞速提升仍然没有使其国际航运中心的地位得到公认,最重要的原因就在于其"软实力"相对落后。反观以伦敦为代表的国际航运中心,即使目前的港口传统产业相对萎缩,但其高端服务业在全球占据主导位置,保持着国际航运中心的地位。因此,围绕"一体两翼"的基本定位,上海港的建设应在一体化协调长三角港口群发展的基础上,提高其三大综合服务能力。

1. 集聚发展离岸贸易

上海自由贸易港的建设,目标并不止于贸易本身,初步设想是以贸易带动产业,要把巨大贸易量带来的巨大附加值留下。以此为目标,离岸贸易、离岸金融将是自由贸易港政策的发展方向。离岸贸易的发展带来的首先是航运的货物量增加,在在岸贸易和转口贸易的基础上,增加离岸贸易能够吸引别国的潜在贸易量;①其次是贸易量的增加会产生大量的仓储,将带动仓储物流产业的发展,进一

---

① 以中国香港作为参照,2015 年中国香港的离岸贸易规模已经达到了 4.33 万亿港元,占其年度贸易总量的 55%。

步推动港口集疏运体系的发展;再次是仓储物流离不开分拨和运输,需要各港口间的紧密合作。

因此,面对未来离岸贸易规模的快速发展,上海自贸港建设对上海港以及长三角港口群的资源整合规划提出了新的要求,也带来了新的机遇。从港群内部结构看,长三角集装箱港口体系正在形成。区域中以上海港为核心,以宁波—舟山港和南京下游港口为两翼的集装箱港口体系正在形成。但是近 10 年来,上海港集装箱的区域占比由 70% 下降至 54%,几乎经历了与珠三角港口集装箱量重新分配的相似过程。如果上海港仅仅着眼于集装箱吞吐量的增长,随着这种分散过程的持续,其核心地位只能是逐步削弱。预计"十三五"期末上海港集装箱吞吐量将达 3 800 万 TEU,在区域中占比进一步下降至 50% 左右,上海港集装箱转运应注重层次提升和箱量控制。此外,区域航运功能将进一步南移,宁波—舟山港作为长三角深水核心港、未来潜力巨大(赵一新,2017)。最后,作为长三角集装箱港口群的核心港口,上海港面临着城市土地、道路、环境的承载能力受限与满足快速增长的港口业务及其配套的仓储和道路运输需求的矛盾,其集装箱吞吐量的增长不具有可持续性。

目前长三角港口群运量布局层次分明,包括 2 个超千万标箱港口:上海港和宁波—舟山港;3 个 200 万—1 000 万标箱港口:连云港港、南京港和苏州港;5 个 50 万—200 万标箱港口:南通港、嘉兴港、无锡港、扬州港和温州港;以及若干个 50 万标箱以下港口。依据长三角港口群的运量布局,在功能布局上,应重点打造一个综合航运服务信息枢纽,即上海港,注重建设高端航运服务业中心、国际自由港创新中心和长三角联运组织协调平台。重点打造一个江海联运服务枢纽,即宁波—舟山港,建设成为国际一流的江海联运综合枢纽港、航运服务基地和国家大宗商品储运加工交易基地。打造 3 个海铁联运枢纽,包括连云港港、南京港、苏州港(赵一新,2017)。

2. 打造国际中转集拼枢纽

国际中转集拼业务是衡量港口国际化程度的重要指标之一。虽然,上海港的集装箱吞吐量已连续 8 年位居世界第一,但是相比新加坡港、香港港、釜山港等国际枢纽港,上海港的集装箱国际中转量占总吞吐量的比重远远低于上述港口,大量的国际中转集拼货物在上述他港中转,这也是上海港迄今作为国际航运中心尚未在世界得到公认的原因之一。数据显示,目前上海港腹地货物中转比例达 90% 以上,而国际航线中转集拼业务占比尚不足 7%,远低于新加坡港的 85%、香港港的 60% 和釜山港的 50%。针对目前中转集拼等国际中转业务需要多次报关、流程复杂、启运港退税、向外辐射能力有限等问题,上海港应依托自由贸易港区一线放开的优势,以要素跨境自由流动功能为核心,突破制度性障碍,更好发挥洋山深水港枢纽作用,吸引目前在国外港口进行国际中转的货物回流,增强国际货源集散能力,培育我国外贸竞争新优势。

随着上海自由贸易港建设的提出,以上海国际航运中心为战略定位,一体化协调各港口间的重复建设和竞争局面,对接国际先进港口,助力上海国际航运中心打造世界一流的中转集拼枢纽港,长三角港口群资源整合可遵循以下六个原则:一是综合考虑长三角区域内的资源、生产力布局特点和腹地经济发展现状,适应长三角区域经济发展;二是分工合理、突出重点,明确将长三角的港口划分为三个层次,即国际枢纽港口、区域枢纽港口和支线港口,并扩大"启运港退税"的政策试点范围;三是应充分考虑水路运输与其他运输方式的协调性,综合运输协调发展,促进长三角完善的综合运输体系的形成;四是注重两省一市间的协调,应充分考虑与长三角两省一市的港口布局规划、《全国沿海港口布局规划》及《全国内河航道与港口布局规划》的协调;五是拓展航线、加强与重点港口间的航运联系,同时依托长三角港口群物流、航运人才及管理经营优势,参与重点国际先进港口的投资、运营,实现国际航运网络衔接;六是进一步优化以上海港为核心,宁波—舟山港和连云港港为南北两翼的港口群空间布局,确立上海港以集装箱中转业务为主、宁波—舟山港宁波港区以集装箱和大宗散货业务为主,舟山港区以散货业务为主,连云港港以物流中转为主的产业布局。

3. 提升航运现代服务能力

上海港面临的外部竞争压力逐步增强。东北亚地区枢纽港的竞争在不断升级,例如中国台湾地区的高雄港把建设"境外转运中心"的目标修正为"区域物流中心";韩国釜山港的转型目标是以"全球物流网络策略"取代原来的"东北亚转运枢纽"。数据也显示,上海港与国际先进港口在服务能力方面存在着较明显的差距。例如,在法律服务方面,上海提供的航运法律服务能力较低,全年处理的海事案件、仲裁案件总和仅相当于伦敦仲裁协会的全部处理数量。在航运人才方面,上海高端航运人才缺乏,从业人员素质不高。在航运金融市场方面,上海航运金融市场规模不及伦敦,其中船舶融资,上海占全球规模的比例不足 0.5%,而伦敦则达到18%。在航运保险方面,上海货物保险规模约占全球市场 15%,伦敦约占 17%(汪传旭,2017)。

因此,上海港不应在集装箱吞吐量上与长三角港口群内其他港口竞争,服务范围也不应局限在港口装卸、仓储堆存、船舶和货运代理、船舶供应、船员服务、船舶修理等中低附加值业务上,而应该转向提升港口服务品质、构筑物流与供应链服务网络这一更高层次,紧抓航运转型发展的关键时期,趁势做强航运金融保险、经纪、信息咨询等航运服务核心业务,加强航运人才培养和吸引,加强与国际航运发达港口的交流与合作,通过国际化组织和机构的专业技术支持,快速提升上海港及长三角港口群航运的软实力。同时营造良好的土地、交通、人才、政策等综合发展环境。依托港口 EDI 平台,在港口群内推广应用物联网、RFID、GPS 等智能化技术,建设和完善港口群集装箱作业管理系统、散杂业务协同管控等信息管理系统,实现港口群物流与口岸运作服务的一体化、智能化和自动化,提升第四方物流市场能级,推进第四方物流市场与港口物流信息平台,最终实现港口群内港口与港口、港口与口岸查验单位、货主、物流运营商的数据对接与共享,形成覆盖整个港口群供应链的综合性信息网络以提供网上订舱、仓储管理、运输方案咨询等一系列信息互联一体化的服务。只有这样,才能进一步巩固上海港在长三角港口群内及东北亚港口群中的竞争优势,强化其在长三角港口群内的核心地位,提升上海港航运的现代服务能力,并带动长三角港口群转型升级。

第6章
长三角城市群一体化行政治理模式研究

6.1 城市群的行政治理

6.1.1 城市群行政治理的概念

在全球化的背景下,随着城市化进程的日益加快,城市的集聚程度不断提高。越来越多的经济活动发生在城市中,越来越多的人聚集至城市中,越来越多的信息、网络联系在城市中产生。城市的面貌正在发生巨大的变化。特别是在发展中国家,城市在空间、功能、经济活动方面与周边区域的联系越来越紧密,形成了相互依存的关系。大型城市与周边城市和农村腹地之间构成了大都市区(城市群)。这些大都市区或者城市群通常是国家和地区竞争力的核心,其良好的发展关系到国家以及整个地区的未来,它们在多个维度上拥有共同的利益,包括经济活动、交通运输和流动、自然资源管理、公共服务、社会安全等(Pearson,2016)。然而,虽然存在很多共同的利益,这些大都市区(城市群)又同时由多个城市或者地方政府组成。行政边界的存在在很大程度上限制了大都市区以及城市群的一体化发展。在一些情况下,由于资源有限性,甚至存在城市群中的各个主体为了争夺资源而展开恶性竞争事件,造成了资源极大的浪费、产业的重复建设,严重影响了都市圈和城市群的运行效率。在中国,一些研究发现中国地区之间的行政边界"拉远"了相邻区域之间经济发展的差距,导致资源错配以及效率扭曲现象的出现(刘生龙、胡鞍钢,2011;赵永亮、才国伟,2009)。从表6.1中可以看出,在大都市区或者城市群的管理中,一些问题无法由当地政府解决,而只能借助于大都市区治理或者城市群治理的存在。特别是一些存在外部性以及存在规模经济的问题,如城市的发展战略规划、经济发展、区域土地使用和规划、公共交通以及供水排污等。

表 6.1　地方政府、大都市区政府、中央政府和私人机构的责任分配

编　号	功　能	大都市区	地方政府	中央政府	私人政府	原　因
1. 当地经济发展	城市发展战略规划	✓	✓			外部性
	经济发展	✓	✓			外部性
	旅游管理	✓				外部性
	主要市场	✓	✓			外部性
	非正式经济		✓			责任,有限的外部性
2. 土地管理	区域土地使用和规划	✓				外部性
	当地土地使用和规划		✓			本地服务,责任
	土地分配		✓			责任
	土地测量		✓		✓	责任
	占有期的规定		✓			不具有外部性
3. 住房和社区	住房		✓		✓	责任,有限的外部性
	保障性住房		✓		✓	再分配和外部性
	社区升级		✓		✓	责任,有限外部性
	文化设施	✓	✓		✓	规模经济与地方责任
	公园和休闲设施		✓		✓	地方责任
4. 交通	道路和桥梁	✓	✓		✓	主要道路 VS.地方道路
	公共交通系统	✓	✓		✓	外部性,规模经济
	街道信号灯		✓		✓	有限的外部性
	街道保洁		✓		✓	不具有外部性
	停车场		✓		✓	不具有外部性
5. 治安	治安保护	✓		✓		外部性,规模经济
	交通管理		✓			地方责任
	火灾、应急管理、急救	✓	✓			特殊服务 VS.基础服务
	救护车	✓				规模经济,外部性
6. 供水、下水和垃圾处理	供水系统	✓				规模经济
	排水/洪水防护	✓				规模经济
	管道下水系统	✓				规模经济
	固体废弃物回收		✓			较少的规模经济和外部性
	固体废弃物处理	✓				规模经济,外部性

（续表）

编　　号	功　　能	大都市区	地方政府	中央政府	私人政府	原　　因
7. 教育、医疗和社会保障	教育		✓	✓		基础教育 VS.高等教育
	公共健康	✓		✓		收入再分配,规模经济,外部性
	福利救济		✓			收入再分配,外部性
	儿童服务		✓		✓	责任,有限的外部性
8. 能源	能源提供			✓		
9. 其他	重大事件的发展	✓				外部性
	营业执照		✓			地方责任

资料来源：Andersson(2015)。

在这样的背景下,大都市区或者城市群治理的研究应运而生。在国外的研究中,通常被称之为大都市区的行政治理研究(metropolitan governance)。"大都市区"通常指多个地方政府管辖的大型的、毗连的、建立起来的地区(张衔春等,2015)。这些毗连的区域通常是通过城市化的过程来实现的。美国的联邦管理和预算委员会(The Federal Office of Management and Budget,OMB)将其定义为人口超过 50 万的区域,并且周边区域在社会上和经济上与核心区域紧密相连(Gilbert,1996)。城市群一般指一群地域相近,又有一定的行政、交通、经济、社会联系的城市组群。学界一般认为城市群是由若干个大都市区组成的多核心、多层次网络,都市区则强调单个大城市的核心结构(张衔春等,2015)。但在本节中,不再对这两个概念进行单独区分,认为大都市区等同于城市群。

"治理"一词来源于西方政治经济制度学,具有多重含义。其既指一套体制和组织架构以及由其决定的权威,同时又指施政的过程,即公民以及不同部门参与政治决策的过程(Wilson,2012)。俞可平（2012)将区域治理定义为:在区域范围内,政府、非政府、公众等机构团体在保证自身自主性权利的前提下,通过某种手段、制度或机构在多元、协商、多利益协调的基础上,解决区域公共问题的过程或状态。区域治理包括三个层次的内容:全球及国家间区域治理、国家层面的区域治理、大都市区治理。其中,大都市区治理即在大都市区的层面解决公共问题的过程以及手段(张衔春等,2015)。大都市区的治理是多中心、参与式、合作性的公共管理治理模式,也是区域治理中的核心部分。

6.1.2　城市群行政治理模式的研究

大都市区治理城市成为在城市的行政边界之外大都市区域之内开展合作的必要机制,成为实现成本效益最大化、改善基本公共服务、确定资源公平分配、促进区域协调发展的必要途径。但是在实现大都市区治理方面,各个国家和地区根据自身的发展特点,形成了多样化的发展路径。在一些大都市区中,并没有特定的实施大都市区或城市群治理的组织机构实体。但是在一些国家和地区中,存在进行大都市区行政治理的组织机构实体,例如理事会或更高级别的大都市区政府等。在存在实体的大都市区中,大都市区行政治理机构的权责范围和治理内容也呈现出多样化的特点。在一些大都市区中,行政治理机构拥有较大的权力,包括行政立法权,但是在另外一些大都市区中,大都市区的治理机构仅负责城市之间的沟通和协调。一些大都市区的行政治理机构负责管理所有和大都市区治理的相关事宜,但在另外一些大都市区中,治理机构仅负责专项问题的治理,如交通问题、环境问题和城市规划等。20 世纪80 年代,在大都市区治理的实践模式的基础上,大都市区行政治理在理论方面发展出了单中心主义、多中心主义和新区域主义三个流派(冯邦彦、尹来盛,2011)。迄今为止,究竟哪种模式更有效并没有达成共识。更多的是需要根据大都市区或者城市群的实际发展情况,国家的法律体系、治理结构因地制宜地进行选择。

1. 单中心主义

单中心主义主要倾向于建立独立统一的大都市区政府,整合以地方自治为特色的地方"碎片化"政府,建立功能覆盖全面的,强有力的单一区域政府。单中心主义认为在大都市区域内合并地方政府将有助于政府规模的合理化,促使资源不足的地方获得发展,允许公民充分参与公共事务的决策,进而有效地促进经济发展、均衡地方财政、提供跨域公共服务、达到大都市区发展的规模经济。单中心主义反对行政区之间为发展展开竞争,其认为这种竞争会导致公共服务提供的无效以及不平等,并将造成粗放型的发展、产业结构同化以及工业的重复建设等问题。而单中心政府恰恰可以很好地解决这些问题,在大都市区范围内进行整体规划,缩小区域内部的发展差异。维多克·琼斯通过研究芝加哥等大都市区,认为区域治理的核心应该是建立庞大的自治政府,推动市县合并、重组并建立联邦政府。肯尼斯也强调建立区域大规模政府的必要性,并指出其路径应集中在协调整合公共服务、执行战略规划等方面。

但是同时,单中心或者集权政府的产生被认为降低了大都市区的行政治理效率,并降低了政府的竞争性,更容易产生官僚主义。Oates(1990)认为基层政府更容易了解公民的喜好和需求,如果财政收支权力分散在底层,那么公共产品服务的提供将更有效率;基于分权定理,也有学者同时指出区域内存在越多的相互替代的管辖区域,那么机构之间的竞争也会越明显,从而会产生更高的效率;最后,由于官僚主义的存在,综合性和集中化的政府被认为更没有效率。

2. 多中心主义

与单中心主义相对,多中心主义认为一个区域内若存在多个地方政府,则可以为公司和居民提供更多的服务和税收方面的选择。行政区域之间的竞争实可以提高服务提供的数量和质量。多元的、功能重叠的政府并不意味着混乱和无效率,而是对异质性需求的满足。一些学者认为,区域内若存在许多不同地方政府且管辖权彼此重叠,就能通过相互竞争产生更高的效率,更好地满足公民的需求。此外,多中心主义还认为多中心体制可以使其采用比其他社区更优惠的税收政策、更好的环境规制以及在更多的经济激励措施来吸引投资者。而单中心的区域治理将导致公共服务的垄断,缺乏竞争压力降导致区域政府运行的无效率。查尔斯·蒂伯特认为只有在区域内发挥政府的多中心特性,即有限的政治融合,才能有效地解决外部经济和非经济的问题。

但是同时,多中心的政府可能在经济发展中造成产业结构同化和重复建设等问题,从而无法达到规模化经济。而且对于投资者来说,条块分割、多重行政治理以及多个小政府的存在可能需要高额的时间成本与其进行沟通,并造成多个部门相互扯皮、职责划分不清等现象的,从而影响投资者的决策。而对于一些不局限于小政府管辖区域的特殊问题,如环境问题、交通基础设施的建设、区域规划等,多中心的政府可能因无力对其进行管理和控制,从而影响整个大都市区的发展。

3. 新区域主义

单中心主义和多中心主义都较为关注大都市区治理方面的成本和效率问题,但在实践中都有一定的局限性。在此基础上,出现了新区域主义。新区域主义同时结合了单中心主义和多中心主义在大都市区治理方面的理念,推崇多层治理、多重参与、多方价值的理念。主张区域问题的解决应当同时运用竞争和合作两种机制。在地方政府、企业以及非政府机构之间建立起区域战略伙伴关系。大都市区的行政治理更应当关注区域发展的相关问题,在涉及区域范围内所有人的需求以及涉及整个大都市区的战略发展的相关事宜方面应具有决定权。在一些具有外部性或者规模经济效应的问题上,承担主要的责任。例如污水处理、空气污染、交通规划等,通常在整个区域的范围内进行运作会更加有效率(冯邦彦、尹来盛,2011)。

表 6.2　大都市区的治理模式

方　法	特　点	优　点	缺　点	实　例
1. 地方政府的横向协作				
（1）案例合作。	这种合作的机制使地方政府可以更好地（1）达到规模化经济，（2）吸引公司、展会以及游客；但是当产生费用时，分摊机制的设计非常重要。	适用于城市间拥有较少相互联系的区域（或者较少未来为地方政府的区域；可以成为未来合作的初始基础和信任的初始阶段；在有正式的安排或者法律框架下会有更高的效率。	不适用于规模较大的城市群区域；缺少开展继续合作的承诺。	在承办大型国际会议或者大型体育赛事时经常采用的方法。
（2）地方政府服务协议。	一个当地政府与另一个政府签订合约，请另一个政府来提供本该由当地政府来提供的服务。	当某地方政府在某一项服务中具有绝对实力时，该政府可以在该服务中为城市群中的其他当地区提供服务，达到效率最大化。	居民获得某些服务可能会受限；职责划分较弱或不清晰；签署合同需要监督服务执行的情况以及覆盖益的区域。	在美国的加州非常常见，当地很多小的地方政府会与洛杉矶签订协议，由后者为当地政府提供服务。
（3）委员会、协会、工作组、合作、咨询等平台。	有利于区域合作的永久性或者临时性的平台；通常以网络连接为特点，而不是制度。	灵活性	通常只有咨询和建议的功能。	德国的鲁尔地区；意大利的米兰和都灵，法国的巴黎以及加拿大的多伦多地区。
2. 地方特区				
独立的法律实体，是为了能更有效率的整合资源，由地方政府自愿形成的。（1）—（4）及其各种形式。		自下而上的，由地方政府组成的机构。	其效率取决于地方政府合作的意愿以及成员合作的等级。	在美国和法国非常普遍。
（1）大都市区政府理事会（COG）。	为了区域内各地方政府的合作和协调而存在的一个讨论会；其决议需要地方政府相关理事会的认可（不可损害各自地方政府的问责制）。	这个讨论或论坛可以解决区域内共同的问题，但仍保持了地方政府的权威性和独立性；灵活，允许成员在任何时间进入和退出，并且可以集中在某特定的议题上。	其影响取决于（1）COG组织的资金以及人力资源的流动性；（2）地方政府在大都市区相关方面利益的一致性。	在美国比较常见，巴西的圣保罗，加拿大的蒙特利尔。

（续表）

方法	特点	优点	缺点	实例
（2）规划机构。	一个类似于COG的正式机构，负责区域发展战略，可以关注很宽泛的议题，也可以关注具体的问题（如交通、环境保护）。他们可能不具备执行这一规划的权利。	是区域规划问题常设的协调中心；拥有针对区域的专门分析和研究源（针对特定的区域问题，如溢出，规模经济，不平等等）。	可能只有咨询建议的权利，因此影响力有限。在执行阶段需要有力的制度作为后盾。	纽约大都市区规划委员会（Regional Plan Association for New York Metro Area）；美国的波特兰。
（3）服务提供机构。	一个由地方成员政府拥有的公共服务机构（公用事业合作社）或合作；提供一项或多项公共服务；通常从地方政府中收取服务费用、税收或者资助。	可以有效达到某一项服务的效率最大化；地方政府通过代表委员会的形式也可以参与其中，可以通过设立专业的理事会的形式成为商业组织。	其效率取决于机构的资金收集和使用权利；居民获得某些服务可能受限；职责划分较弱或不清晰。	大温哥华地区服务机构（Great Vancouver Regional Service District）；意大利博洛尼亚。
（4）规划及服务提供机构。	（2）和（3）的结合体，负责提供一项或多项公共服务（如地区交通或者供水）。	（2）和（3）的结合。	（2）和（3）的结合。	在法国比较普遍，如里昂大都市区。
3. 大都市区治理机构。		集中了一些职能，同时也保持了地方政府的独立性。		
（1）大都市地区地方政府。	一个独立的地方政府，拥有选举产生的理事会或者由地方政府任命；负责大都市区相关事务及特殊的功能，仅仅局限于服务的提供；可能没有凌驾于其他地方政府之上的权力。	负责大都市区相关事务的永久性政府机构；拥有针对大都市区地区性事务的专门资源。	居民获得某些服务可能会受限；职责划分较弱或不清晰。其执行效率取决于：（1）该政府和其他地方政府的所属关系；（2）资金预算；（3）是否主要集中于规划的制定以及服务提供等相关功能。	加拿大的多伦多（1954—1998年）；南非开普敦（至2000年）；达累斯萨拉姆（设有凌驾于其他地方政府的权力）；英国的伦敦。

（续表）

方　法	特　点	优　点	缺　点	实　例
（2）一个由更高一级政府建立的大都市区域政府。	一个由省或者国家政府建立的大都市区地方政府。其资金通常更来自于更高一级政府的拨款。	一个可以处理大都市区相关事务的、永久性的政府机构；拥有针对大都市区地区性事务的专门资源。资金来源通常不会成为问题。	存在地方政府参与度不高的风险。	美国的双子城（由州政府建立）；美国的波特兰；西班牙的马德里；德国的斯图加特；英国的伦敦；菲律宾的马尼拉；科特迪瓦的阿比让。
4. 大都市区政府				
通过融合或者合并形成的大都市区政府。	其管辖权通常涵盖了大都市区的大部分地区。	促进协调、再分配以及规模经济的发展。	市民与地方政府的联系可能会受到影响，地方政府的责任心和职责的履行可能会受到影响；减少了竞争和公共的选择。	南非的开普敦；美国的匹兹堡；土耳其的伊斯坦布尔；加拿大的多伦多。

资料来源：Andersson(2012)。

新区域主义的提出从区域的视角来考虑某些涉及区域整体发展的事项,这将弱化下层政府之间在公共服务方面的分歧,并提升整个大都市区的运行效率,同时降低了单中心主义所倡导的政府合并改革所带来的政治混乱。新区域主义是传统区域主义与公共选择理论调和的产物。新区域主义者认为:(1)区域合作可以促使区域在全球经济中更具有竞争力;(2)通过区域治理可以解决在多中心和碎片化地方政府中不受控制的发展问题所带来的负外部性;(3)通过成立区域层面的治理机构可以专注于解决区域事务,并为中心城市的发展提供财政或其他方面的支持(Norris,2001)。

6.1.3 全球范围内大都市区治理的实践模式

在大都市区的治理方面,全球大都市区呈现出非常多样化的特点。在单中心主义、多中心主义和新区域主义的理论基础上,学者们进一步提炼出全球范围内大都市区行政治理的四种主要模式。从治理的资源整合方面来说,这四种模式从易到难分别为:地方政府横向协作模式、地方特区模式(Metropolitan Authority)、大都市区治理机构(Metropolitan/Regional Authority)和大都市区政府(Metropolitan-Level/Regional Government)。在不同的大类下,又有各自不同的表现形式(Andersson,2012)。其中,地方特区模式、大都市区治理机构和大都市区政府是在大都市区治理中经常被采用到的模式。

6.2 长三角城市群行政治理现状

作为国家重大战略的重要承载区和示范区,长三角城市群承担着世界级城市群建设、全球科创中心建设和海洋强国建设的历史使命。作为目前中国区域一体化起步最早、基础最好、程度最高的地区,长三角城市群区域的一体化发展不仅仅关系到长三角地区经济和社会的发展。更重要的是,将对全国城市群一体化的发展起到示范和带动作用。

根据2016年5月国务院批准的《长江三角洲城市群发展规划》,最新的长三角城市群范围包括:上海,江苏省的南京、无锡、常州、苏州、南通、盐城、扬州、镇江、泰州,浙江省的杭州、宁波、嘉兴、湖州、绍兴、金华、舟山、台州以及安徽省的合肥、芜湖、马鞍山、铜陵、安庆、滁州、池州、宣城 26 市。2017 年,长三角地区三省一市的经济总量已达到了 19.53 万亿元,占到了全国 GDP 总量的 23.6%。而以长三角城市群为边界划分的 26 个城市,其 2017 年的经济总量达到了 16.52 万亿元,占到了三省一市经济总量的 84.6%,全国经济总量的近 20%。经济总量在世界六大城市群中居第五位。

经过多年的跨区域合作,长三角城市群的一体化程度获得了较大的提升。以高速公路网和跨江跨海大桥的建设为标志,越来越多的城市与上海的交通时空距离大大缩短,要素流动越来越频繁,城市化差距加快缩小。近 10 年间,随着高速铁路和互联网的快速发展,长三角地区的一体化程度得到了进一步深化,更多的城市进入了 2 小时交通圈,跨地区通勤成为新常态,地区间的合作已从产业转移逐步升级到共建共享,城市之间的经济发展差距得到了进一步的缩小。然而,在长三角城市群一体化的建设方面目前仍存在很多问题。制度一体化的问题仍是困扰长三角城市群从根本上实现一体化的重要瓶颈。郁鸿胜(2013)的研究指出,长三角要素合作的历史已接近 30 年,目前已经进入了制度合作阶段。要逐步消除来自制度和政府的障碍。王振也指出目前长三角一体化的关键在于制度建设的一体化和载体一体化(洪银兴等,2018)。因此,长三角城市群行政治理模式的研究成为长三角一体化发展的重要方向和内容,也同样是长三角一体化进程中需要克服的关键障碍。在行政治理方面,长三角的一体化进程由来已久,取得了很多的成绩,但也同样存在一些问题。

6.2.1　长三角城市群一体化在行政治理方面的沿革

长三角城市群一体化的行政治理沿革见表 6.3。

长三角城市群的行政一体化进程始于 20 世纪 90 年代。以 1992 年长三角当时 15 个城市经济协作办主任联席会议制度的建立为标志性事件(包括上海、无锡、宁波、舟山、苏州、扬州、杭州、绍兴、南京、南通、常州、湖州、嘉兴、镇江、泰州)。这一联席会议制度的建立为长三角地区各地市的沟通和交流、协作与分工建立了桥梁。该联席会议到 1996 年共召开了五次会议。

1997 年,在经济协作办主任联席会议制度的基础上,本着平等协商的原则,长三角城市经济协调会成立。协调会设立常务主席方和执行主席方。常务主席方由上海市市长或分管副市长担任,执行主席方由除上海市外的其他成员市市长或分管副市长轮流担任。协调会在常务主席方设联络处作为常设办事机构,负责日常

表6.3 长三角城市群一体化的行政治理沿革

序号	年份	内　　容
1	1992	长三角15个城市经济协作办主任联席会议制度建立
2	1997	联席会议升格为长三角城市经济协调会
3	2001	沪苏浙三省市发起成立由常务副省(市)长参加的"沪苏浙经济合作与发展座谈会"制度
4	2004	沪苏浙三省市主要领导座谈会制度启动
5	2008	《国务院关于进一步推进长江三角洲地区改革开放和经济社会发展的指导意见》正式印发
6	2008	长三角政府层面实行决策层、协调层和执行层"三级运作"区域合作机制。决策即"长三角地区主要领导座谈会",协调层即"长三角地区合作与发展联席会议",执行层包括"联席会议办公室"和"重点合作专题组"
7	2009	沪苏浙三省市吸纳安徽作为正式成员出席长三角地区主要领导座谈会、长三角地区合作与发展联席会议
8	2011	安徽省首次作为轮值方成功举办长三角地区主要领导座谈会、长三角地区合作与发展联席会议
9	2016	国务院批复《长江三角洲城市群发展规划》
10	2018	长三角区域合作办公室成立

资料来源:根据网络资料整理。

工作。各成员市的协作办(委)作为协调会具体的联络、办事部门。长三角城市经济协调会的第一次会议在扬州召开,会议确定了由杭州市牵头的旅游专题和由上海市牵头的商贸专题为长江三角洲区域经济合作的突破口。会议审议并原则通过了《长江三角洲城市经济协调会章程》,配合会议召开,15个城市共同编辑了《长江三角洲城市简介》。之后长三角城市协调会每两年举行一次正式会议。在2010年之后改为每一年举办一次会议。2018年4月,长三角经济协调会在浙江衢州举行第十八次会议,就积极对接、参与"一带一路"和长江经济带发展,深化实施《长江三角洲城市群发展规划》,加速推进长三角一体化进程,加快建设长三角世界级城市群等内容进行了深入讨论,并共同签署了《长江三角洲地区城市合作(衢州)协议》。经过四次扩容,长三角经济协调会目前的会员单位已经达到34个城市,包括了江浙沪全境和安徽省的9座城市。

2001年,上海、江苏和浙江共同发起召开由常务副省(市)长参加的"沪苏浙经济合作与发展座谈会"。此座谈会以浙江、江苏、上海的顺序每年轮流主持召开一次。"座谈会"的常设机构为联络组和区域大交通体系、信息资源共享、区域旅游合作、生态环境保护、人力资源合作、区域规划、信用体系建设、推进自主创新、能源发展9个专题组。座谈会召集人为两省一市常务副省(市)长,联络组组长为两省一市政府副秘书长,具体牵头部门为两省一市发改委员会。

2004年,在前期合作的基础上又进一步启动了"沪苏浙三省市主要领导座谈会"制度。2008年起,长三角政府层面实行决策层、协调层和执行层三级运作区域合作模式。确立了"主要领导座谈会明确任务方向、联席会议协调推进、联席会议办公室和重点专题组具体落实"的机制框架。长三角区域合作采取轮值制度,每年由一个省(市)作为轮值方。具体而言,决策层即"长三角地区主要领导座谈会",沪苏浙皖三省一市省(市)委书记、省(市)长出席,三省一市常务副省(市)长、党委和政府秘书长、党委和政府研究室主任、发展改革委主任和副主任列席。协调层即由沪苏浙皖三省一市常务副省(市)长参加的"长三角地区合作与发展联席会议"。执行层包括"联席会议办公室"和"重点合作专题组"。沪苏浙皖三省一市分别在发展改革委(或合作交流办)设立了"联席会议办公室",分管副主任兼联席办主任。目前共设立了交通、能源、信息、科技、环保、信用、社保、金融、涉外服务、城市合作、产业、食品安全12个重点合作专题。

2008年,安徽省在两省一市和国家发改委等部委的大力支持下,出席了当年12月在浙江宁波召开的长三角主要领导座谈会。2009年,沪苏浙三省吸纳安徽作为正式成员出席长三角地区主要领导座谈会、长三角地区合作与发展联席会议。2011年,安徽省首次作为轮值方成功举办了长三角地区主要领导座谈会、长三角地区合作与发展联席会议。至此,长三角一体化的行政治理版图得到了进一步的扩大和完善。

2016年,《长江三角洲城市群发展规划》获批,这使长三角城市群的发展金融了新的战略机遇期。在此基础上,2018年由上海、江苏、浙江和安徽三省一市联合组建的长三角区域合作办公室在上海正式挂牌成立。从四省市抽调的15名工作人员在一起开始合作办公。这是长三角一体化在行政治理方面又一突破式的进展。在交流和信息传递方面更有效率,将有助于在制度和体制机制的合作方面取得进展,对于解决长三角一体化进程中所遇到的治理和制度瓶颈问题产生较大的推动作用。目前,办公室15名工作人员中,8名来自上海、3名来自浙江、江苏和安徽各两名。其中有些来自发改委部门长期负责长三角区域合作事宜,有些来自交通部门,还有些是机构学者专家。

近期,由长三角区域合作办公室编制的《长三角地区一体化发展三年行动计划(2018—2020)》已在2018年的长三角主要领导座谈会上通过了审议。"三年行动计划"覆盖了12个合作专题,拓展到了产业合作与民生工程方面。同时也将进一步聚焦交通互联互通、环境整治联防联控、公共服务普惠便利、市场开放有序等7

个重点领域,形成了一批项目化、可实施的工作任务。《三年行动计划》指出,到2020年,长三角地区要基本形成世界级城市群框架,建成枢纽型、功能性、网络化的基础设施体系,基本形成创新引领的区域产业体系和协同创新体系,绿色美丽长三角建设取得重大进展,区域公共服务供给便利化程度明显提升。在此基础上,该计划将长三角地区建设目的定位为"全国贯彻新发展理念的引领示范区,成为全球资源配置的亚太门户,成为具有全球竞争力的世界级城市群"。

从前面的分析可以看出,经过多年的发展长三角城市群一体化的行政治理已经形成了具有一个实体机构(即长三角区域合作办公室),以及三层运作模式(即主要领导座谈会明确任务方向、联席会议协调推进、联席会议办公室和重点专题组具体落实)的运作框架。这一治理框架将为更好地解决长三角一体化进程中遇到的各种区域性问题服务,促进长三角城市群的一体化进程的进一步发展。

6.2.2 长三角城市群、珠三角城市群和京津冀城市群的行政治理模式对比

作为中国三个经济发展引擎和最重要的经济增长极,长三角城市群、珠三角城市群和京津冀城市群在行政治理方面都有各自的特点。

1. 京津冀模式——中央政府主导模式

京津冀城市群虽然是典型的跨省治理模式,但是因为涉及了首都北京,其具有明显的中央政府主导的区域协调模式。京津冀的行政权力运行具有明显的自上而下的单向性(寇大伟,2015)。

在规划方面,国家发展和改革委员会在2004年就正式启动了京津冀都市圈规划的编制工作。2007年3月,《京津冀都市圈区域规划》正式上报国务院。2014年,习近平专题听取了京津冀协同发展的工作汇报,将京津冀一体化上升为国家战略,提出了着力加强顶层设计来推进京津冀协同发展的建议,并明确提出三地功能定位、产业分工、城市布局、设施配套、综合交通体系等重大问题,并从财政政策、投资政策、项目安排等方便形成具体措施。2015年,中共中央政治局审议通过了《京津冀协同发展规划纲要》。纲要指出,推动京津冀协同发展是一个重大的国家战略,核心是有序疏解北京的非首都功能,要在京津冀交通一体化、生态环境保护、产业升级转移等重点领域率先取得突破。2017年,中共中央、国务院决定设立河北雄安新区。至此,京津冀协调发展形成了更为清晰、更具有操作性的行动路径,即以"一疏一建"为抓手,推动北京非首都功能向雄安新区定向疏解,实现京津冀城市群一体化发展的升级。

在政府协调举措方面,早在 1986 年,京津冀地区就设立了环渤海地区经济联合市长联席会议(后改名为环渤海区域合作市长联席会)。1988 年,北京与河北环京地区的保定、廊坊、唐山、秦皇岛、张家口、承德 6 个地市组建了环京协作区域。并在北京和河北地方政府的领导下,以中心城市为依托,建立了市长、专员联席会议制度,设立了日常工作机构,建立了信息网络、科技网络、功效社联合会等行业协会组织。2004 年 2 月,国家发展和改革委员会地区司召集北京市、天津市、河北省发展改革委在河北廊坊召开了京津冀区域经济发展战略研讨会。会上达成了"廊坊共识",同时将石家庄纳入了京津冀都市圈。会议决定建立京津冀发展和改革部门的定期协商制度,联合设立协调机构。2004 年 5 月,京津冀都市圈发展研讨会上,两市一省决定年底前召开省(市)长联席会议,并提出"3+2"首都经济圈构想。2014 年,国务院成立了京津冀协同发展领导小组以及相应办公室,时任国家副总理任发展小组组长,表明以中央政府为主导的京津冀一体化进入了发展的新阶段。

2. 珠三角城市群——省内政府主导模式

与京津冀城市群和长三角城市群相比,珠三角城市群的 9 个城市全部位于广东省的行政区划之内。因此,珠三角城市群表现出较为明显的省内政府主导模式。

珠三角的九个城市根据其经济和地理上的联系,可进一步划分为广佛肇、深莞惠和珠中江三个经济圈。每个经济圈确定一个牵头城市,三个经济圈都根据自己的经济发展情况出台了各自的经济圈规划,总体规划在自愿合作的基础上协商形成。

规划方面,在改革开放 30 周年之际,国务院于 2008 年颁布实施了《珠三角改革发展规划纲要》,从国家层面为珠三角城市群的一体化提出了规划和指导意见。该规划以广东省的广州、深圳、珠海、佛山、江门、东莞、中山、惠州和肇庆市为主体,辐射泛珠江三角洲区域,并将与港澳紧密合作的相关内容纳入规划。为切实推动纲要的实施和区域一体化发展,在此基础上,广东还制定了"一年开好局、四年大发展、九年大跨越"的分阶段实施计划,并对省直属部门和珠三角九市提出了考核目标。甚至还于 2011 年出台了保障条例和监督办法,对珠三角城市发展与合作进行了立法约束和专门督查。此外,2009 年广东省人民政府还发布了《关于加快推进珠江三角洲区域经济一体化的指导意见》,接着又开展了"五个一体化规划",分别聚焦于基础设施建设、环境保护、城乡规划、基本公共服务、产业布局五个方面。加上 2014 年开展的科技创新、智慧城市群建设和信息化、旅游一体化等"五个一体化行动计划",最终形了"1 个纲要+10 个一体化专项"的实施规划。在各经济圈中,也相继出台了一系列的发展规划,包括《广佛肇经济圈发展规划(2010—2020)》《广佛同城规划》《珠中江区域紧密合作规划》等。2017年7月,《深化粤港澳合作推进大湾区建设框架协议》在中国香港正式签署,正式将香港和澳门两个特别行政区纳入了珠三角城市群的范畴内,至此珠三角城市群一体化的进程又迈入了新的时代。

在政府的协调举措方面,由于珠三角的主要城市都位于广东省境内,具有省内政府为主导的特点,因此其政府协调效率也相对较高。在《珠三角改革发展规划纲要》颁布之后,珠三角形成了以政府协同治理为主导的多层级协同机制。在省级层面上,成立了由省长任组长的《珠三角改革发展规划纲要》领导小组。领导小组的日常工作机构和办事机构,被称为"省纲要办"。在省级领导小组框架下,还设立了十个专责工作组及办公室。相应地,市级层面也成立了以市委书记和市长任组长的纲要领导小组。此外,在珠三角城市群的下面三个经济圈中,由广深珠牵头成立领导小组,并在各市设立专门的办公室作为日常机构。与此同时,建立了广佛肇市长联席会议,深莞惠主要领导联席会议、珠中江党政联席会议。联席会议每年举办一次,确定工作重点。联席会议下面还有副市长牵头的工作小组。另外还有分管市领导协调会议、城市规划、交通基础设施、产业协作、环境保护等多个专责小组。

3. 对比分析

区域协调发展,是党的十九大报告提出的构建现代化经济体系的重要战略之一。城市群一体化作为区域协调发展的载体,是区域协调发展中的重要内容。作为中国经济发展的三个重要增长极,长三角城市群、珠三角城市群和京津冀城市群是中国城市群体系发展最完善的城市群,也是一体化程度最高的城市群。从三个城市群的行政治理模式来看,三个城市群都已经在城市群的协调发展和行政治理方面开展了很多的有益尝试,且都具有各自的特点。

京津冀城市群由于北京的一支独大及其特殊的政治地位,因此,其在城市群一体化上更多的表现为中央政府为主导的模式。从表6.2的视角进行分析,京津冀城市群在行政治理方面基本属于一个由更高一级政府建立的大都市区治理机构。这一类城市群的特点通常表现为大都市区治理机构的资金通常不会存在问题,但是可能会存在地方政府参与度不高的风险。与此相对,珠三角城市群目前的9个城市全部都集中在广东省,其一体化过程主要发生在省内,为省内政府主导的一体化模式。由于行政边界划分较为清晰,珠三角城市群在行政治理方面的协调性明显优于跨省的城市群,而且其城市群的行政治理机构可以方便从省一级政府获得资金支持,因此资金的来源也不会是困扰其发展的主要问题。而与京津冀城市群和珠三角城市群相比,长三角城市群目前包括三省一市的26个城市,既没有中央政府牵头,又涉及多个省级行政区的协调,其一体化过程以及行政协调和管理与另外两个城市群相比,面临更大的挑战。特别是在资金的归集和使用方面。按照表6.4 的归纳,目前长三角城市群的行政治理仅具有建议和咨询的权利,仍停留在行政特区的层面。但是与京津冀城市群和珠三角城市群相比,长三角城市群的城市之间在经济联系方面更加紧密、经济发展差距也相对较小,自下而上的城市经济联系较多,这又是长三角城市群所具备的其他城市群所不具有的优势。随着长三角区域合作办公室的建立,长三角一体化的行政治理进入了真正的实体化运行新阶段。虽然仍存在着一些问题,但在三级运作区域合作模式的框架下,长三角城市群的行政治理预期将取得更大的进展和成效。

表 6.4　城市群行政治理模式比较

城市群	范　围	模　式	主要规划纲要	主要协调机制
长三角城市群	三省一市共 26 个城市	省际协调—地方参与	长江三角洲城市群发展规划	长三角地区主要领导座谈会、长三角区域合作办公室、长三角地区合作与发展联席会议
珠三角城市群	广东省内 9 个城市和香港、澳门特别行政区	省内政府主导	珠三角改革发展规划纲要	省纲要办、联席会议
京津冀城市群	两市一省	中央政府主导	京津冀协同发展规划纲要	环渤海区域合作市长联席会、京津冀协同发展领导小组

资料来源:作者整理。

6.2.3　长三角城市群一体化在行政治理方面存在的问题

目前,虽然长三角在城市群一体化方面已经开展了一系列卓有成效的工作,并取得了明显的进步与发展,在很多方面发挥了作用,促进了长三角城市群综合竞争力的不断提升。但是,从另一方面,也不能否认,目前长三角城市群在一体化方面仍然有很长的路要走。目前在长三角一体化发展中还存在着很多难点问题,如基础设施一体化中的"断头路"问题,环境保护一体化中的深化联防联治问题,市场一体化中的构建共同市场问题,产业发展和布局中的错位问题,公共服务一体化中的医疗卫生、社会保障等。这些问题从根本上来看,都与长三角一体化的行政治理相关。如果不从顶层设计加以突破,这些问题就很难获得有效的解决。

近年,纵观全国的发展,北有京津冀一体化发展和雄安新区建设,南有粤港澳大湾区的建设,长三角城市群发展目前面临较大的战略压力。且长三角城市群下各省市基于行政单元提出了多个地方性的发展战略规划。如杭州湾区、扬子江城市群、上海都市圈等战略。这些规划一方面从长远规划的角度促进了地方经济的发展,但是另一方面,又可能对长三角整体的布局和规划产生挑战,削弱城市群一体化的进程。因此,长三角城市群目前迫切需要从全域视角出发,打破地方性的行政区划的阻碍,以城市群为导向建立区域协调新机制,促进长三角城市群向着世界级城市群不断前进。基于此,也需要借鉴国外城市群(大都市区)的做法,探寻适合长三角城市群发展的行政治理模式。从机制和体制上构建长三角城市群一体化的基石。

6.3 城市群治理的世界经验

在世界范围内,大都市区(城市群)的治理模式存在较大的差异性。在欧洲和北美,同一个国家内部的大都市区的行政治理也存在巨大的差异。亚洲虽然有很多大型的城市,但并没有形成太多大都市区治理的规律或经验。东亚国家里,日本和韩国通常拥有复杂的大都市区管理机构,但是菲律宾(如马尼拉)的大都市区却拥有较强有力的地方政府。拉丁美洲也拥有很多超大规模的大都市区,但是诸如圣保罗、墨西哥城等大型大都市区域在治理方面都存在一些欠缺。随着区域的协调发展的迫切性需求,城市群的行政治理日益受到重视,众多学者和多个研究机构在此方面开展了研究,收集并整理了世界范围内,大都市区治理的经验。

6.3.1 OECD国家的大都市区行政治理模式研究

2014—2015年间,经合组织(Organization for Economic Co-operation and Development,简称OECD)发表了一系列有关大都市区行政治理模式和经验的研究报告。包括Ahrend等(2014)的《OECD大都市区行政治理研究》,OECD(2015)的《城市治理》等。对OECD 21个成员国(包括澳大利亚、奥地利、比利时、加拿大、智利、法国、德国、爱尔兰、意大利、日本、韩国、墨西哥、荷兰、新西兰、波兰、葡萄牙、西班牙、瑞士、瑞典、英国、美国)中的263个大都市区域进行了研究、分析和总结,为研究世界范围内城市群的治理经验提供了非常宝贵的一手资料。

1. 大都市区概览

OECD研究报告中所涉及的大都市区平均人口略低于200万人,人口中位数超过100万人口。此次调研的大都市区中人口最少的大都市区人口超过了50万,而最大的大都市区,即东京大都市区的人口超过了 3 500 万。具体的调研城市和来源国家如表 6.5 所示。从表 6.5 中可以看出,OECD 调查报告中的样本国家遍布亚洲、欧洲、北美、南美和澳洲,既包含了如美国、英国和法国等发达国家,又包含了墨西哥、波兰这样的发展中国家,既有日本东京这样的超级城市群,又有欧洲境内一些人口规模较小的大都市区。样本的多样性为理解世界范围内的大都市区行政治理提供了宝贵的资料。

表 6.5　大都市区名称及国家来源

国　　家	大都市区个数	大　都　市　区
澳大利亚	8	阿德莱德、布里斯班、堪培拉—昆比恩、黄金海岸、墨尔本、纽卡斯尔—梅特兰、珀斯、悉尼
奥地利	3	格拉茨、林茨、维也纳
比利时	4	安特卫普、布鲁塞尔、时根特、时列日
加拿大	9	卡尔加里、埃德蒙顿、汉密尔顿、蒙特利尔、渥太华—加蒂诺、魁北克、多伦多、温哥华、温尼伯
智　利	3	康塞普西翁、圣地亚哥、瓦尔帕莱索
法　国	15	波尔多、格勒诺布尔、里尔、里昂、马赛、蒙彼利埃、南特、尼斯、巴黎、雷恩、鲁昂、圣艾蒂安、斯特拉斯堡、土伦、图卢兹
德　国	24	亚琛、奥格斯堡、柏林、波鸿、波恩、不来梅、科隆、多特蒙德、德累斯顿、杜伊斯堡、杜塞尔多夫、埃森、法兰克福、弗莱堡、汉堡、汉诺威、卡尔斯鲁厄、莱比锡、曼海姆、慕尼黑、明斯特、纽伦堡、萨尔布吕、斯图加特
爱尔兰	1	都柏林
意大利	11	巴里、博洛尼亚、卡塔尼亚、法洛伦萨、热那亚、米兰、那不勒斯、巴勒莫、罗马、都灵、威尼斯
日　本	36	安城、福冈、福山、滨松、姬路、广岛、鹿儿岛、金泽、北九州、高知、甲府、熊本、仓敷、前桥、松山、水户、长野、长崎、名古屋、那霸、新潟、沼津、大分、冈山、大阪、札幌、仙台、静冈、高松、德岛、东京、富山、丰桥、宇都宫、和歌山、四日市
韩　国	10	釜山、昌原、清州、大邱、大田、光州、全州、浦项、首尔—仁川、蔚山
墨西哥	26	阿卡普尔科德华雷斯、阿瓜斯卡连特斯、墨西哥中、奇瓦瓦州、库埃纳瓦卡、库利亚坎、达拉哈拉、埃莫西约、华雷斯、莱昂、梅里达、墨西卡利、墨西哥城、蒙特雷、莫雷利亚、瓦哈卡德华雷斯、普埃夫拉、克雷塔罗、萨尔蒂约、圣路易斯波托西、坦皮科、蒂华纳、托卢卡、托雷翁、图斯特拉—古铁雷斯、韦拉克鲁斯
荷　兰	5	阿姆斯特丹、埃因霍温、鹿特丹、海牙、乌德勒支

（续表）

国　家	大都市区个数	大　都　市　区
新西兰	3	奥克兰、坎特伯雷、惠灵顿
波　兰	8	格但斯克、卡托维兹、克拉科夫、罗兹、卢布林、波兹南、华沙、弗罗茨瓦夫
葡萄牙	2	里斯本、波尔图
西班牙	8	巴塞罗那、毕尔巴鄂、拉斯帕尔马斯、马德里、马拉加、塞维利亚、巴伦西亚、萨拉戈萨
瑞　典	3	哥德堡、马尔默、斯德哥尔摩
瑞　士	3	日内瓦、苏黎世、巴塞尔
英　国	14	伯明翰、布拉德福德、布里斯托尔、加的夫、爱丁堡、格拉斯哥、利兹、莱斯特、利物浦、伦敦、曼彻斯特、纽卡斯尔、诺丁汉、朴次茅斯、谢菲尔德
美　国	68	阿克伦、奥尔巴尼、阿尔伯克基、亚特兰大、奥斯汀、巴尔的摩、巴吞鲁日、伯明翰、波士顿、布法罗、查尔斯顿、夏洛特、辛辛那提、科利尔沃特、圣彼得堡、克利夫兰、科罗拉多—斯普林斯、哥伦比亚、达拉斯、代顿、丹佛、得梅因、底特律、埃尔帕索、沃斯堡、佛雷斯诺、大急流域、哈里斯堡、休斯敦、印第安纳波利斯、杰克逊维尔、堪萨斯城、拉斯维加斯、小石城、洛杉矶、路易斯维尔、麦迪逊、麦卡伦、孟菲斯、迈阿密、密尔沃基、明尼阿波利斯、纳什维尔、新奥尔良、纽约、诺菲克—朴次茅斯、切萨皮克弗吉尼亚、俄克拉荷马城、奥马哈、奥兰多、费城、凤凰城、匹兹堡、波特兰、普罗维登斯、罗利、里士满、萨克拉门托—罗斯维尔、圣路易斯、盐湖城

资料来源：Ahrend等（2014）。

2. 大都市区行政治理机构的定义

不同国家之间在大都市区行政机构的形式上有很大的差异。在大都市区行政机构的分析和选取问题上，一方面，OECD在有关大都市区行政机构的定义方面力求全面，以包含OECD国家中存在的各种大都市区行政治理机构的种类，并包含与主流大都市区治理方法不同的本地解决方案；另一方面，其定义又要将大都市区的行政治理与组织内部的其他治理形式相区别。在这样的考量下，制定了四种标准用以鉴别大都市区的行政治理机构。

（1）地理范围：行政机构的管辖范围必须包括中心城市以及大都市区的其余大部分地区。在部分地理范围超过大都市区本身范围的机构中，大都市区必须是其关注的重点部分。

（2）涉及的主体：国家或地方政府必须是治理机构的主要参与者或者组织本

身必须具有地方政府的地位。

（3）关注的问题：这个机构必须主要直接解决有关大都市区发展管理的相关问题。

（4）关注的范围：这个机构必须要有处理与大都市区治理相关问题的授权。

根据这样的定义，最后发现在 263 个大都市区域中，存在大都市区行政治理机构的大都市区为 178 个，占到了总数的 68%。

其中，各个国家被调查城市中拥有大都市区行政治理机构的比例如图 6.1 所示。从图 6.1 中可以看出，新西兰、瑞士、瑞典、葡萄牙、荷兰、法国和爱尔兰所有被调查的城市中都拥有大都市区的行政治理机构。但是智利、意大利和澳大利亚所有被调查的城市中都没有大都市区的行政治理机构。再次表明全球范围内，在大都市区或城市群的治理方面，呈现出的多样性特点。

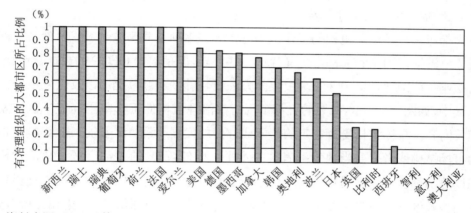

资料来源：Ahrend 等（2014）。

图 6.1　大都市区的行政治理机构

3. 大都市区行政治理机构的权力

各大都市区的行政治理机构在可行使的权力方面也存在着显著的差异。根据 OECD 的统计，存在大都市区行政治理机构的 178 个大都市区中，有 48 个大都市区的行政治理机构有制定具有约束力的法律和制度的权力。其中包括韩国的首尔—仁川大都市区，英国的伦敦大都市区、荷兰的阿姆斯特丹大都市区以及德国的法兰克福大都市区等。此外，OECD 的数据显示，日本的大都市区多不具有制定法律和制度的权力。在美国的 68 个大都市区中，也只有明尼阿波利和波特兰大都市区拥有制定有约束力的法律和制度的权力。而在不具有制定有约束力的法律和制度的大都市区中，其行政治理机构的主要任务是负责协调以及通知各地方城市政府。具体的大都市区的形式以及其权力如图 6.2 和图 6.3 所示。

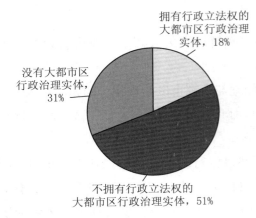

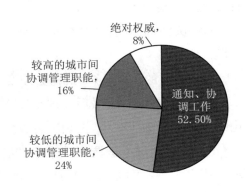

资料来源：Ahrend 等(2014)。

资料来源：Ahrend 等(2014)。

图 6.2 大都市区行政治理机构的形势

图 6.3 具有实体形式的大都市 区行政治理机构的权力

4. 大都市区行政治理机构的工作范围

大都市区行政治理机构的工作范围通常涵盖多项公共服务领域。虽然具体涵盖的服务范围根据国家和大都市区又存在一些差异，但是根据 OECD 的数据，行政治理机构的业务范围通常集中在三个主要的方面，包括区域发展、交通以及区域规划。

其中，如图 6.4 所示，81%的大都市区行政治理机构的工作范围涵盖了区域发展的相关内容。具体包括支持特定的产业或部门的发展、吸引特定的公司、影响当地的劳动市场结构或者提升当地劳动者技能水平。此外，78%的大都市区行政治理机构的工作范围都包括了交通规划，主要是指公共交通的规划。67%的行政治理机构的工作还涉及区域规划的相关内容。此外，废物处理、水资源供给、文化和休闲、旅游业、污水处理以及能源供给也是大都市区的行政治理机构所关注的主要问题。

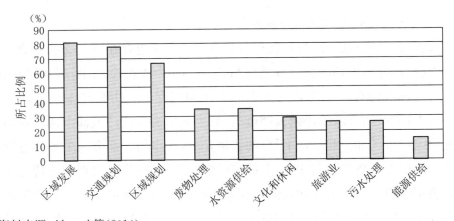

资料来源：Ahrend 等(2014)。

图 6.4 大都市区行政治理机构的工作范围

但是也需要注意到,即使对于相同的工作内容,各大都市区行政治理机构的权责也存在显著的差异。比如对于同样的区域规划问题,一些大都市区的行政治理机构仅负责通知其成员城市的当地政府,其他成员城市的规划方案。但是另一些行政治理机构就具有对整个大都市区统筹规划和管理的权力。在交通规划中,一些行政治理机构仅参与规划的环节,但是另一些行政治理机构则负责大都市区公共交通从规划到运营的所有环节,这类机构其的员工数也可能达到万人以上。

5. 大都市区行政治理机构的预算和员工

OECD 收集了 178 个大都市区行政治理机构中 123 个机构的经费预算信息。其中,大多数治理机构的预算根据大都市区人口来计算,其个人平均值在 10 美元/每年的水平上,中位数在 13.9 美金/每年的水平上。根据不同大都市区行政治理机构职能和权力内容的不同,其预算又存在显著的差异。其中,大部分大都市区行政治理机构的预算都在人均 30 美元/每年以下。但同时也有约占总比例 20% 以上的大都市区其行政治理机构的年预算在人均 1 000 美元/每年以上。这其中比较有代表性的是韩国的几个大都市区行政治理机构,包括釜山大都市区、大邱大都市区等。

在 OECD 的统计中,有 95 个大都市区行政治理机构报告了其员工数。其中行政治理机构预算总额最高的釜山大都市区,其员工数也最多,高达 16 362 人。而预算金额第二高的韩国的大邱大都市区,其员工数也达到了 11 146 人。这两个大都市区都具有行政立法的权力,并且其职能范围基本上涵盖了上述多数大都市区行政治理的工作范围。表明其在整个大都市区的发展中扮演着非常重要的角色。

6. 大都市区行政治理机构的领导者

在 OECD 的报告中,大都市区行政治理机构的领导者有多种产生的渠道。最常见的是从其管辖范围的当地政府中选举产生行政治理机构的领导者(约占到总数的 55%)。在一些情况下,这些领导者就职于当地政府。还有一些情况下,这些领导者由各个地市的市长来担任。另有一些情况下,行政治理机构的领导者会在政府官员之外,考虑加入一些其他相关组织或者是个体市民(约占到总数的 7%)。此外,还有 11% 的行政治理机构的领导者是由公众选举产生的,另外 13% 的行政治理机构的领导者是由国家或者省一级部门来任命的。具体比例见图 6.5。

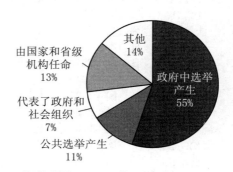

资料来源:Ahrend 等(2014)。

图 6.5 行政治理机构领导者的产生

7. 大都市区治理的国际经验总结

在 OECD 对大都市区行政治理模式分析的基础上,可以发现大都市区并没有一种统一的治理模式,不同模式之间的差异主要基于对收益和代价之间的权衡。此外,大都市区的行政治理模式在很大程度上依赖于国家政治的制度框架,包括分权制度以及地方发展的情况。一些国家如法国、德国、意大利和加拿大东部各省倾向于依赖大都市区治理的制度建设。而北欧国家、美国和英国则更多地依赖于联合与合作的安排。即使在一个国家内部,大都市区行政治理的模式也存在显著的差异。在德国,治理模式从斯图加特、法兰克福和汉诺威的大都市区强政府模式到柏林、慕尼黑和汉堡的以目标为导向的宽松的网络管理模式。在西班牙,马德里依靠建立自治共同体实现大都市区的强权治理,而在巴塞罗那,由民间社团与地方和地区政府联合进行治理。

两个要素被证明对大都市区的行政治理的成败至关重要,一个是行政治理机构的领导机构。指行政治理机构是否能够拥有实体,并能够推选出一位具有领导能力和有魅力的管理者。OECD 的研究表明,大都市区行政治理机构的存在可以有效缓解城市蔓延的问题。当大都市区的行政治理机构拥有在交通规划方面的权力时,大都市区中的居民对公共交通的满意程度会提高。另一个成败的关键是地区合作的激励机制,在 OECD 的研究中,多指财政和资金激励。这在很大程度上被认为是城市群和大都市区政策成功主要的原因。

部分大都市区行政治理机构的信息见表 6.6。

表 6.6　部分大都市区行政治理机构的信息

都市区范围	国家	成立时间	是否有实体	是否有立法权	员工数	经费预算/统计年份	交通规划	区域规划	区域发展
温哥华	加拿大	1967	是	是	1 300	635 600 000/2013	参与	参与	参与
巴　黎	法　国	2006	是	无	10	2 000 000	参与	参与	参与
法兰克福	德　国	2011	是	有	130	15 000 000/2011	参与	参与	/
东　京	日　本	/	是	无	/	5 465 174 000/2013	/	/	/
大　阪	日　本	2010	是	无	29	1 218 262 000/2013	/	/	参与
首尔—仁川	韩　国	1949	是	有	/			参与	参与
釜　山	韩　国	1995	是	有	16 362	8.36E+12/2013	参与	/	参与
墨西哥城	墨西哥	2008	是	无	/	3 195 228 779/2010	参与	参与	参与
阿姆斯特丹	荷　兰	2006	是	有	65	687 147 262/2012	参与	参与	参与
伦　敦	英　国	1999	是	有	/	364 000 000/2013	参与	/	参与
波士顿	美　国	1963	是	无	40	12 700 000/2011	参与	参与	参与
芝加哥	美　国	2005	是	无	/	15 800 000/2013	参与	参与	参与

资料来源:Ahrend 等(2014)。

6.3.2　欧洲的大都市区行政治理模式

Timas（2015）对欧洲大都市区的行政治理结构进行了分析和总结，其发现与大多数大都市区的治理一样，欧洲的大都市区的行政治理也分为大都市区治理和城市治理两个层次。但是目前并没有形成一个所谓的"欧洲模式"，因为欧洲大都市区的行政治理在多个维度上表现出了多样性。包括 1）行政治理机构的涵盖范围，即大都市区中包含的城市数目，其他行政机构数目，其他公共和私人机构数目，公共、私人以及混合服务公司的数目；2）行政治理机构的能力，即行政治治理机构在硬性政策（区域规划、城市化、交通、环境等）及软性政策（教育、医疗、社会服务等）方面所体现出的能力和影响力；3）行政治理机构资金的来源，即行政治理机构的资金来源，是通过自下而上的方法，从大都市区中各城市征收，还是通过自上而下方法，通过中央或省级政府拨款，以及资金是通过何种税种来进行征收的；4）行政治理机构的产生，大都市区行政治理机构的领导者是通过什么样的渠道选举产生的，民间社团是否在其中扮演角色。根据这些内容，可以将欧洲的大都市区行政治理结构分为四大类，分别为政府模式、机构模式、垂直合作模式和自愿合作模式。

1. 大都市区行政治理的政府模式（metropolitan governments）

大都市区行政治理的政府模式指强大的大都市区治理模式。大都市区的行政治理机构拥有最大的制度自治权，拥有法律和税收自主等权利以及民主合法性（直接选取代表）。具有这些特性的大都市区行政治理模式被称为政府模式。在这一模式下，行政治理机构具有制定法律法规的权力。但是，目前欧洲没有大都市区能够同时具备所有以上的这些特征，因此我们将这些欧洲的大都市区定义为减量版的大都市区政府模式。他们的自治权可能会被其他级别的政府瓜分一部分，从而存在缺少税收资金或者民主合法性的弱点。但是总体而言，这些机构仍是大都市区政策的协调主体，并在大都市区的管理中拥有相对较大的权力。这些大都市区的实例包括斯图加特（德国）、伦敦（英国）、里斯本（葡萄牙）、里昂（法国）以及巴塞罗那（西班牙）（见表 6.7）。

2. 大都市区行政治理的机构模式（metropolitan agencies）

大都市区的行政治理机构模式与大都市区行政治理的政府模式相比相对较弱。其指在特定部门基于特殊的功能所存在的大都市区行政治理机构，而不是对大都市区全局进行管理的行政治理机构（见表 6.8）。例如，在法兰克福，其功能仅限于区域规划。在伯明翰，有数个基于不同功能的大都市区行政治理机构，如交

表 6.7 大都市区行政治理的政府模式案例

城 市	名 称	国 家	创建时间	城市数量	选举办法	主要的财政收入	主要职能
斯图加特	Verband Region Stuttgart	德 国	1994	179	直接;每 5 年由 80—96 个成员选举产生	转移支付(市、县以及联邦政府)和交通税收	交通、区域规划、经济发展、废物管理、旅游
伦 敦	Greater London Authority	英 国	1999	伦敦市和 32 个区	直接;每 4 年由 25 个议员选举产生	转移支付(上层的各级政府)	交通、经济发展、国际化发展、预防和火情控制、紧急情况、政治及安全
里 昂	Communautéurbaine de Lyon	法 国	1999	57	间接;由 57 个城市选择的 153 个代表组成的委员会	税收和中央政府转移支付	经济、社会和文化发展、区域规划、促进公共住房和城市化的发展和振兴、服务管理、环境
里斯本	Metropolitan Area of Lisbon	葡萄牙	2003、2008、2013	18 城市和 36 教区	间接;由 55 个城市代表组成的委员会	来自城市和国家政府的转移支付	制定投资计划;经济、社会和环境发展;管理区域发展方案;制定服务网络和大都市区设施规划;参与大都市区交通和环境法规的制定
巴塞罗那	Metropolitan Area of Barcelona	西班牙	2010	36	间接;由 89 个城市代表组成的委员会	转移支付、税收	城市化;运输和人口流动;住房;环境;经济发展;社会凝聚力

资料来源:Timas(2015)。

表 6.8　大都市区行政治理的机构模式案例

城　市	名　　称	国家	发展历史	主要职能	经费来源	选举办法
伯明翰	West Midlands Metropolitan County	英国	在 1974—1986 年间，伯明翰大都市区和其他的英国大都市区一样，存在一个大都市区的政府。在其废除之后，这个政府仍保留着一些单一的服务功能，比如交通、治安、火情等。	West Midland Passenger Transport Executive：通常被称为 Centro，其职能主要在提升和协调整个大都市区的公共交通，包括巴士、火车和地铁，其由公共和私人公司共同运作。West Midlands Police：主要负责居民的安全。其主要承担对犯罪和暴利进行制止和教育的工作。West Midlands Fire Service：主要负责公共保护、预防和火灾管理的接入人以及紧急情况的管理。	经费主要来自其所包含的各个地市成员（占 50%），以及州政府的补贴（占 30%）。另外的 20% 来自为提供服务所缴纳的费用。	三个机构都采用了间接选举方式。在 West Midland Passenger Transport Executive 和 West Mildlands Fire Service 中都有一由各个成员地市根据地市人数所推选的委员所组成的委员会（都是 27 个成员）。West Midlands Police 有 10 个下属小组，并且由警司总长进行管理。这些下属小组中既包含警方人员也包含技术人员。
法兰克福	Regionalverband Frankfurt Rhein Main	德国	2011 年 4 月，德国黑森州（法兰克福大都市区的大部分区域属于黑森州）议会决定成立 Regionalverband Frankfurt Rhein Main。这个区域规划机构将对区域内 75 个城市的相关事务进行管理。	主要职能是区域规划，包括发布区域土地使用规划以及景观规划。其最主要的目的是协调统一各个城市的区域规划。其还将对区域数据进行分析，完成欧盟基金下的城市评估任务。	来自所涵盖的城市。城市根据城市的人口和财富行政治理机构进行捐赠。也就是说最富裕的城市将捐赠更多。	由各个城市代表所组成的区域委员会来进行各项决定。

通、治安、火灾以及紧急情况等。此外,还有一些大都市区中存在着涵盖不同地区的行政治理机构。如赫尔辛基大都市区的交通行政治理机构包含了 7 个城市,而大都市区的环境治理机构则只涵盖了 4 个城市。在巴塞罗那大都市区的政府行政治理机构建成之前,其也存在交通以及环境治理机构,并且这两个机构都包含了不同的城市数目。伯明翰的管理模式与其他大都市区都不同,伯明翰大都市区将与大都市区发展的多个功能划分成了三块,分别隶属于三个不同的大都市区行政治理机构,这三个机构之间互相协作对大都市区的行政治理做出贡献。

3. 大都市区行政治理的垂直合作模式(vertical co-ordination)

大都市区行政治理模式中的垂直合作模式指在没有建立正式的大都市区行政治理机构的情况下,由最开始并不该行使大都市区行政治理职能的某些部门行使了大都市区的行政管理职能。这种案例在欧洲的大都市区中也很常见,包括维也纳城邦、布鲁塞尔首都地区、斯德哥尔摩、都柏林地区管理局、哥本哈根地区和马德里自治共同体。具体案例介绍如表 6.9 所示。

在马德里和哥本哈根的实例中可以发现,在州政府权力下放的案例中并不存在真正意义上的大都市区行政治理机构,而实际上是州政府的下级机构(substates institution)代行大都市区行政治理的职能。在马德里和哥本哈根的案例中,大都市区行政治理机构的管辖范围都实际上大于大都市区的范围。因此,其政策常常并不是针对大都市区的,而关注焦点被整个区域的其他政策稀释了。但另一方面,这种州政府下一级机构形式的大都市区治理机构赋予了其较高的行政权力和能力以及合法性的地位。此外,相较于其他大都市区的行政治理机构,这种下级机构形式的政府更不容易被取缔或消除。

4. 大都市区行政治理的自愿合作模式(voluntary co-operation)

自愿合作模式的大都市区治理模式比较缺乏法制性和合理性。因为其是建立在已有的政治体制和结构中的,并且要基于地方当局的意愿和当地政府的主动性,采用灵活的合作方式。传统的模式是处于同一个大都市区域的城市自愿开展合作。在大多数国家中都会有城市协会提供一些服务。例如,在西班牙,有 1 000 多个城市协会,包括农村地区。在城市不断集聚的情况下,城市之间的合作可以建立在更加政治化的基础上,也成为向制度化大都会区治理过渡的一个要素。巴黎就是这一方面的最佳案例。在 2006—2009 年间,巴黎建立了一个可以开展对话的空间,用以讨论对地区集聚发展具有重要影响的议题。超过 100 个实体(包括城市、城市内部机构、区域部门等)都参加了这个讨论。在 2009—2015 年间,由于大都市区发展的挑战,一个混合型的研究组织成立了,包含了 200 多个区域实体(城市、城

表 6.9 大都市区行政治理的垂直合作模式案例

城 市	名 称	国家	发展历史	主要职能	经费来源	选举办法
马德里	Autonomous Community of Madrid	西班牙	马德里自治共同体（Autonomous Community of Madrid）成立于1983年。马德里在南欧城市中是个例外，它的行政机构密度很低。其只有两个政府，地方政府和地区政府。其包含179个城市。马德里作为西班牙的首都以及规模最大的城市，其快速的城市化发展几乎占据了马德里自治区中所有的领土。	作为一个自治共同体，其具有很宽泛的管理内容。其中，主要包括区域领土规划、城市化，住房、公共设施，道路、铁路、交通、港口以及水资源。其还负责议会的职责，例如协调市政机构以及保证在自治范围内提供市政的能力。其还有和州政府共同承担的职能，如经济规划、工业、安全、教育和健康。	主要来自直接和间接税收（占80%）。其中，70%的收入是由州政府的税收中转移给马德里自治共同体的。	马德里大会是马德里自治共同体的立法和政治代表机构。其4年由111名代表直接组成。其会选举产生自治共同体的主席和行政权力领导人。其设立了自己的理事会，并负责大会的组织工作。
哥本哈根	Region Hovedstaden in Copenhagen	丹麦	在丹麦，2007年的一项改革将其城市数目从271个减少到了98个。在哥本哈根，建立了区域首都（哥本哈根），意味着原来的大都市区管理机构消失了。丹麦都市区的碎片化，更少的和更大的城市之前，还存在着很多的行政管理部门。在2007年改革之前，交通管理部门也合并成为了一个（Movia）。	新的区域是州政府的权力下放机构。新机构包括医院管理、健康保险，区域规划（经济、旅游、文化、教育），环境管理、公共交通以及为其他机构合作为居民提供特殊服务，包括社会服务和教育。	区域不像大都市区可以征税。因此其主要资金来自州政府（80%）和城市（20%）的财政转移。	每个区都由一个41个成员的委员会代表，每四年选举一次。

表 6.10 大都市区行政治理的自愿合作模式案例

城 市	名 称	国 家	发展历史	主要职能	经费来源	选举办法
波兹南	Poznan Metropolis Association	波 兰	这个地区有 100 多万人口,其具有悠久的城市之间合作的历史。在 2007 年,波兹南和周围的 17 个城市成立了波兹南大都市区委员会(Poznan Metropolitan Council)。它的主要目标是发展地区的战略规划。在 2012 年,该地区又成立了波兹南大都市区协会(Poznan Metropolitan Association)	为成员间的讨论、协调以及合作提供一个论坛基础,并管理欧盟对该区域的金融资助。	成员的捐赠以及欧盟。	有一个由波兹南和 21 个成员组成的委员会。
都灵	Torino Internazionale	意大利	Torino Internazionale 成立于 2000 年,旨在促进都灵大都市区的战略规划并就未来的城市集聚发展达成协议。这个大都市区的第一个战略计划是在工业部门(特别是汽车)以及 2006 年的冬奥会时期出现的,其主要目标是重塑大都市区的国际形象。第二个战略规划侧重于知识社会和如何促进新经济领域的发展。目前其工作重点是制定第三个战略规划,重点放在应对经济危机的战略,同时促进城市社会和环境的可持续发展。	通过促进各个成员达成协议以及协调发展的目标,制定发展的目标和特定的项目。	经费主要来自三个方面:会费,公共和私人的捐赠以及协会所倡导的收益	目前该协会拥有 89 人的委员会,并且由都灵市的市长领导。成员具有多样性,包括公共机构代表,大学,公益组织,文化中心,商业界以及工会和商会。

市内部机构以及区域部门等），涵盖了巴黎周边一线和二线中所有的城市。在 2015 年，当时的 211 个实体代表了 930 万当地居民。其资金主要来源于会员。在 2016 年，巴黎大都市区在前面合作模式的基础上成立了 Metropole du Grand Paris 这一正式大都市区行政治理机构。这个机构包含了巴黎周边一线中的所有城市。在 2016 年，大约有 700 万居民。其职能包括区域规划、社会和经济发展、住房和环境保护。其将由大都市区委员会领导（包括了超过 300 个委员），其会长由这些委员选举产生。

而在另一些案例中，自愿合作模式为大都市区中各个城市的对话和达成一些协议提供了一个共同的空间，例如波兰的情况。

从欧洲大都市区行政治理的总结可以看出，欧洲的大都市区的行政治理采用了多样化的模式，并主要可以分为四类。按照制度性从高到低分别为大都市区行政治理的政府模式、机构模式、垂直合作模式和资源合作模式。这其间并没有绝对的优劣，因为其各自都有优点和缺点，因此要因地制宜进行选择。

目前大都市区发展面临的最重要的问题就是其职能范围和资金来源。具有强大职能范围的大都市区之所以并不存在，主要的原因是大都市区中的城市还存在着其他政府部门，比如省、地区或者是中央政府。因此，基本没有大都市区会将全部职能全部集中到大都市区的政府模式之下。在大多数案例中，大都市区的行政治理政府只承担部分工作，例如交通规划、环境管理等。与大都市区行政治理的政府模式相比，自愿合作模式更加灵活。由于现在城市发展较快，因此在合作模式下，改变大都市区的行政边界，加入新的城市比较容易实现。并且，是否要加入大都市区的自主权掌握在当地人的手中。

6.3.3　拉丁美洲大都市区的行政治理模式

2012 年，巴西的圣保罗大都市区规划公司（Sao Paulo Company for Metropolitan Planning）Emplasa 开展了一项为期三年的针对大都市区行政管理的调查研究，并发表了题为《大都市区治理的对比研究》（*Comparative Study on Metropolitan Governance*）的研究报告。该报告中对包括巴西（13 个）、南非（1 个）、阿根廷（2 个）、秘鲁（1 个）、墨西哥（1 个）、中国（1 个）在内的六个国家的 19 个大都市区域行政管理方面的内容进行了研究和分析。报告涉及的大多数为拉丁美洲国家。拉丁美洲国家的城市规模较大，人口众多，如圣保罗和墨西哥城，都是集聚程度较高的大都市区。并且巴西同中国同属于金砖四国，都是新兴的发展中国家，在大都市区的管理方面具有较强的借鉴意义。

1. 大都市区概览

目前巴西具有 37 个正式的大都市区域,包括了 482 个城市,占到了全国城市总量的 8.6%。大都市区中集聚了大量的人口。在 2010 年,人口总数达到了 8 730 万人,占到了全国总人口的 46%。这些大都市区的发展具有较大的差异性,Emplasa(2014)的报告中,选择了其中的 13 个大都市区。包括圣保罗大都市区、坎皮纳斯大都市区、拜沙达-桑堤斯塔大都市区等。

其中,圣保罗大都市区是巴西最重要的大都市区之一。目前,其在规划成立一个更大的大都市区域,新的大都市区域将包括圣保罗、坎皮纳斯、拜沙达-桑堤斯塔等五个大都市区。这个新规划的大都市区域将集聚 3 050 万人口,占到全国人口的73%,以及 83% 的全国 GDP。

研究在南非选择了南非最大、最富有的大都市区——豪登大都市区(Metropolitan Region of Gauteng),包括了南非最大的城市约翰尼斯堡。该区域涵盖了南非 1.5% 的国土面积,共有 1 230 万人口。豪登大都市区是全球最大的 40 个大都市区之一。

研究在阿根廷选择了罗萨里奥(Metropolitan Area of Rosario)大都市区和布宜诺斯艾利斯大都市区(Metropolitan Area of Buenos Aires)。其中,布宜诺斯艾利斯大都市区是阿根廷的首都所在地,包含了 40 个城市和 1 300 万人口,占到了阿根廷总人口的 46%,其 GDP 产出占到了阿根廷总产出的 52%,是南美第二大大都市区域。

研究在秘鲁选择了利马和卡亚俄大都市区(Metropolitan Region of Lima and Callao),包含了两个省共 49 个区。该大都市区集聚了全国 28% 的人口,45% 的 GDP产出以及 56% 的工业产出和 60% 的服务业产出。其最发达的部门包括港口和空运。

研究在墨西哥则选择了墨西哥山谷都市圈(Metropolitan Zone of Valley of Mexico),该大都市区包含了 59 个城市。包含了 1 900 万人口,被认为是人口密度最大的大都市区之一。其 GDP 产出占到了整个墨西哥产出的 1/3。

研究在中国则选择了珠三角大都市区。珠三角大都市区的面积比欧洲的一些国家,比如瑞士和丹麦都要大。其 GDP 占到了广东省 GDP 的 80%。由于毗邻中国香港,珠三角大都市区成为中国经济和金融最发达的几个区域之一,并且工业部门得以快速的发展。

2. 大都市区行政管理模式

根据对所选择大都市区相关机构的问卷调查,被调查的大都市区的行政管理模式分为四种类型,管理权集中于中央的管理模式、管理权集中于地方的管理模式、由各个成员城市组成的联盟和其他管理模式,其分布比例如图 6.6 所示。

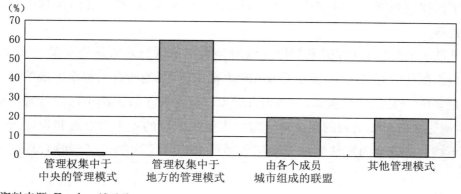

资料来源:Emplasa(2014)。

图 6.6　大都市区的行政管理模式

从图 6.6 可以看出,大多数大都市区的行政管理模式属于管理权集中于地方的管理模式。比如墨西哥山谷都市区以及巴西境内所有的大都市区域。但是也有大都市区属于联盟管理模式,比如布宜诺斯艾利斯大都市区。

在巴西,从 1988 年开始,政府就开始致力于探索大都市区域的行政管理模式。圣保罗大都市区成立于 2011 年。其结构是由大都市区发展系统(Metropolitan Development State System,简称 SEDM)决定的。其成立的主要目的是解决区域发展中的瓶颈问题。作为大都市区发展系统的一部分,成立了大都市区发展委员会(Metropolitan Council of Development,简称 CDM),作为州政府部门的一部分。委员会代表州政府部门制定大都市区域的发展政策,对影响大都市区发展的问题进行分析、咨询、规范和审议。其目前由州政府的州长领导,执行办公室和大都市区行动委员会也是该系统的一部分。

经过多年的发展,虽然不同国家的大都市区行政管理机构在区域治理问题上、大都市区发展问题上都取得了较大的进展,但其同时也存在着很多发展的问题。根据问卷调查的结果,目前大都市区行政管理中存在的最主要的问题包括协调问题(35%)、以城市为中心的大都市区管理效率问题(35%)、区域预算问题(29%)、缺少支持大都市区发展的金融支持(29%)、决策过程较慢(12%)、不稳定的政治问题(12%)、设置城市的优先级和管理问题(12%)、缺少大都市区域的规划(12%)、各个成员的沟通问题(12%)、需要大都市区的整体发展规划问题(6%)、缺少对废物处理、环卫和公共交通的持续金融支持体系等。

3. 大都市区的金融支持

为了分析大都市区的资金来源情况,课题组对调查大都市区域的相关部门也发放了调查问卷。其中的问题包括大都市区域行政管理资金的主要来源,是否有稳定的法律或者规章制度支持目前大都市区的资金来源,私人部门在其中扮演何种角色等。

从图 6.7 可以看出,国家和地区政府是大都市区行政管理资金的主要来源。在所有巴西的大都市区中,除了 Curitiba 大都市区,其他所有大都市区域的资金来源都是 50% 来自州政府拨款,50% 来自城市。但是大多数大都市区的管理经验都表明,通过金融机制引入的资金对于整个大都市区域的竞争力发展和提高人民生活是不够的。资金的短缺影响了决策的效率并引发了大都市区行政管理的不确定性。

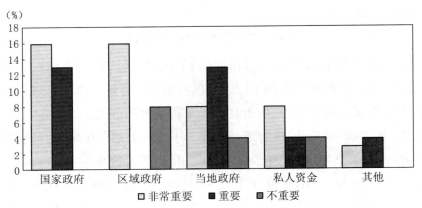

资料来源:Emplasa(2014)。

图 6.7　大都市区行政治理的资金来源

因此在大都市区的行政治理过程中,私人资金的引入也被认为是大都市区行政治理资金的有益补充。例如在巴西的贝洛哈里桑塔大都市区的固体废弃物处理中,除了政府的拨款以外,还有部分的资金来自公私合营模式(Public-Private Partnership,简称 PPP)。其中,政府拨款占到了资金总比例的 80%,来自 PPP 的资金占到了 20%。而 PPP 在南非的豪登大都市移动通信网络的建设中得到了广泛的推广。在其通信网络的建设中,来自私人部门的资金占到了总资金的 9.5%。

6.3.4　总结

大都市区的行政治理呈现出多元化的发展路径,每个国家、每个大都市区都根据自身的特点选择适合自身发展的道路。但从前文的分析中也可以看出,在大部分的大都市区中都有特定形式的行政治理机构的存在。只是这些治理机构在形式、功能、资金来源和组织架构上存在一定的差异。根据 Andersson(2012)、Timas(2015)对欧洲大都市区的总结,按照制度性从高到低,可以分为大都市区行政治理的政府模式、机构模式、垂直合作模式和资源合作模式。其中,大都市行政治理的政府模式对应于 Andersson(2012)总结的大都市区政府模式,这一行政治理模式带有明显的单中心主义形式,以大都市区的行政治理政府取缔了各级地方/城市政府。如前所述,这一模式的优点包括政治权力更强,均衡地方财政、提供跨域公共服务、达到大都市区发展的规模经济等。由于大都市区的政府模式具有较高的制度性,因此其资金较为充足。从 OECD 的分析来看,韩国的釜山、大邱大都市区应该都属于这种类型,其资金预算也是所有被调查的大都市区中最高的。但是另一方面,其也存在效率低下、缺乏创新、缺乏竞争等问题。因此,从国际经验中可以看出,这并不是目前大都市区行政治理采用较多的主流方法。

Timas(2015)总结的大都市区行政治理的机构模式同时对应于 Andersson(2012)的地方特区模式和大都市治理机构两种模式。大都市区行政治理的机构模式集中了一定的资源可以用于大都市区的整体发展,但是同时又保持了政府的独立性。这种模式也是目前国际上采用较多的一种模式。但是从前文的分析可以看出,在具体的操作上又存在很大的差异。有些是自下而上由地方政府资源组成的治理机构,有些是由更高一级政府建立的区域政府;有些仅有咨询和建议的职能,而有些机构具有执行的权力。在 OECD 的分析中发现,甚至有些机构还具有立法的权力。在职责范围上,也存在显著的差异,一些机构仅负责大都市区发展的特定内容,如交通、区域规划等,而有些机构则负责大都市区发展的所有领域。目前,长三角区域合作办公室基本属于大都市行政治理机构的范畴,且属于协作等级较低的机构。因为其目前基本只有咨询和建议的功能,而不具备在大都市行政治理方面的执行权,更不具有立法权力。

Timas(2015)总结的垂直合作模式和资源合作模式都没有建立正式的大都市区行政治理机构,是一种较为宽松的合作模式。基本对应于 Andersson(2012)总结的地方政府的横向协作模式中的地方政府服务协议和委员会、协会、工作组、合作、咨询等平台等模式。这种行政治理的方法比较灵活,因此也是全球大都市行政治理中采用较多的一种方法。长三角城市群中长三角地区主要领导座谈会、长三角地区合作与发展联席会议等基本属于这一类型的合作机制。

从上面的分析可以看出,大都市区行政治理的机构模式和合作模式都是使用较多的两种方法,两种方法并没有绝对的优劣,但是有各自的特点。在操作上,城市更希望采取自愿协调与协作的方法,而并不希望通过强权达到城市的聚合。且合作模式在限制官僚政治发展和鼓励沟通方面也有其自身的优越性(索菲·阿里贝特,2010)。此外,大都市区的界限一直在发生变化,宽松的合作模式较为灵活,较为方便地对不断发生的大都市区边界做出反应。但另一方面,虽然有研究指出宽松和非正式的治理形式通常能更好地将利益相关者统一到一个共同的观点上来(索菲·阿里贝特,2010),但这也主要取决于利益相关者的目标一致性。如果地区间发生冲突或者存在很大分歧时,自愿合作的模式将很难推行。这时,仍需要一个在制度上更具有持久性的治理结构。大都市区行政治理的机构可以被认为是从制度上建立的一个更为持久的治理结构。而之前较宽松的合作模式可以被视为是建立更正式的制度或机构治理结构的第一步。在这方面,长三角城市群基本遵循了这一发展路径,先建立了"三级运作"区域合作机制,在合作的基础上又进一步建立了长三角区域合作办公室,从制度上对区域的合作和长三角城市群的治理进行了强化。

除了治理机制的建立,另一个认为对大都市区行政治理至关重要的因素是金融支持。这一点在 OECD 的报告、欧洲大都市区的研究和拉丁美洲大都市区的研究中都有体现。OECD(2015)的研究认为财政和资金激励在很大程度上是城市群治理成功的关键。从前文的分析可以看出,大都市区行政治理的资金量根据大都市区行使权力的不同具有很大的差异,而在资金来源方面,一些机构来自下级各政府的税收、资助等,一些机构的资金来自上级政府的拨款,还有一些机构的资金来自对于公共服务所收取的费用。OECD (2015)指出,当一个大都市区的行政治理机构拥有更多的资金支持时,也更方便在大都市区的整体事务中发挥其影响力。因此,如何增加大都市区行政治理机构的资金来源是其治理效果成功的关键。除了上述的方法之外,一些城市还探索了公私合营的方式,吸纳私人资金,来为公共事业进行服务,对大都市区进行治理。这种方法多用于一些可以收取费用的公共服务中,如交通、医疗等。

6.4　长三角一体化与行政治理模式的未来发展

在党的十九大报告中明确提出区域协调发展是构建现代化经济体系的重要战略之一。作为区域协调发展最重要的载体,城市群一体化成为促进中国区域协调发展的重要内容。长三角作为中国经济发展的重要增长极,在经济、社会和人文发展中都取得了长足的进步。但从前文的分析中可以看出,长三角目前在一体化发展方面已经遭遇瓶颈。而在经过了近 30 年的一体化进程之后,亟需在制度上突破长三角一体化目前遇到的问题,从顶层设计上加以指导。因此,一个有效的行政治理模式将对长三角一体化突破瓶颈起到至关重要的作用。

目前,长三角区域合作办公室的建立已经跨出了从区域横向协作向区域行政治理机构转变的重要一步,未来可基于此区域一体化的治理机构,缓解长三角城市之间的发展矛盾、解决区域发展的各项问题。基于国外经验,长三角区域合作办公室或者未来长三角一体化的行政治理实体应当有更加明确的组织架构,更加清晰的成本分摊机制,更加稳定的资金来源以及更加多样化的服务领域,其仍需在以下几方面加以深化和发展。

6.4.1　上级政府的制度支持以及行政激励

没有任何一级政府乐于将权力移交给新的大都市治理机构,尤其在一些意见存在较大分歧的领域,比如环境污染的治理。这时就需要上级政府从制度层面对大都市区的治理实体机构赋予更高的合法性。这在跨越三省一市的长三角城市群中显得更为重要。此外,上级政府还可以给予一定的激励来促进区域间的合作。比如,在美国地方政府获得运输基础设施和废水处理设施资金的先决条件是当地政府建立了城市规划组织,并且其规划已经事先获得了相关部门区域计划的支持和认可。在欧洲,也有类似的机制。区域政府只有先设立了区域规划委员会才能获得欧盟区域经济发展的赠款。长三角城市群也可以参照国际经验,由上级政府或者中央政府设立相关的激励措施,中央政府或省一级政府的相关拨款需要获得长三角区域行政治理机构的认可,或者资金由长三角区域行政治理机构进行拨款。通过这种方式,提升整个区域治理机构的合法性、权威性和有效性。

6.4.2　建立一个具有执行权的行政治理机构

从前文的分析可以看出,在城市和区域治理中,由于规模经济和外部性等原因的存在,很多问题无法通过单个城市进行解决。因此,需要城市群的行政治理。但是在很多问题上,如果城市群的行政治理机构仅具有沟通和协调的权力,在一些容易产生分歧的关键问题上将很难取得突破。这从目前长三角城市群所出现的断头路、公交卡、汽车限行、环境治理等问题上可见一斑。因此,需要一个对大都市区或者城市群的相关事务具有执行权力,具有制度支持的实体机构。正如 OECD 的报告所表明,拥有实体治理机构的大都市区对区域相关治理问题,如公共交通等问题有明显的改善。目前,长三角区域合作办公室基本仅具有咨询和建议的权力。而借鉴国际大都市区治理的做法,应赋予长三角区域合作办公室更多执行实际事务的权力,在一些应由长三角城市群统筹规划、共同建设的问题上,如公共交通、环境治理、旅游推广、文化建设等方面,应由长三角城市群的治理机构统一进行规划和管理,促进长三角城市群的一体化发展。

6.4.3 建立合理的资金归集和使用机制

资金的合理规划和使用是大都市区行政治理成功的最重要的因素之一。资金要素也是决定长三角城市群的治理机构是否具有能力对长三角城市群的特定事务进行管理的关键因素。因此,需要建立一个可持续的城市群行政治理资金池。在资金的来源渠道上,可参考国际经验,吸取中央或省一级政府的拨款,或者吸收下级政府的各项税收。在下级政府资金的分摊比例上面,也可参照国际经验,按照城市的人口或者经济发展规模来进行分摊。此外,私人部门和资金的引入,也是目前国际上大都市区治理中经常采用的模式。比如公私合营模式,被认为是较有效率的解决诸如交通、垃圾处理、给排水等大都市一体化问题的方法。

此外,在成本的分摊的机制设计上,也应充分考虑各方利益,力求达到公平。比如在固体废弃物的处理方面、污水排放方面等可以按照使用量来对各个地方政府进行征税。而在旅游业中,可能出现某地的景点吸引游客,但是游客的消费和住宿都发生在另一地方的现象。这时就应当从城市群的整体进行考虑,吸收了较多游客消费的地区应拿出一部分盈利补贴景点,以达到景点的可持续发展的目标。

6.4.4 鼓励区域间的非正式合作

为了促进城市群的一体化进程,除了官方的以决策层、协调层和执行层为代表的"三级运作"模式以外,还应鼓励更多民间的和私营部门的区域间非正式合作,如通过大学举办的合作发展论坛、邻里联盟、媒体报道、社会组织等。在正式合作的体制之外,从社会上全面促进区域认同感的产生,加强跨界联系,营造城市群的社会和文化融合,共赢发展的良好氛围和思想基础。使长三角内部各市民之间不再有"你、我、他"的概念,而是我们共同的长三角城市群。

参考文献

Ahrend, R., C. Gamper, and A. Schumann, 2014, "The OECD Metropolitan Governance Survey", *OECD Regional Development Working Papers*.

Andersson, M., 2012, "Metropolitan Management: Approaches and implications, in Sixth Urban Research and Knowledge Symposium", *World Bank Institute*.

Andersson, M., 2015, *Unpacking Metropolitan Governance for Sustainable Development*, GIZ & United Nations Human Settlements Programme.

Emplasa, 2014, *Comparative Study on Metropolitan Governance*, Sao Paulo Company for Metropolitan Planning.

Gereffi, G., 1999: "International Trade and Industrial Upgrading in the Apparel Commodity Chain", *Journal of International Economics*, 48:549—573.

Gereffi, G., Humphrey, J., Sturgeon, T., 2005: "The Governance of Global Value Chains", *Review of International Politic Economy*, 12(1):78—104.

Gilbert, A., 1996, *The Mega-city in Latin America*, New York: United Nations University.

Humphrey, J., Schmitz, H., 2002: "How Does Insertion in Global Value Chains Affect Upgrading in Industrial Clusters?", *Regional Studies*, 36(9): 1017—1027.

Newton, K., 2012, "Metropolitan Governance", *European Political Science*, 409—419.

Norris, D.F., 2001, "Prospects for Regional Governance under the New Regionalism", *Journal of Urban affairs*, 23(5):557—571.

Oates, W.E. 1990, "Decentralization of the Public Sector: An Overview", in *DE Centralization, Local Governments and Markets*, R.J. Bennett, Editor. Oxford University Press.

OECD，2015，*Governing the City*，Paris：OECD Publishing.

Pearson，J.，2016，*Metropolitan Governance：A Framework for Capacity Assessment*，GIZ & United Nations Human Settlements Programme.

Tiebout，C.M.，1956，"A Pure Theory of Local Expenditures"，*The Journal of Political Economy*，64：416—424.

Victor，J.，1942，*Metropolitan Government*，Chicago：University of Chicago Press.

Wilson，R. H.，2012，"Metropolitan Governance Systems in the Global South：Forms and Effectiveness"，in *Regional Studies Association Global Conference*，Beijing.

安礼伟、张二震：《全球产业重新布局下长三角制造业转型升级的路径》，《江海学刊》2015 年第 3 期。

白重恩、杜颖娟、陶志刚等：《地方保护主义及产业地区集中度的决定因素和变动趋势》，《经济研究》2004 年第 4 期。

包贞、冯银厂、焦荔、洪盛茂、刘文高：《杭州市大气 PM2.5 和 PM10 污染特征及来源解析》，《中国环境监测》2010 年第 6 期。

保建云：《发达地区间区域一体化发展面临的问题与地方利益协调分析——以长江三角洲和珠江三角洲为例》，《商业经济与管理》2007 年第 10 期。

曹永辉：《供应链合作关系对供应链绩效的影响——基于长三角企业的实证研究》，《经济与管理》2013 年第 2 期。

曹智、霍宝锋、赵先德：《供应链整合模式与绩效：全球视角》，《科学学与科学技术管理》2012 年第 7 期。

长沙市环保局、长沙大气污染防治与长株谭联防联控：《长株谭城市群发展报告 2016》，社会科学文献出版社 2016 年版。

陈国亮、唐根年：《基于互联网视角的二三产业空间非一体化研究——来自长三角城市群的经验证据》，《中国工业经济》2016 年第 8 期。

陈海：《基于信息技术的物流创新路径研究》，《物流工程与管理》2015 年第 3 期。

陈继红、朴南奎：《上海自贸试验区国际集装箱物流中转服务策略——基于韩国釜山港经验》，《中国流通经济》2016 年第 7 期。

陈建军：《长江三角洲地区的产业同构及产业定位》，《中国工业经济》2004 年第 2 期。

陈建军:《长三角区域经济一体化的历史进程与动力结构》,《学术月刊》2008年第 8 期。

陈建军:《全局视野下的长三角协调发展机制研究》,《人民论坛·学术前沿》2015 年第 18 期。

陈晓峰:《生产性服务业与制造业的协同集聚效应分析——以长三角地区为例》,《城市问题》2016 年第 12 期。

陈云楚、黄晓莉:《长三角地区产业集聚与产业结构升级的关系研究——基于动态面板数据的分析》,《生产力研究》2016 年第 7 期。

楚明钦:《长三角产业区域分工与合作——基于生产性服务业与装备制造业融合的研究》,《云南财经大学学报》2016 年第 1 期。

崔键、马友华、赵艳萍等:《农业面源污染的特性及防治对策》,《中国农学通报》2006 年第 1 期。

崔艳红:《第二次工业革命时期非政府组织在英国大气污染治理中的作用》,《战略决策研究》2015 年第 3 期。

邓涛涛、王丹丹、程少勇:《高速铁路对城市服务业集聚的影响》,《财经研究》2017 年第 7 期。

丁桂花:《上海港国际中转集拼业务创新试点中存在的问题及应对措施》,《水运管理》2016 年第 10 期。

董琦、甄峰:《基于物流企业网络的中国城市网络空间结构特征研究》,《人文地理》2013 年第 4 期。

杜斌、杨汉杰、董高伊、张燕平、樊勇:《发达国家大气污染治理经验及启示》,《华北金融》2013 年第 9 期。

范剑勇:《长三角一体化、地区专业化与制造业空间转移》,《管理世界》2004 年第 11 期。

冯邦彦、尹来盛:《美国大都市区治理研究综述》,《经济学动态》2011 年第 4 期。

冯石岗:《国际大气治理的对策分析与经验借鉴》,《佳木斯职业学院学报》2017 年第 7 期。

付文林:《省际间财政竞争现状、经济效应与规制设计》,《统计研究》2005 年第 10 期。

高道军:《淮河安徽流域跨界水污染治理机制研究》,《萍乡学院学报》2016 年第 6 期。

葛洪磊:《长三角集装箱港口群演化模式与发展建议》,《港口经济论坛》2014

年第 1 期。

耿士均、陆文晓、王波、刘刊:《农业面源污染的现状与修复》,《安徽农业科学》2010 年第 9 期。

顾培、沈仁芳:《长江三角洲地区面源污染及调控对策》,《农业环境科学学报》2015 年第 10 期。

郭显光:《熵值法及其在综合评价中的应用》,《财贸研究》1994 年第 6 期。

郭政、董平:《"一带一路"战略下长三角港口群发展策略研究》,《港口经济》2016 年第 11 期。

国家发改委:《长江三角洲城市群发展规划 2015—2030》,2016 年。

国家交通运输公共信息平台管理中心、国家交通运输物流公共信息平台,http://www.loginK.org。

韩佳:《长江三角洲区域经济一体化发展研究》,华东师范大学博士学位论文,2008。

韩永燕、肖文清:《浅谈长三角物流标准化建设的现状与思考》,《质量与标准化》2016 年第 6 期。

洪银兴、王振、曾刚、滕堂伟、李湛、王晓娟、郁鸿胜、李娜,张彦:《长三角一体化新趋势》,《上海经济》2018 年第 3 期。

环境保护部:《2015 年中国环境状况公报》,《环保工作资料选》,2016 年第 6 期。

黄德春、郭弘翔:《长三角地区跨界水污染生态补偿机制构建研究》,《科技进步与对策》2010 年第 9 期。

黄冬:《"一带一路"战略下长三角港口竞合关系的研究》,浙江财经大学硕士论文,2016 年。

黄森慰、苏时鹏、张春霞:《电子商务环境下的物流集约化研究》,《物流技术》2007 年第 2 期。

江静、刘志彪:《生产性服务发展与制造业在全球价值链中的升级——以长三角地区为例》,《南方经济》2009 年第 11 期。

蒋媛媛:《长江经济带战略对长三角一体化的影响》,《上海经济》2016 年第 2 期。

金戈:《长三角地区制造业同构问题再考察——基于雁行模式的视角》,《经济地理》2010 年第 2 期。

康爱彬:《国外大气污染治理的经验与启示》,《产业与科技论坛》2015 年第

19 期。

康贻建：《长三角物流信息化的实施途径》，《商场现代化》2007 年第 7 期。

寇大伟：《我国区域协调机制的四种类型——基于府际关系视角的分析》，《技术经济与管理研究》2015 年第 4 期。

李剑、姜宝、部峪佼：《基于自贸区的上海国际航运中心功能优化研究》，《国际商务研究》2017 年第 1 期。

李蕾：《长三角地区制造业的转型升级以及地区专业化与协同发展研究——基于长三角与京津冀比较的实证分析》，《上海经济研究》2016 年第 4 期。

李睿：《国际著名"湾区"发展经验及启示》，《港口经济》2015 年第 9 期。

李希成、林云：《基于区域经济的协同物流系统研究》，《中国储运》2007 年第 1 期。

林兰：《长三角地区水污染现状评价及治理思路》，《环境保护》2016 年第 9 期。

林毅夫、刘培林：《地方保护和市场分割：从发展战略的角度考察》，北京大学中国经济研究中心工作论文，编号：C2004015，2004 年。

刘秉镰、芦岩：《我国第三方物流业信用问题及其规制体系探究》，《物流技术》2007 年第 3 期。

刘健：《浅谈集约化物流的建设》，《商场现代化》2008 年第 12 期。

刘炯艳：《协同物流研究综述》，《工业技术经济》2006 年第 1 期。

刘君德：《中国转型期"行政区经济"现象透视——兼论中国特色人文—经济地理学的发展》，《经济地理》2006 年第 6 期。

刘联辉、王坚强：《中小制造企业协同物流模式及其实现途径》，《物流技术》2004 年第 11 期。

刘平乐：《农业面源污染及其防治》，《甘肃科技》2011 年第 12 期。

刘生龙、胡鞍钢：《交通基础设施与中国区域经济一体化》，《经济研究》2011 第 3 期。

刘生龙、胡鞍钢：《交通基础设施与中国区域经济一体化》，《经济研究》2011 年第 3 期。

刘甜、胡道华、左若兰：《长江经济带农业面源污染的控制策略》，《中国国情国力》2016 年第 7 期。

刘小康：《"行政区经济"概念再探讨》，《中国行政管理》2010 年第 3 期。

刘琰、胡冶：《现代物流信息平台标准化存在的问题及对策》，《物流科技》2018 年第 6 期。

刘一非:《"APEC 蓝"给我们的重要启示是建立区域联动减排和重污染天气预警机制是治理大气污染的有效途径》,中国皮书网。

刘志彪:《从全球价值链转向全球创新链:新常态下中国产业发展新动力》,《学术月刊》2015 年第 2 期。

刘志彪:《区域一体化发展的再思考——兼论促进长三角地区一体化发展的政策与手段》,《南京师大学报(社会科学版)》2014 年第 6 期。

刘志彪、于明超:《从 GVC 走向 NVC:长三角一体化与产业升级》,《学海》2009 年第 5 期。

楼宗元:《国外空气污染治理府际合作研究述评》,《国外社会科学》2015 年第 5 期。

陆锋明:《太湖水污染治理模式建构:一个网络治理的视野》,《社科纵横》2012 年第 5 期。

陆铭、陈钊:《分割市场的经济增长——为什么经济开放可能加剧地方保护?》,《经济研究》2009 年第 3 期。

罗芳:《长三角港口群协调发展研究》,吉林大学博士论文,2012 年。

马士华、林勇:《供应链管理》,机械工业出版社 2005 年版。

马永刚:《长江三角洲物流基础设施布局优化研究》,《中国流通经济》2008 年第 1 期。

闵继胜、孔祥智:《我国农业面源污染问题的研究进展》,《华中农业大学学报(社会科学版)》2016 年第 3 期。

宁淼、孙亚梅、杨金田:《国内外区域大气污染联防联控管理模式分析》,《环境与可持续发展》2012 年第 5 期。

平新乔:《政府保护的动机与效果——一个实证分析》,《财贸经济》2004 年第 5 期。

曲泽静、毛子明:《全球价值链分工下长三角制造业升级路径研究》,《探求》2015 年第 1 期。

上海市环境科学研究院课题组:《深化长三角区域大气污染防治联动研究》,《科学发展》2016 年第 2 期。

上海组合港管理委员会:《2016 年长三角地区港口经济运行情况及形势分析》,《水运管理》2017 年第 3 期。

沈寅安:《长三角港口群资源整合评估及对策研究》,宁波大学硕士论文,2011 年。

沈玉芳、刘曙华、张婧、王能洲：《长三角地区产业群、城市群和港口群协同发展研究》，《经济地理》2010 年第 5 期。

孙久文、叶裕民：《区域经济学教程》，北京：中国人民大学出版社，2010 年版，第 18 页。

索菲·阿里贝特：《经合组织国家的城市化趋势与政策：对中国的启示？》，中国发展研究基金会，2010。

陶婷婷：《产业集聚能促进物流业效率提升吗？——来自中国省域面板数据的实证分析》，《商业研究》2017 年第 1 期。

陶希东：《跨省都市圈的行政区经济分析及其整合机制研究——以徐州都市圈为例》，华东师范大学博士学位论文，2004。

汪传旭：《"一带一路"国家战略下长三角航运中心布局研究》，《科学发展》2017 年第 101 期。

王昕天、汪向东：《电子商务背景下物流信息化的新趋势——基于信息化物流的研究框架》，《中国流通经济》2015 年第 1 期。

魏贵军：《加强物流业信用体系建设》，《中国物流与采购》2017 年第 24 期。

魏巍贤、王月红：《跨界大气污染治理体系和政策措施——欧洲经验及对中国的启示》，《中国人口·资源与环境》2017 年第 9 期。

闻泽：《粤港环境合作寻求制度创新》，《环境》2006 年第 3 期。

吴福象、杨婧：《产业集群的生命周期及其演化机制——基于开放条件下长三角重点制造业的实证分析》，《华东经济管理》2016 年第 9 期。

吴敬琏：《当代中国经济改革》，上海远东出版社 2003 年版，第 54 页。

吴瑟致：《长三角港口群政府主导下的竞合关系研究》，《上海经济研究》2016 年第 1 期。

项桂娥、胡鹏：《基于全球价值链视角下区域间产业转移机理与特征——以泛长三角为例》，《华东经济管理》2011 年第 7 期。

谢世清：《美国田纳西河流域开发与管理及其经验》，《亚太经济》2013 年第 2 期。

谢守红、蔡海亚、朱迎莹：《长三角城市群物流联系与物流网络优化研究》，《地理与地理信息科学》2015 年第 4 期。

谢泗薪、张文华：《区域物流协同创新与演化机制探微》，《价格月刊》2014 年第 1 期。

徐葭：《长三角港口群的资源整合及其对腹地经济促进作用的研究》，上海海事大学硕士论文,2007 年。

徐朦、郑凯:《我国物流企业信用监管难点分析:基于产业经济学的视角》,《特区经济》2014 年第 12 期。

徐青青、缪立新:《区域物流协同内涵及模式研究》,《科技进步与对策》2007 年第 1 期。

徐颖、孙有望:《论长三角地区物流信息平台的搭建》,《交通科技与经济》2007 年第 1 期。

宣烨、余泳泽:《生产性服务业层级分工对制造业效率提升的影响——基于长三角地区 38 城市的经验分析》,《产业经济研究》2014 年第 3 期。

薛强、晏绍庆:《我国物流标准化现状和发展趋势》,《物流技术》2011 年第 23 期。

颜色、徐萌:《晚清铁路建设与市场发展》,《经济学(季刊)》2015 年第 2 期。

叶婷婷:《长三角地区制造业现状、转型升级困境及路径选择》,《北方经济》2012 第 18 期。

易志斌、马晓明:《论流域跨界水污染的府际合作治理机制》,《社会科学》2009 年第 3 期。

俞可平:《全球治理的趋势及我国的战略选择》,《国外理论动态》2012 年第 10 期。

郁鸿胜:《我国新型城镇化发展的路径选择及制约因素研究》,《上海城市规划》2013 年第 6 期。

张程、张贤:《基于制造业转移的长三角地区产业结构优化研究》,《南京社会科学》2010 年第 5 期。

张磊:《实现行政区经济向经济区经济的转变》,浙江师范大学硕士学位论文,2004。

张丽丽、钟伟萍:《论京津冀协同发展跨界水污染生态补偿核算机制》,《管理观察》2017 年第 4 期。

张落成、赵金丽:《泛长三角三大流域地区制造业优势变化分析》,《中国科学院大学学报》2014 年第 4 期。

张汝彬、孙婧、韩良兰等:《天津空海港物流一体化发展对策研究——基于综合运输视角下》,《现代商贸工业》2017 年第 2 期。

张五常:《中国的经济制度:神州大地增订版》,中信出版社 2009 年版。

张衔春、赵勇健、单卓然、陈轶、洪世键:《比较视野下的大都市区治理:概念辨析、理论演进与研究进展》,《经济地理》2015 年第 7 期。

张学良:《中国区域经济转变与城市群经济发展》,《学术月刊》2013 年第 7 期。

张艳辉:《全球价值链下长三角产业升级的实证分析——以电子及通讯设备制造业为例》,《上海经济研究》2010 年第 3 期。

赵峰:《产业空间扩散的动力机理与长三角区域经济一体化》,《学术月刊》2011 年第 1 期。

赵红岩:《长三角层级式产业链构筑的路径分析》,《华东经济管理》2007 年第 4 期。

赵欣蕊:《国外大气污染治理典型案例分析及本地化思考》,《煤炭与化工》2016 年第 4 期。

赵亚蕊:《国外供应链整合的研究述评与展望》,《商业经济与管理》2012 年第 11 期。

赵一新:《长三角航运中心整体布局与"一带一路"倡议衔接问题研究》,《科学发展》2017 年第 108 期。

赵永亮、才国伟:《市场潜力的边界效应与内部市场一体化》,《经济研究》2009 年第 7 期。

真虹:《在上海国际航运中心建设中努力建立长三角港口群协调发展机制》,《科学发展》2010 年第 3 期。

甄延临、张杰军、陈怀录:《基于价值链的我国沿海城市群城市地位演化研究——以长三角、珠三角、闽东南城市群为例》,《中国软科学》2008 年第 8 期。

郑古蕊:《区域雾霾协作治理的机制构建——以沈阳经济区为例》,《消费经济研究》2017 年第 17 期。

郑广远、申娜娜、邵杰:《物流信息管理系统标准化研究》,《环球市场》2017 年第 25 期。

中华人民共和国国家标准委服务业标准部:《物流标准化中长期发展规划(2015—2020 年)》,中华人民共和国国家发展和改革委员会:《关于我国物流业信用体系建设指导意见》,http://www.ndrc.gov.cn/fzgggz/jjyx/zhdt/201411/t20141124_649233.html,2014-11-18。

中华人民共和国国务院办公厅:《关于进一步推进物流降本增效促进实体经济发展的意见》,http://www.gov.cn/zhengce/content/2017-08/17/content_5218207.htm,2017-08-17。

中华人民共和国国务院办公厅:《国家标准化体系建设发展规划(2016—2020

年)》，http://www.gov.cn/zhengce/content/2015-12/30/content_10523.htm，2015-12-30。

中华人民共和国国务院:《物流业发展中长期规划(2014—2020)》，http://www.gov.cn/zhengce/content/2014-10/04/content_9120.htm，2014-09-12。

中华人民共和国交通运输部:《交通运输物流公共信息平台标准化建设方案》(2013—2015)，http://zizhan.mot.gov.cn/zfxxgk/bnssj/kjs/201311/t20131114_1512056.html，2013-11-14。

《中华人民共和国交通运输部·推进物流大通道建设行动计划(2016—2020年)》，http://zizhan.mot.gov.cn/zfxxgk/bnssj/zhghs/201701/t20170103_2149349.html，2016-12-07。

周彩红:《产业价值链提升路径的理论与实证研究——以长三角制造业为例》，《中国软科学》2009 年第 7 期。

周海炜、张阳:《长江三角洲区域跨界水污染治理的多层协商策略》，《水利水电科技进展》2006 年第 10 期。

周韬:《基于价值链的城市空间演化机理及经济增长效应研究:以长三角城市群为例》，《西南民族大学学报(人文社科版)》2015 年第 5 期。

朱金海:《论长江三角洲区域经济一体化》，《社会科学》1995 年第 2 期。

朱英明:《长三角城市群产业一体化发展研究——基于城际战略产业链的视角》，《中国城市研究》2010 年第 1 期。

朱莺、张良:《长三角区域经济一体化中的"行政区经济":特征及成因分析》，《工业技术经济》2005 年第 9 期。

庄贵阳、周伟铎、薄凡:《京津冀雾霾协同治理的理论基础与机制创新》，《中国地质大学学报(社会科学版)》2017 年第 9 期。

禚金吉、魏守华、刘小静:《产业同构背景下长三角产业一体化发展研究》，《现代城市研究》2011 年第 2 期。

图书在版编目(CIP)数据

2018 上海城市经济与管理发展报告:特辑:长三角
区域经济一体化与上海核心城市战略优势培育/上海财
经大学上海发展研究院等编.—上海:格致出版社:
上海人民出版社,2019.1
(自贸区研究系列)
ISBN 978 - 7 - 5432 - 2942 - 6

Ⅰ.①2… Ⅱ.①上… Ⅲ.①城市经济-经济管理-
研究报告-上海- 2018 Ⅳ.①F299.275.1

中国版本图书馆 CIP 数据核字(2018)第 285814 号

责任编辑　张宇溪
装帧设计　路　静

自贸区研究系列
2018 上海城市经济与管理发展报告(特辑)
——长三角区域经济一体化与上海核心城市战略优势培育
上 海 财 经 大 学 上 海 发 展 研 究 院
上 海 财 经 大 学 城 市 与 区 域 科 学 学 院
上海市政府决策咨询研究基地"赵晓雷工作室"　编
上海市教育系统"赵晓雷城市经济与管理工作室"

出　　版　格致出版社
　　　　　　上海人民出版社
　　　　　　(200001　上海福建中路 193 号)
发　　行　上海人民出版社发行中心
印　　刷　常熟市新骅印刷有限公司
开　　本　787×1092　1/16
印　　张　16
插　　页　2
字　　数　282,000
版　　次　2019 年 1 月第 1 版
印　　次　2019 年 1 月第 1 次印刷
ISBN 978 - 7 - 5432 - 2942 - 6/F·1175
定　　价　58.00 元